轻松编制、分析、审查财务报表全流程演练

陈玉洁　编著

人民邮电出版社

北　京

图书在版编目（CIP）数据

轻松编制、分析、审查财务报表全流程演练／陈玉洁编著. --北京：人民邮电出版社，2014.1
ISBN 978 - 7 - 115 - 33614 - 9

Ⅰ. ①轻… Ⅱ. ①陈… Ⅲ. ①会计报表 Ⅳ. ①F231. 5

中国版本图书馆 CIP 数据核字（2013）第 262992 号

内 容 提 要

　　本书将报表专业知识梳理归纳为报表编制、分析、审查三个部分进行介绍。每个部分内容各有特色："财务报表编制篇"在简单介绍各种报表的基本原理与阅读技巧后，精辟地讲解了报表的编制方法与技巧；"财务报表分析篇"重点介绍了报表解读与分析中经常用的一些比率分析方法——偿债能力比率分析、营运能力比率分析、盈利能力分析等；"财务报表审查篇"则指出了财务报表的常见错弊与综合审查的方法。该书几乎涵盖了财务报表的全部要点。

　　本书适合企业各级财务人员、投资者、企业管理者、公司外部监管者、债权人、社会公众等阅读、使用。

◆ 编　著　陈玉洁
　　责任编辑　李宝琳
　　责任印制　杨林杰

◆ 人民邮电出版社出版发行　　北京市丰台区成寿寺路 11 号
　　邮编 100164　　电子邮件 315@ ptpress. com. cn
　　网址 http://www. ptpress. com. cn
　　北京盛源印刷有限公司印刷

◆ 开本：710×1000　1/16
　　印张：24. 5　　　　　　　　2014 年 1 月第 1 版
　　字数：420 千字　　　　　　2014 年 1 月北京第 1 次印刷

定　价：49. 00 元

读者服务热线：(010) 81055656　印装质量热线：(010) 81055316
反盗版热线：(010) 81055315
广告经营许可证：京崇工商广字第 0021 号

前　言

　　在资本市场和证券市场不断发展的今天，企业相关利益集团的范围也在不断地扩大。那么，企业自身应如何向外部传递企业的信息？企业内部的管理者该如何了解其经营成果的好坏？企业外部的相关利益人——债权人、股东等如何了解企业的偿债、营运、盈利等方面的信息？这些需求的满足主要依赖于会计信息的传递者——财务报表。财务报表作为企业会计信息的主要载体和对外披露的主要途径，蕴含了丰富的信息。

　　财务报表是企业会计核算工作的精髓，集中地体现了企业一定期间的财务状况、经营成果和现金流量。要怎样能够读懂财务报表、全面掌握财务报表的编制方法、分析财务报表的各项信息、审查财务报表的有关错弊呢？本书将为您解决以上问题。

　　本书通过简洁易懂的语言，清晰简明的思路，为读者掌握财务报表的编制、分析、审查带来了极大的方便。

　　全书共分为三篇，即上篇财务报表编制篇、中篇财务报表分析篇、下篇财务报表审查篇。其中，

- 上篇财务报表编制篇——本篇介绍了财务报表的基本原理与阅读技巧，详细地讲解了各种报表的编制方法与技巧；
- 中篇财务报表分析篇——本篇介绍了企业偿债能力比率分析、企业营运能力比率分析、企业盈利能力分析等多种分析的基本方法与技能；

- 下篇财务报表审查篇——指出了财务报表的常见错弊与综合审查方法。

精于阅读、编制、分析和审查财务报表将有助于企业管理者和企业利益相关人士以报表为参照，检查生产经营中的各道环节，加强管理，确保企业保持良好运营的状态。希望本书能够帮助读者更好地掌握财务报表相关知识，并将其灵活地运用到实际工作中。

由于编者水平有限，在编写过程中难免会出现疏忽和遗漏，还请读者给予批评和指正。

目　录

上篇　财务报表编制篇

中篇 财务报表分析篇

下篇　财务报表审查篇

上 篇
财务报表编制篇

第一章　财务报表基本原理

1.1　财务报表的含义和作用

➤ 1. 财务报表的含义

财务报表是会计核算的最终产品，它是依据日常核算资料编制的，全面地反映企业在一定时期内的财务状况、经营成果和现金流量的报告文件。

➤ 2. 财务报表的作用

一般而言，财务报表是财务报告最重要的部分，其主要作用是向与企业有经济利益联系的各方（政府、管理者、银行、关联企业、债权人、投资人）提供有助于制定经济决策的企业财务信息。具体而言，财务报表的主要作用有以下五点。

（1）企业内部管理者可以通过财务报表全面、系统、总括地了解企业的财务状况和经营成果，分析财务计划和有关方针、政策的执行情况，以便及时发现经营管理中的薄弱环节，从中总结经验教训，扬长避短，并针对存在的问题，及时制定切实可行的措施加以改进，加强内部控制，开展经济活动分析，挖掘增产节支潜力，改善经营管理，提高经济效益。同时，企业管理者可以运用财务报表所提供的信息，适时进行经济预测，为企业经营决策提供所需的数据资料。

（2）国家宏观经济管理部门可以通过财务报表掌握企业经济活动情况，了解国家有关经济方针、政策、法令、制度的贯彻执行情况，并通过对微观经济活动的分析，发现整个社会经济运行中所存在或可能存在的问题，为宏观经济决策和宏观调控提供依据，从而有利于统筹安排、全面规划，保证社会主义市场经济的健康发展。

（3）财政、税务、审计机关等部门，通过企业财务报表可以了解企业资金及其来源的变动情况；经营成果的实现和分配情况；信贷资金的取得、使用和归还情况；利税上缴情况；检查财经纪律、信贷纪律、结算纪律的执行情况；以便促使企业合理组织资金来源和运用、提高资金运用效果，及时足额完成利税上缴任务，保证国家财政收入的均衡和稳定增长。

（4）企业主管部门可以通过财务报表了解所属企业的财务状况和经营活动成果及各项计划、预算的执行情况，企业对党和国家有关方针、政策、法令、制度的贯彻执行情况，据以加强对企业的领导和监督。通过对比分析，发现典型，总结和推广先进经验，帮助企业寻找差距和薄弱环节，及时采取有力措施，开拓市场，扩大经营，降低消耗，增加盈利，增强企业的竞争能力。

（5）企业现有的和潜在的投资者、债权人、职工和社会公众等，可以通过财务报表了解企业的资本结构、偿债能力、获利能力、发展能力、风险大小、发展趋势等，特别是我国采取了国际上通用的报表体系，便于国际投资者了解我国企业的会计信息，为其进行投资的可行性研究和决策提供资料，从而加强国际间的经济交流，吸引外资，扩大对外开放，增强企业在国际市场上的竞争能力。

总之，财务报表的主要目的就在于为一系列报表使用者提供在经济决策中所需要的关于企业财务状况、经营成果和资金变动情况的资料。当然，由于信息使用者的目的各不相同，需要的资料也就不完全一致，因此，财务报表并不能满足所有使用者的全部信息需要，有的使用者还需要通过其他渠道获得其所需的信息。

1.2　财务报表的种类和性质

➤ 1. 财务报表的种类

按照《企业会计准则》的规定，我国财务报表体系已基本上与国际接轨，形成了以资产负债表、利润表和现金流量表为主的财务报表体系。下面简要介绍这三大主要报表。

（1）资产负债表

资产负债表是反映企业某一特定日期财务状况的财务报表。它是以"资产＝负债＋所有者权益"恒等式为理论根据，按照一定的分类标准和次序把企业一定日期的资产、负债、所有者权益项目予以适当排列编制而成的。资产负债表主要向有关各方提供以下五个方面的会计信息：

①企业所掌握的经济资源；

②企业所负担的债务；

③企业的偿债能力；

④企业所有者享有的权益；

⑤企业未来的财务趋向。

借助于资产负债表，会计信息使用者可以了解企业特定日期的资产、负债和所有者权益的基本情况，分析、评价企业财务状况的好坏，以便作出各项决策。

（2）利润表

利润表是反映企业在一定期间内生产经营成果的财务报表。

利润表是以"收入－费用＝利润"平衡公式所包含的经济内容为依据编制的。收入项目包括"主营业务收入"、"其他业务收入"、"投资收益"、"补贴收入"、"营业外收入"等。费用项目包括各种费用、成本以及从收入中补偿的各种税金及附加，如"主营业务成本"、"主营业务税金及附加"、"销售费用"、"管理费用"、"财务费用"等。利润类项目如"主营业务利润"、"营业利润"、"利润总额"等。

利润表表体部分列示收入、费用和利润时，根据排列方式的不同，可分为单步式利润表和多步式利润表。

（3）现金流量表

现金流量表是以现金为基础编制的财务状况变动表，反映企业一定期间内经营活动、投资活动和筹资活动等对现金及现金等价物产生影响的财务报表。现金流量表从动态上反映现金变动情况，为报表使用者提供企业在一定会计期间现金的流入与流出的信息。定义中明确指出，我国现金流量表的编制设计基础是现金及现金等价物。

现金流量表应按照经营活动产生的现金流量、投资活动产生的现金流量和筹资活动产生的现金流量分别反映。这里所说的现金流量，是指现金的流入和流出。

➤ 2. 财务报表的性质

在搞清楚以上几组概念以后，就必须准确地掌握财务报表的性质。财务报表的性质实质上取决于财务报表所提供的经济信息的性质。

财务报表所提供或揭示的经济信息在性质上应当具备以下三种特征。

（1）效益大于成本

大家知道，信息本身也是一种经济资源，而获取信息自然应支付成本，财务报表并不以某一个别用户的要求而任意提供信息，它仅以规范化的程序和方式提供有限的信息。一方面，这些信息能够被广泛使用；另一方面，获取信息的成本不致于超过信息产生的效益。

（2）可理解性

会计信息是一种工具。像其他工具一样，对于那些没有能力使用或者不愿意去使用或者使用不当的人们，没有多大的用处。如果使会计信息更加易于理解，从而扩大其使用者的范围，就可以提高信息的使用效益。提高会计信息的可理解性，需要作出一定的努力：一方面，只能为少数人所理解或使用的信息，应不予提供；另一方面，编制财务报表，也不能仅仅因为有些人在理解上有困难，或因为个别投资者或信贷人不使用而把有关信息排除在外。

（3）有助于经济决策

会计信息必须有助于经济决策。判断会计信息是否有助于经济决策，主要是通过检查会计信息是否具有相关性、可靠性和可比性等质量特性来进行。

①相关性。

所谓相关性是指会计信息影响决策的能力。从最一般的意义上来讲，对于投资者、债权人和其他会计信息使用者，会计信息具有相关性是指这些信息资料必须能够帮助使用者把握过去、现在和将来事项的结局，从而有助于经济决策。会计信息相关性的构成因素，主要是指可推导性和及时性两项内容。

可推导性是指一种可以由此及彼的对应关系，人们可以根据会计信息来判断经济事项的发展趋势及其结局。

及时性是从属于相关性的。如果在需要信息时得不到，而在所报事项发生了很久以后才得到，这样就无助于经济决策，会计信息使用者不会需要不具及时性的会计信息。

②可靠性。

美国财务会计准则委员会关于会计信息可靠性的定义是："一个指标的可靠性，以真实地反映它意图反映的情况为基础，同时又通过核实向用户保证，它具有这种反映情况的质量。"会计信息可靠性的构成因素主要是反映真实性和可核实性。

反映真实性意味着：第一，会计信息应当是对客观事实的记录而不应偏离客观事实，特别应杜绝故意歪曲客观事实的现象发生；第二，会计信息应当全面充分而不应有偏向。

可核实性是指会计所提供的经济信息是可以核实验证的。

③可比性。

所谓可比性是指企业的会计信息能够与另一企业的类似信息相比较，或与本企业其他期间或类似信息相比较。有比较，才能有鉴别，也才能有合理决策，会计信息可比性愈强，就愈有助于经济决策。

1.3 财务报表的依据

财务报表是企业会计核算活动的最终产品，其形成主要依赖于会计基本假设和基本原则。

➤ 1. 会计基本假设对报表的影响

（1）会计主体

会计主体是指会计核算服务的对象必须是该企业主体自身的财务活动。企业一切会计核算工作及财务报表信息都是站在特定会计主体立场上进行的，如果主体不明确，经济责任难以划清，各种会计方法和财务报表的应用便无从谈起。因此，企业主体的财务活动与企业所有者的财务活动必须在财务报表上分别反映。

以会计主体作为一个基本假设，要求企业是独立的经济单位，这就对财务报表反映的范围从空间上进行了有效的界定，从而有利于正确反映该企业所拥有的财产、所承担的债务以及计算其收益或可能遭受的损失，提供更为准确的财务信息。

比如，企业在经营中得到的收入不应记为其所有者的收入，发生的支出或损失也不应记为其所有者的支出和损失，只有按照规定的处理程序转到所有者名下的，才能作为企业所有者的收益或损失。

（2）持续经营

持续经营是假定企业主体在可以预见的将来无限期地经营下去，该假设提供了企业未来的前景，为财务工作的正常活动作出了时间上的规定。根据持续经营假设，企业破产或被拍卖的可能性将不存在。但如果某个企业受到破产或清算的威胁，就必须放弃这一假设，在财务报表中清楚地反映出该报表是在中断经营的基础上编制的。在这种情况下财务报表使用者感兴趣的是该企业的清算价值，而非假定该企业无限期经营下去的价值，所以也就不能使用正常的财务报表分析方法。

如果没有持续经营假设，报表中许多数据就会涵义不清。例如，预付保险费是在整个保险期内平均分摊计算而列于报表上的，存货成本基本上是按实际成本计算而反映于报表上的，一旦企业面临经营中断，保险单中的注销价值和存货的变现价值才是有意义的报表数据。

（3）会计分期

会计分期是持续经营的必要补充。要分析确定企业经营成败与否，最精确的方法是把该企业从经营起点到被清算为止整个期间的交易成果累计起来，剔除时间价值因素影响，与其投入数相比较来确定。而现代经济中，大多数企业活动有相对长的稳定期，不可能等到清算时再评价经营成果，企业各利益关系人及相关主体都需要随时了解企业经营状况，并据此作出决策，因而采用会计分期的方法处理。但由于企业的持续经营活动并未因人为的会计分期而中断，许多交易和承诺在企业经营期间的某一特定时刻没有完全实现或完成，所以按会计分期计算出来的反映经营成果的数据不可能完全精确。

这种由于会计分期造成的企业在某特定时期编制的财务报表的不精

确性，是难以完全消除的，尽管会计上也采取了一些减少会计分期假设影响的财务报表处理方法，如设置应收账款项目等（应收账款只有在收到时才能精确计算，因而也不可能完全消除会计分期影响）。但是这种不精确性是可以接受的，也就是说，由于企业寿命期限未知无法获得完整的未来信息，只好接受某种程度的不精确性，以便及时地进行报告。

有些企业选择的会计期间与其经营期间相一致，在其业务量最少的时候编制财务报表，以便更好地评价企业财务成果，这种期间称为自然营业年度；大部分企业采用日历年度，以12月31日为会计年末；也有部分企业采用12个月为一会计年度，但不以12月31日为会计年末。同时，按照会计报告提供的周期，一个会计年度又可划分为季、月、周等会计期间。会计期间划分的长短会影响损益的确定，一般来讲，会计期间越短，财务报告越不精确。

（4）货币计量

货币计量是一切会计核算的基本特征，因而也是财务报表形成的一个重要前提条件。财务报表要求采用标准单位来统一衡量，汇总经济业务并使之具有意义。计量单位有很多种，选择货币做为共同尺度，以数量的形式反映会计实体的经营状况及财务成果，是商品经济发展的产物。企业经济活动中，凡是能够用这一尺度衡量的，就可以进行报表反映，凡是不能用这一尺度计量的，则不必进行财务反映。

货币计量实际上是对经济活动进行货币估价，货币估价习惯上采用历史成本计价原则。在通货膨胀率相对较低的情况下，不需要调整作为计量单位的币值，因为调整所付出的代价和调整结果的不准确性大于调整所带来的利益；然而在通货膨胀引起货币明显贬值的时候，必须考虑这一因素，对财务报表数据进行调整，才能保持货币作为统一尺度的重大意义，这种情况下，通货膨胀指数的计算方法，影响着货币作为计量单位的准确性。

➤ 2. 会计信息质量要求

会计信息质量要求共规定了八项原则：可靠性原则、相关性原则、可理解性原则、可比性原则、实质重于形式原则、重要性原则、谨慎性原则和及时性原则。它们同样是会计核算必须遵循的，对保证会计信息质量意义重大。

（1）可靠性原则

可靠性要求企业当以实际发生的交易或者事项为依据进行确认、计量和报告，如实反映符合确认和计量的各项会计要素及其他相关信息，保证会计信息真实可靠、内容完整。为了贯彻可靠性要求，企业应当做到：

①以实际发生的交易或者事项为依据进行确认、计量、将符合会计要素定义及其确认条件的资产、负债、所有者权益、收入、费用和利润等如实反映在财务报表中，不得根据虚构的、没有发生的或者尚未发生的交易或者事项进行确认、计量和报告。

②在符合重要性和成本效益原则的前提下，保证会计信息的完整性，其中包括应当编报的报表及其附注内容等应当保持完整，不能随意遗漏或者减少应予披露的信息，与使用者决策相关的有用信息都应当充分披露。

（2）相关性原则

企业提供的会计信息应当与财务会计报告使用者的经济决策需要相关，有助于财务会计报告使用者对企业过去、现在或者未来的情况作出评价或者预测。会计的主要目标就是向有关各方提供对其决策有用的信息。如果提供的信息对会计信息使用者的决策没有什么作用，不能满足会计信息使用者的需要，就不具有相关性。

（3）可理解性原则

可理解性要求企业提供的会计信息应当清晰明了，便于投资者等财务报告使用者理解和实用。

企业编制财务报告、提供会计信息的目的在于使用，而要使用者有效使用会计信息，应当能让其了解会计信息内涵，弄懂会计信息的内容，这就要求财务报告所提供的会计信息应当清晰明了，易于理解。只有这样，才能提高会计信息的有用性，实现财务报告的目标，满足向投资者等财务报告使用者提供对决策有用信息的要求。

（4）可比性原则

企业提供的会计信息应当具有可比性。同一企业不同时期发生的相同或者相似的交易或者事项，应当采用一致的会计政策，不得随意变更。确需变更的，应当在附注中说明。不同企业发生的相同或者相似的交易或者事项，应当采用规定的会计政策，确保会计信息口径一致、相互可比。

（5）实质重于形式原则

企业应当按照交易或者事项的经济实质进行会计确认、计量和报告，不应仅以交易或者事项的法律形式为依据。在某些情况下，经济业务的实质与其法律形式可能脱节，为此，会计人员应当根据经济业务的实质来选择会计政策，而不能拘泥于其法律形式。

（6）重要性原则

企业提供的会计信息应当反映与企业财务状况、经营成果和现金流量等有关的所有重要交易或者事项。对于重要的交易或事项，应当单独、详细反映；对于不具重要性、不会导致投资者等有关各方决策失误或误解的交易或事项，可以合并、粗略反映，以节省提供会计信息的成本。

（7）谨慎性原则

企业对交易或者事项进行会计确认、计量和报告应当保持应有的谨慎，不应高估资产或者收益、低估负债或者费用。也就是说在资产计价及损益确定时，如果有两种或两种以上的方法或金额可供选择时，应选择使本期净资产和利润较低的方法或金额。

（8）及时性原则

企业对于已经发生的交易或者事项，应当及时进行会计确认、计量和报告，不得提前或者延后。会计核算中必须做到及时记账、算账、报账。

1.4 财务报表的要素

会计要素是构成财务报表的基本要素，也是企业会计核算内容的具体化要求，即把会计对象用会计特有的方式加以表达，使会计对象能够实际进入会计核算系统，构成会计信息的分类基础，以便于分类提供、分析和利用会计信息。由此可见，会计要素是对会计对象用特定概念进行具体化分类的产物。同时，会计要素也是确定会计科目、设置账户的依据。所以，对各项会计要素规定科学合理的定义，是确定会计核算内容和财务报表结构以及提供有效财务信息的首要环节。

企业会计的基本要素划分为资产、负债、所有者权益、收入、费用、利润六项，并分别赋予了明确的含义。现分述如下。

➤ 1. 资产

资产是企业由于过去的经济活动所形成的、目前拥有或者控制、能以货币计量，并能为企业带来未来经济利益的经济资源，包括各种财产、债权和其他权利。根据这个定义，可以概括出资产具有以下五个特征：

（1）资产的内涵是经济资源

企业的资产只限于经济资源，非经济资源不是企业的资产。一个企业的经济资源，就其存在形式来看，既有有形的（如机器设备、厂房等），也有无形的（如专利权、专有技术等）；既可以是货币形式的（如现金、银行存款等），也可以是实物形式的（如存货、机器设备等）。这种经济资源企业可以持续使用，并能在使用中使资产增值，给企业带来经济利益。应当注意的是，强调资产的内涵是经济资源，并不意味着所有经济资源都是企业的资产，如水、空气等就不是企业的资产。

（2）作为企业的经济资源必须为企业所拥有或者控制

一项经济资源是否属于企业的资产，通常要看其所有权是否属于该企业。但企业是否拥有一项经济资源的所有权，不是确认资产的绝对标准。为企业所拥有，是指所有权归属企业，而归企业控制只是由企业支配使用，并不等于企业取得所有权。资产尽管有不同的来源渠道，但一旦进入企业并成为企业的资产，便置于企业的控制之下而失去了原来归属于不同所有者的属性，成为企业可以自主经营、运用和处置的资源，因此，所有权并不是确认资产的绝对标准。

（3）作为资产的经济资源必须能够以货币来计量，从而表现为一定的货币额

不能用货币计量的资源就不是资产，如人力资源虽是企业的一项重要资源，但由于它不能用货币来计量，因而它不包括在企业的资产之中。

（4）作为资产的经济资源，必须具有能为企业带来未来经济利益的潜力

如果一项经济资源虽然为企业所拥有或控制，但不能为企业带来未来经济利益，就不能作为企业的资产予以确认。过去属于企业资产的一项经济资源，如果由于种种原因不能再为企业带来经济利益，就不应再将其列作企业的资产，如报废的机器设备。而原来不能为企业提供经济利益，因而不属于企业资产的某些东西，如果随着技术的进步，转化为对企业的有用之物，也就应将其列作企业现在的资产，如现在能够进行有效利用的废水、废气等。

（5）作为资产的经济资源，必须由过去的交易或事项形成

资产必须是现实的资产，而不是预期的资产，只有过去发生的交易

或事项才能增加或减少企业的资产，而不能根据谈判中的交易或计划中的经济业务来确认资产。例如，已经发生的固定资产购买交易会形成企业的资产，而计划中的固定资产购买交易则不会形成企业的资产。

任何企业进行正常的生产经营活动，都必须拥有一定数量的资产。为了正确反映企业的财务状况，通常把资产按其流动性分为流动资产和非流动资产两大类。流动资产是指可以在一年内（含一年）或者超过一年的一个营业周期内变现或耗用的资产，主要包括"库存现金"、"银行存款"、"应收账款"和"存货"等。除流动资产以外的其他所有资产称为非流动资产，包括"长期股权投资"、"固定资产"、"无形资产"、"递延资产"和"其他资产"等。

➤ 2. 负债

负债是企业所承担的，由于过去的经济活动所形成的，能以货币计量，需以资产或劳务偿付的债务。它具有以下四个基本特征。

（1）负债具有现实性，即负债是企业现实存在的，由过去经济活动所产生的经济负担。未来经济活动可能产生的经济负担，不能确定为负债。例如，企业管理部门决定今后购买资产，这项决定的实施属于未来的经济业务，其本身并不产生现存的义务，因而不属于企业现在的负债。

（2）负债金额能用货币来确切计量或者用货币来合理地估计。也就是说，负债通常都有一个可确定的到期偿还金额，或者虽无确定金额，但有一个合理估计数。反之，如果金额无法确定或合理估计，则在会计上就不能确认为负债。

（3）负债有确切的债权人和偿付日期，或者债权人和偿付日期都可以合理地估计确定。反之，如果无法确定或合理估计确定债权人和偿还日期的，则在会计上就不能确认为负债。

（4）负债体现了企业对一个或多个单位所应承担的经济责任，这种责任预定在将来通过债权人所能接受的资产或提供劳务来偿付。

作为企业现存义务的负债，其了结方式可以有以下六种方式：

（1）支付库存现金和银行存款；

（2）转让除库存现金和银行存款之外的其他资产；

（3）提供劳务；

（4）以其他义务替换该项义务，即以新的负债替换原有的负债，如用应付票据替换应付账款；

（5）将该项义务转换为所有者权益，如将公司的应付债券转换为本公司的股票；

（6）债权人放弃债权。

负债按其偿还期的长短可分为流动负债和长期负债。

（1）流动负债是指将在 1 年内或者超过 1 年的一个营业周期内偿还的债务，包括"短期借款"、"应付票据"、"应付账款"、"预收账款"、"应付职工薪酬"、"应交税费"、"应付利润"、"其他应付款"等。

（2）长期负债是指偿还期在 1 年或超过 1 年的一个营业周期以上的债务，包括"长期借款"、"应付债券"、"长期应付款"等。

负债的计量一般以实际发生额为标准。负债已经发生而数额需要预计确定的，应当合理预计，待实际数额确定后，进行调整。长期借款应当根据借款性质按实际发生额记账。发行债券时，应当按债券的面值记账。长期应付款应当按实际发生额记账。

➤ 3. 所有者权益

所有者权益是指所有者在企业资产中享有的经济利益，包括企业投资人对企业的投入资本以及形成的资本公积、盈余公积和未分配利润等。

在财务报表中，所有者权益金额取决于资产和负债两个会计要素的计量，因为所有者权益是企业全部资产减去全部负债后的金额，即

$$所有者权益 = 资产 - 负债$$

关于所有者权益的计量，它不像资产和负债那样单独计量，而只是

根据一定方法计量特定资产和负债后来计算得出。

➤ 4. 收入

收入是指企业在销售商品、提供劳务及让渡资产使用权等日常活动中所形成的经济利益的总流入。收入不包括为第三方或客户代收的款项。收入的基本特征是经营所得，而非经营业务收入如投资所得、营业外收入则不包括在内。收入引起的后果是多方面的，概括而言，收入会引起资产的增加或负债的减少。企业的收入具体包括以下两项。

（1）主营业务收入：指企业生产经营的主要业务的收入。不同行业的主营业务收入有所不同，如对工业企业来说，产品销售收入就是企业的主营业务收入；对商品流通企业来说，其商品销售收入就是该企业的主营业务收入。

（2）其他业务收入：指除主营业务以外的其他收入，如工业企业的材料销售、技术转让、包装物和固定资产的出租收入，对外提供非工业性劳务收入等。

收入核算的关键是选择适当时机确认收入已经发生和实现。长期工程（包括劳务）合同，一般应当根据完成进度法或完成合同法合理确认营业收入。

➤ 5. 费用

费用是指企业为销售商品、提供劳务等日常活动所发生的经济利益的流出。费用的基本特征是为取得收入而付出的代价。因此，费用必须与收入相配比才能确认，不是为了取得收入而形成的各类资产的减少或负债的增加，则不属于费用的范围。

费用按其归属不同可分为直接费用、间接费用和期间费用。

（1）直接费用是指为生产商品和提供劳务等所发生的各项费用，包括直接材料、直接人工、商品进价和其他直接费用，当这些费用发生时，应直接计入生产成本。

（2）间接费用是指企业为了组织和管理生产经营活动而发生的费用以及不能计入产品成本的各项费用。对于这些费用应当按照一定标准分配计入生产成本。

（3）期间费用是指企业行政管理部门为组织和管理生产经营活动而发生的管理费用、财务费用以及为销售和提供劳务而发生的销售费用等。这些费用不计入生产成本，而是作为期间费用直接计入当期损益。

对于本期支付应由本期和以后各期负担的费用，应当按一定标准分配计入本期和以后各期。对于本期尚未支付但应当由本期负担的费用，应当预提计入本期。

➤ 6. 利润

利润是指企业一定期间内的经营成果。利润包括收入减去费用后的净额、直接计入当期利润的利得和损失等。

利润具体包括营业利润、利润总额和净利润。

（1）"营业利润"是指企业在销售商品、提供劳务等日常活动中所产生的利润，即"主营业务收入"减去"主营业务成本"和"主营业务税金及附加"，加上"其他业务利润"，减去"销售费用"、"管理费用"和"财务费用"后的余额。

（2）"利润总额"是指"营业利润"加上"投资净收益"、"补贴收入"、"营业外收入"，减去"营业外支出"后的金额。

（3）"净利润"是指"利润总额"减去"所得税费用"后的金额。

以上简略介绍了六大会计要素，其中资产、负债、所有者权益三个要素构成一组，形成反映企业一定时期财务状况的平衡公式，即

资产 = 负债 + 所有者权益

这个公式从静态角度描述了企业某一时点的资产及所有者对资产要求权的水平。这三个要素构成资产负债表，故称之为资产负债表要素或

静态要素。

收入、费用、利润三个要素构成另一组，形成反映企业一定期间经营成果的基本公式，即

$$利润 = 收入 - 费用$$

这个公式从动态角度描述了企业一定期间资产及所有者对资产要求权的变动和变动的结果。这三个要素构成利润表，故称之为利润表要素或动态要素。

➤ 7. 现金及现金等价物

现金及现金等价物是现金流量表中的主要要素。

现金，通常情况下是指企业持有的可以立即用于支付的库存现金、银行存款及其他货币资金。这是人们日常生活中对现金的定义。在会计核算中，对于现金也是采用这一定义。然而，设计现金流量表的目的在于揭示企业的偿债能力和支付能力，而体现企业偿债能力和支付能力的，显然不仅仅局限于这种狭义上的现金概念，它还应有更大范围的概念，即广义上的现金概念。

现金等价物是指企业持有的期限短、流动性强、易于转换为已知金额现金、价值变动风险很小的投资。它们必须是能够容易转化为已知数额现金，或者是即将到期的且不会由于利率变动而出现较大价值波动的投资。一般是指企业拥有的原定期限小于或等于 3 个月的投资。这些投资一般不会承担利率波动的风险，且其金额也是已知的、固定的。企业管理者将其持有的现金投资于这些项目，目的不在于从事谋求高于利息收入的风险投资，而仅是利用暂时闲置的资金赚取利息。企业将现金投资于期限短、流动性强的投资项目的行为，往往是其对现金进行有效管理的一种方式。《企业会计准则》中将现金等价物表述为："是指企业持有的期限短、流动性强、易于转换为已知金额现金、价值变动风险很小的投资。"其中，"期限短"一般是指从购买日起 3 个月内到期。

1.5 财务报表的编制有哪些基本要求

财务报表的编制和报送是一项严肃的工作，应在规定时间内按照会计制度的规定，编报月、季、半年、年度财务报表，并必须符合以下九点要求。

➤ 1. 持续经营原则

企业应当以持续经营为基础，以持续经营为基础编制财务报表不再合理的，企业应当采用其他基础编制财务报表，并在附注中披露这一事实。

➤ 2. 公允列报原则

企业在列报财务报表时，应严格根据实际发生的交易和事项，按照《企业会计准则——基本准则》和其他各项会计准则的规定进行确认和计量，如实反映企业的交易与其他经济事项，真实而公允地反映企业的财务状况、经营成果以及现金流量。企业不应以附注披露代替确认和计量。

➤ 3. 权责发生制原则

企业列报的财务报表，除现金流量表外应按权责发生制原则编制财务报表。

➤ 4. 信息列报的一致性原则

财务报表项目的列报应当在各个会计期间保持一致，除会计准则要求改变财务报表项目的列报或企业经营业务的性质发生重大变化后，变更财务报表项目的列报能够提供更可靠、更相关的会计信息外，不得随意变更。

➤ 5. 重要性原则

企业财务报表某项目的省略或错报会影响使用者据此做出经济决策的，该项目具有重要性。重要性应当根据企业所处环境，从项目的性质和金额大小两方面予以判断。性质或功能不同的项目，应当在财务报表中单独列报，但不具有重要性的项目除外。性质或功能类似的项目，其所属类别具有重要性的，应当按其类别在财务报表中单独列报。

➤ 6. 抵消原则

企业财务报表中的资产项目和负债项目的金额、收入项目和费用项目的金额不得相互抵销，但其他会计准则另有规定的除外。资产项目按扣除减值准备后的净额列示和非日常活动产生的损益，以收入扣减费用后的净额列示，不属于抵销。

➤ 7. 信息列报的可比性原则

企业当期财务报表的列报，至少应当提供所有列报项目上一可比会计期间的比较数据，以及与理解当期财务报表相关的说明，但其他会计准则另有规定的除外。财务报表项目的列报发生变更的，应当对上期比较数据按照当期的列报要求进行调整，并在附注中披露调整的原因和性质，以及调整的各项目金额。对上期比较数据进行调整不切实可行的（是指企业在做出所有合理努力后仍然无法采用某项规定），应当在附注中披露不能调整的原因。

➤ 8. 财务报表表首列报要求

企业应当在财务报表的显著位置至少披露：编报企业的名称、资产负债表日或财务报表涵盖的会计期间、人民币金额单位以及财务报表是合并财务报表的，应当予以标明。

➤ 9. 报告期间

企业至少应当按年编制财务报表。年度财务报表涵盖的期间短于一年的，应当披露年度财务报表的涵盖期间，以及短于一年的原因。

1.6 财务报表编制前要做哪些准备工作

为确保报表的质量，编制财务报表前必须做好充分的准备工作。准备工作一般包括核实资产、清理债务、复核成本、内部调账、试算平衡及结账。

➤ 1. 核实资产

核实资产是企业编制报表前一项重要的基础工作，而且工作量大，主要包括以下八项内容：

（1）清点现金和应收票据；

（2）核对银行存款，编制银行存款余额调节表；

（3）与购货人核对应收账款；

（4）与供货人核对预付账款；

（5）与其他债务人核对其他应收款；

（6）清查各项存货；

（7）检查各项投资的回收和利润分配情况；

（8）清查各项固定资产和在建工程。

在核实以上各项资产的过程中，如发现与账面记录不符，应先转入

"待处理财产损溢"账户，待查明原因，按规定报批处理。

➤ 2. 清理债务

企业与外单位的各种经济往来中形成的债务也要认真清理，及时处理。对已经到期的负债，要及时偿还，以保持企业的信誉，特别是不能拖欠税款；其他应付款中要注意是否有不正常的款项。

➤ 3. 复核成本

编制报表前，要认真复核各项生产、销售项目的成本结转情况。查对是否有少转、多转、漏转、错转成本，这些都直接影响企业盈亏的真实，并由此产生一系列的后果，如多交税金、多分利润，使企业资产流失等。

➤ 4. 内部调账

内部调账（转账）是编制报表前一项很细致的准备工作，主要包括以下六个方面：

（1）计提坏账准备，应按规定比例计算本期坏账准备，并及时调整入账；

（2）计提固定资产折旧；

（3）摊销各项无形资产和递延资产；

（4）实行工效挂钩的企业，按规定计提"应付职工薪酬"；

（5）转销经批准的"待处理财产损溢"，财务部门对此要及时提出处理意见，报有关领导审批，不能长期挂账；

（6）有外币业务的企业，还应计算汇兑损益，调整有关外币账户。

➤ 5. 试算平衡

在完成以上准备工作之后，还应进行一次试算平衡，以检查账务处理有无错误。

➤ 6. 结账

试算平衡后的结账工作主要有以下三项：

①将损益类账户全部转入"本年利润"账户；

②将"本年利润"账户形成的本年税后净利润或亏损转入"利润分配"账户；

③进行利润分配后，编制年终会计决算报表。

以上各项准备工作往往是同时交叉进行的。在实现会计电算化的企业，以上有些准备工作可以通过电脑完成，如试算平衡和结账等。

第二章　资产负债表

2.1　资产负债表简介

➤ 1. 资产负债表的含义

资产负债表是反映企业在某一特定日期的财务状况的财务报表。资产负债表主要提供有关企业财务状况方面的信息，即某一特定日期关于企业资产、负债和所有者权益状况的报表，通常称为财务状况。例如，资产总额是多少，流动资产有多少，固定资产有多少，在这些资产里面，有多少是借来的，又有多少是投资进来的。这些数字仅仅是资产和负债的绝对金额，而且还是一个个孤立的数字，通过一定的财务报表分析方法，可以从资产负债表中得出许多十分有用的数据，具体内容将在财务报表分析篇作专门介绍。

财务状况至少包括三层意思：一是关于资产、负债和所有者权益构成情况及其合理性；二是关于流动性，通常指资产的流动性，也就是资产变成现金的能力；三是关于财务弹性，即企业应付意外情况的能力，如意外灾害、意外机会等。

资产负债表是一个时点报表。有人将其比喻为一张企业财务流动的快照。时点报表有三层不同的含义。

（1）不同时期的时点报表相加起来是没有意义的，不能把一年 12 个月的资产负债表各项目全部相加，来计算企业一年的总资产和总负债。时点报表所反映的数据是企业资产、负债等的存量，也就是说，是企业继续持有的一个数字。

（2）时点报表中的每一个数字都是某个时刻的数字，很可能由于企业经营活动的变化而发生变化，今天的银行存款是 2 000 万元，明天可能就是 2 100 万元或 1 900 万元，这时时刻刻变化着的数字，只反映这个时刻的情况，过了这个时刻就是另一种情况，所以，资产负债表上的日期不仅有年、月，还有日，它只反映到这一天为止的资产、负债情况。如果要了解上一年的资产负债情况，就应当是上一年年底（12 月 31 日）资产负债表上的数字，要了解这个月的，就是这个月月底的数字。

（3）既然是某一时刻的数字，它同时也意味着这些资产和负债是代表企业目前所拥有的、未来可以使用的资产和目前所承担的、未来要偿还的负债。

➤ 2. 资产负债表的基本格式

对于资产和负债，流动性分别具有不同的含义，资产的流动性是指资产的变现能力，也就是说资产变成现金的能力，资产变现能力越强，流动性就越强，例如，货币资金本身就是现金，不存在变现问题，所以，它在资产负债表中排第一，应收票据和应收账款可以在比较短的时间里转变成现金，原材料、产成品、库存商品变成现金的时间更长一些，所以，要靠后排；负债的流动性是指负债的偿还期限，偿还期越短的负债，流动性越强，所以，短期借款比长期借款要排在更前面；所有者权益按形成来源分类后，按其留在企业的永久程度排列。

资产负债表由表头、表体和脚注三部分组成。表头部分列示报表的名称、编制单位、编制日期和货币计量单位等内容；表体部分用来列示资产负债表的具体内容。

资产负债表表体部分列示资产、负债和所有者权益项目的结构有三种：账户式、报告式（垂直式Ⅰ）和财务状况式（垂直式Ⅱ）。

（1）账户式资产负债表

账户式资产负债表就是将资产项目逐项列示在表体部分的左方，负债项目和所有者权益项目依次列示在表体部分的右方，并使资产负债表左右双方平衡。账户式资产负债表便于报表使用人对企业财务状况进行对比分析，是最流行的一种格式。其基本格式如表2-1所示。

表2-1　资产负债表

编制单位：　　　　　　　　___年___月___日　　　　　　　　单位：元

资　　产	期末余额	年初余额	负债和股东权益	期末余额	年初余额
流动资产：			流动负债：		
货币资金			短期借款		
交易性金融资产			交易性金融负债		
应收票据			应付票据		
应收账款			应付账款		
预付款项			预收款项		
应收利息			应付职工薪酬		
应收股利			应交税费		
其他应收款			应付利息		
存货			应付股利		
一年内到期的非流动资产			其他应付款		
其他流动资产			一年内到期的非流动负债		
流动资产合计			其他流动负债		
非流动资产：			流动负债合计		
可供出售金融资产			非流动负债：		
持有至到期投资			长期借款		

（续表）

资　产	期末余额	年初余额	负债和股东权益	期末余额	年初余额
长期应收款			应付债券		
长期股权投资			长期应付款		
投资性房地产			专项应付款		
固定资产			预计负债		
在建工程			递延所得税负债		
工程物资			其他非流动负债		
固定资产清理			非流动负债合计		
生产性生物资产			负债合计		
油气资产			所有者权益（或股东权益）		
无形资产			实收资本（或股本）		
开发支出			资本公积		
商誉			减：库存股		
长期待摊费用			盈余公积		
递延所得税资产			未分配利润		
其他非流动资产			所有者权益（或股东权益）合计		
非流动资产合计					
资产总计			负债和所有者权益（或股东权益）总计		

（2）报告式（垂直式Ⅰ）资产负债表

报告式资产负债表是将表体分为上下两部分，上部列示各项资产，下部列示各项负债和所有者权益。报告式资产负债表是根据"资产－负债＝所有者权益"等式编制的。其基本结构如表2-2所示。

表 2-2　资产负债表（报告式，垂直式 I）

"资产＝权益" 式	"资产－负债＝所有者权益" 式
资　　产：	资　　产：
流动资产	流动资产
长期投资	长期投资
固定资产	固定资产
无形资产	无形资产
长期待摊费用	长期待摊费用
其他资产	其他资产
资产总计	资产总计
权　　益：	
负　　债：	负　　债：
流动负债	流动负债
长期负债	长期负债
其他负债	其他负债
负债合计	负债合计
所有者权益：	所有者权益：
实收资本	实收资本
资本公积	资本公积
盈余公积	盈余公积
未分配利润	未分配利润
所有者权益合计	所有者权益合计
权益总计	

　　报告式便于编制比较资产负债表，可在一张表中，平行列示连续的若干期资产负债表，而且易于使用括弧旁注方式注明某些特殊项目。其缺点是资产和权益间的恒等关系并不一目了然。许多国家的企业在实务中采用报告式。

（3）财务状况式（垂直式Ⅱ）资产负债表

财务状况式资产负债表又称"营运资金式"资产负债表。这是近期发展起来的一种资产负债表形式。这种形式的资产负债表先列示流动资产，再列示流动负债，前者减去后者即营运资金。营运资金加各项非流动资产，减去各项非流动负债，得到所有者权益总额。财务状况式资产负债表突出"营运资金"，这可使报表使用者对企业的支付能力的大致情况一目了然，因为营运资金是衡量一个企业偿付短期债务能力的尺度。财务状况式资产负债表是根据"流动资产－流动负债＝营运资金；营运资金＋非流动资产－非流动债务＝所有者权益"公式编制的，基本格式如表2－3所示。

表2－3　××公司资产负债表

＿＿年＿＿月＿＿日　　　　　　　　　　（单位：元）

流动资产	
减：流动负债	
营运资金	
加：非流动资产	
减：非流动负债	
所有者权益	

2.2　资产负债表的编制

➤ 1. 资产负债表编制原理

资产负债表的编制原理是"资产＝负债＋所有者权益"会计恒等式。它既是一张平衡报表，反映资产总计（左方）与负债及所有者权益总计（右方）相等；又是一张静态报表，反映企业在某一时点的财务状况，如月末或年末。通过在资产负债表上设立"年初数"和"期末数"栏，也能反映出企业财务状况的变动情况。

▶ 2. 资产负债表编制方法

财务报表的编制，基本都是通过对日常会计核算记录的数据加以归集、整理来实现的。为了提供比较信息，资产负债表的各科目均需填列"年初余额"和"期末余额"两栏数字。其中，"年初余额"栏内各科目的数字，可根据上年末资产负债表"期末余额"栏相应科目的数字填列。如果本年度资产负债表规定的各个科目的名称和内容与上年度不相一致，应当对上年年末资产负债表各个科目的名称和数字按照本年度的规定进行调整。"期末余额"栏各科目的填列方法有如下四种。

（1）根据明细账户期末余额分析计算填列

资产负债表中一部分科目的"期末余额"需要根据有关明细账户的期末余额分析计算填列。

① "应收账款"科目，应根据"应收账款"账户和"预收账款"账户所属明细账户的期末借方余额合计数，减去"坏账准备"账户中有关应收账款计提的坏账准备期末余额后的金额填列。

② "预付款项"科目，应根据"预付账款"账户和"应付账款"账户所属明细账户的期末借方余额合计数，减去"坏账准备"账户中有关预付款项计提的坏账准备期末余额后的金额填列。

③ "应付账款"科目，应根据"应付账款"账户和"预付账款"账户所属明细账户的期末贷方余额合计数填列。

④ "预收款项"科目，应根据"预收账款"账户和"应收账款"账户所属明细账户的期末贷方余额合计数填列。

⑤ "应收票据"、"应收股利"、"应收利息"、"其他应收款"科目应根据各相应账户的期末余额，减去"坏账准备"账户中相应各科目计提的坏账准备期末余额后的金额填列。

（2）根据总账账户期末余额计算填列

资产负债表中一部分科目的"期末余额"需要根据有关总账账户的期末余额计算填列。

①"货币资金"科目，应根据"库存现金"、"银行存款"和"其他货币资金"等账户的期末余额合计填列。

②"未分配利润"科目，应根据"本年利润"账户和"利润分配"账户的期末余额计算填列，如为未弥补亏损，则在本科目内以"－"号填列，年末结账后，"本年利润"账户已无余额，"未分配利润"科目应根据"利润分配"账户的年末余额直接填列，贷方余额以正数填列，如为借方余额，应以"－"号填列。

③"存货"科目，应根据"材料采购（或在途物资）"、"原材料"、"周转材料"、"库存商品"、"委托加工物资"、"生产成本"等账户的期末余额之和，减去"存货跌价准备"账户期末余额后的金额填列。

④"固定资产"科目，应根据"固定资产"账户的期末余额减去"累计折旧"、"固定资产减值准备"账户期末余额后的净额填列。

⑤"无形资产"科目，应根据"无形资产"账户的期末余额减去"累计摊销"、"无形资产减值准备"账户期末余额后的净额填列。

⑥"在建工程"、"长期股权投资"和"持有至到期投资"科目，均应根据其相应总账账户的期末余额减去其相应减值准备后的净额填列。

⑦"长期待摊费用"科目，根据"长期待摊费用"账户期末余额扣除其中将于一年内摊销的数额后的金额填列，将于一年内摊销的数额填列在"一年内到期的非流动资产"科目内填列。

⑧"长期借款"和"应付债券"科目，应根据"长期借款"和"应付债券"账户的期末余额，扣除其中在资产负债表日起一年内到期、且企业不能自主地将清偿义务展期的部分后的金额填列，在资产负债表日起一年内到期且企业不能自主地将清偿义务展期的部分在流动负债类下的"一年内到期的非流动负债"科目内反映。

（3）根据总账账户期末余额直接填列

资产负债表中大部分科目的"期末余额"可以根据有关总账账户的期末余额直接填列，如"交易性金融资产"、"应收票据"、"固定资产清理"、"工程物资"、"递延所得税资产"、"短期借款"、"交易性金融负债"、"应付票据"、"应付职工薪酬"、"应交税费"、"递延所得税负债"、"预计负债"、"实收资本"、"资本公积"、"盈余公积"等科目。这些科目中，"应交税费"等负债科目，如果其相应账户出现借方余额，应以"－"号填列："固定资产清理"等资产科目，如果其相应的账户出现贷方余额，也应以"－"号填列。

（4）资产负债表附注的内容

资产负债表附注的内容，根据实际需要和有关备查账簿等的记录分析填列。

如或有负债披露方面，按照备查账簿中记录的商业承兑汇票贴现情况，填列"已贴现的商业承兑汇票"项目。

2.3 资产项目的阅读

通过资产负债表了解企业的资产状况，必须要有一定的阅读方法，才能正确掌握企业资产状况。阅读资产负债表主要从以下几个方面着手。

➤ 1. 资产的含义

任何企业只有具备一定的资产，才能进行各种经营活动。什么是资产呢？资产是企业拥有或控制的、能以货币计量的、能为企业带来未来经济利益的经济资源。在资产负债表中，资产划分为流动资产和长期资产两大类。

➤ 2. 流动资产

流动资产是指可以在一年内（含一年）或者超过一年的一个正常营业周期内变现或耗用的资产。在资产负债表中，流动资产项目包括货币资金、应收票据、应收账款、预付款项、存货等。

（1）货币资金

货币资金是指可以立即投入流通，用以购买商品或劳务，或用以偿还债务的交换媒介物。在流动资产中，货币资金的流动性最强，并且是唯一能够直接转化为其他任何资产形态的流动性资产，也是唯一能够代表企业现实购买力水平的资产。为了确保生产经营活动的正常进行，企业必须拥有一定数量的货币资金，以便购买材料、交纳税金、发放工资、支付利息及股利等。企业所拥有的货币资金量是分析判断企业偿债能力与支付能力的重要指标。

资产负债表中反映的货币资金包括企业的库存现金、银行结算户存款、外埠存款、银行汇票存款、银行本票存款、信用证存款和在途资金。其中，现金是指存于企业、用于日常零星开支的现钞；银行结算户存款是指企业存放在当地开户银行或其他金融机构的存款账户上的货币资金；外埠存款是指企业到外地进行临时或零星采购时，汇往采购地银行开立采购账户的存款；银行汇票存款和银行本票存款是指企业为取得银行汇票或银行本票按规定存入银行的款项；信用证存款是指企业采用信用结算方式向国外卖方付款，委托银行开出信用证时存入银行信用证保证金专户的款项；在途资金是指企业同所属单位之间或上、下级之间的汇、解款项，在月终时未到达的汇入款项。

（2）交易性金融资产

满足以下条件之一的金融资产应当划分为交易性金融资产：取得金融资产的目的主要是为了近期内出售或回购或赎回；属于进行集中管理

的可辨认金融工具组合的一部分，具有客观证据表明企业近期采用短期获利方式对该组合进行管理；属于金融衍生工具。但被企业指定为有效套期工具的衍生工具属于财务担保合同的衍生工具、与在活跃市场中没有报价且其公允价值不能可靠计量的权益工具投资挂钩并须通过交付该权益工具结算的衍生工具除外。

（3）应收票据

从广义上讲，应收票据作为一种债权凭证，应包括企业持有的、未到期兑现的汇票、本票和支票。但在我国会计实务中，支票、银行本票及银行汇票均为见票即付的票据，无需将其列为应收票据予以处理。因此，应收票据就是企业持有的未到期或未兑现的商业汇票。根据我国现行法律的有关规定，商业汇票的期限不得超过 6 个月，因而我国的应收票据是一种流动资产。

在会计实务中，企业的应收票据是指收到的经承兑人承兑的商业汇票。商业汇票可以按不同的标准进行分类。

按照票据是否带息分类，商业汇票分为带息票据和不带息票据两种。带息票据是指商业汇票到期时，承兑人除向收款人或被背书人支付票面金额外，还应按票面金额和票据规定的利息率支付自票据生效日起至票据到期日止的利息的票据。不带息票据是指商业汇票到期时，承兑人只按票面金额向收款人或被背书人支付款项的票据。

按票据承兑人的不同进行分类，商业票据分为商业承兑汇票和银行承兑汇票。商业承兑汇票是指由收款人签发，经付款人承兑，或由付款人签发并承兑的票据；银行承兑汇票是收款人或承兑申请人签发，并由承兑申请人向开户银行申请，经银行审查同意承兑的票据。

在资产负债表上，应收票据反映的仅是票面金额价值。此外，应收票据在到期之前，企业如果需用资金，可将票据背面背书后向银行或其他金融机构贴现，获得现金。

按照票据是否带有追索权分类，商业汇票分为带追索权的商业汇票和不带追索权的商业汇票两种。追索权是指企业在转让应收款项的情况下，接受应收款项转让方在应收款项遭拒付或逾期时，向该应收款项转让方索取应收金额的权利。在我国，商业票据可背书转让，持票人可以对背书人、出票人以及票据的其他债务人行使追索权。目前我国票据贴现一般指有追索权的汇票。因此，对企业来讲，贴现的应收票据就是一项"或有负债"，即如果出票人到期不能兑付或拒付，企业便有责任向贴现的银行或其他金融机构支付有关款项。在资产负债表上，应收票据反映的是企业未到期收款，也未向银行贴现的应收票据。对已贴现的应收票据，作为一项"或有负债"，由于不能确定今后是否应承担有关义务，即由于不是确定的负债，也就不能反映在资产负债表的负债内容中。但贴现应收票据如金额很大，今后演变为确定负债，会对企业的财务状况产生较大影响，为了充分揭示贴现应收票据可能影响企业财务状况的程度，现行会计制度规定，在资产负债表下的补充资料中，企业应注明"已贴现的商业承兑票据"的金额。

应收票据按其有效期是否在一年以内，可以分为短期应收票据和长期应收票据。对于应收票据入账价值的确定，一般有两种方法，即按票据面值入账和按票据到期值的现值入账。按票据面值入账比较简单、实用，按票据到期值的现值入账比较科学、合理。在我国，长期应收票据尚不存在，短期应收票据又无需按现值计价，因此，为了简化会计核算手续，企业收到的商业汇票以票据面值入账。

（4）应收账款

应收账款是指企业对外赊销商品、材料、提供劳务等主要经济业务，应向购货单位或接受劳务单位收取的款项。应收账款是企业的一项债权，一般按交易发生日或销售确定日的金额予以入账。从应收账款的回收期来看，应收账款是指应在一年（可跨年度）内收回的短期债权。市场经济条件下，企业经营存在着各种风险，采用商业信用赊销商品也不可避免会发生坏账损失，即会发生货款长期拖欠和收不回的情况，而给企业造成损失。这些不能收回的账款称为坏账，由于坏账而发生的损失称为坏账损失或坏账费用。

具有以下特征之一的应收账款，应确认为坏账：

①债务人破产或死亡，以其破产财产或者遗产清偿后仍无法收回；

②债务人逾期未履行其偿债义务，且具有明显特征表明无法收回。

对坏账损失的确认和处理，会计核算上有两种方法，即直接转销法和备抵法。

①直接转销法是在确认账款确实收不回时，将不能收回的应收账款予以转销，作为坏账损失转入当期收益。我国以往的会计制度采用直接转销法。这种做法核算手续比较简单，但其缺点是：第一，在实际发生坏账时才确认坏账损失，会导致应收账款虚增，损益虚列，收入和费用不能正确地配比，因而不能正确地反映各期损益；第二，有些账款拖欠很久，收回的希望很小，但仍在挂账，这样在资产负债表上没有反映出应收账款的可实现净值。

②备抵法是国际上通行的坏账损失会计处理方法，我国现行会计制度规定也采用备抵法。在备抵法下，考虑到既然坏账的发生是不可避免的，从谨慎性原则出发，每期估算出一定的坏账损失数，记入费用，同时设立坏账准备，以后坏账实际确认发生时，再来转销有关应收账款的账面数，同时减少坏账准备。

估计各会计期间坏账损失的方法有三种，即应收账款余额百分比法、账龄分析法和赊销百分比法。

①应收账款余额百分比法。应收账款余额百分比法是按应收账款余额的一定比例估计坏账损失的方法。采用这种方法时，每期所估计的坏账损失，应根据坏账损失占应收账款余额的经验比例和该期应收账款余额确定。理论上讲，这一比例应按坏账占应收账款的比率计算，企业发生的坏账多，比例相应就高些，反之则低些。会计期末，企业应提取的坏账准备大于其账面余额的，按其差额提取；应提取的坏账准备小于账

面余额的，按其差额冲回坏账准备。

②账龄分析法。账龄分析法，是按应收账款账龄的长短，根据以往的经验确定坏账损失百分比，并据以估计坏账损失的方法。这里所指的账龄是指客户所欠账款的时间。虽然应收账款能否收回及其回收的程度与应收账款的时间长短并无直接联系，但一般来说，账龄越长，账款不能收回的可能性越大。账龄分析法就是依据这一前提来估计坏账损失的。采用这种方法可以比较客观地反映应收账款的估计可变现净值。

③赊销百分比法。赊销百分比法是以赊销金额的一定百分比估计坏账损失的方法。百分比一般根据以往的经验，按赊销金额中平均发生坏账损失的比率加以计算确定。

需要指出的是，采用赊销百分比法时，一般不需调整坏账准备余额，如果坏账准备余额出现异常现象（如应收账款全部收回后，坏账准备仍有大额贷方数，或已经将坏账准备全部核销后，又发生大额坏账等等），应及时调整估计坏账的比率。因此，企业每年要对估计坏账的百分比进行检查，若发现估计坏账百分比过高或过低，应及时予以修正。

估计坏账损失的三种方法各有利弊。

①在应收账款余额百分比法下，按照应收账款的余额，以一个综合百分比估计未来时期可能发生的坏账。采用这种方法，不考虑应收账款被拖欠的时间长短，而且应收账款的发生时间与其收回时间是跨会计期间时，估计的坏账损失被推延，但方法本身简便实用。

②在账龄分析法下，根据账龄长短估计坏账，比较符合实际情况。采用这种方法，虽然也会推延坏账的确认，但因其考虑了坏账与账龄的依存关系，而且根据账龄分析表估计坏账比较直观，仍不失为一种简易实用的方法。

③在赊销百分比法下，以赊销金额为基础估计坏账，能够把坏账在发生赊销行为的会计期间予以确认，更符合收入与费用配比的原则。采用这种方法，未能考虑赊销项目的收款时间长短，按统一的百分比估计

坏账，存在不合理性，但如果百分比的确定比较符合实际情况，这种方法还是可取的。问题在于企业所处的经济环境不是固定不变的，难以确定合理、有效的百分比对坏账进行估计。

（5）预付账款

预付账款是企业按照合同规定预先以货币资金或以货币等价物支付给供应单位的货款。在会计实务中，预付账款业务不多时，可以通过"应付账款"科目核算预付账款业务；企业的应付账款业务不多时，也可以通过"预付账款"科目核算应付账款业务。需要指出的是，为了便于反映企业对客户的债权债务关系，对同一客户发生购货往来业务，只通过"应付账款"或只通过"预付账款"科目核算。会计期末，"应付账款"科目和"预付账款"科目所属的明细科目中，有的可能是借方余额，有的可能是贷方余额。其中借方余额合计，列示于资产负债表的预付账款项目；贷方余额合计，列示于资产负债表的应付账款项目。

（6）应收利息

应收利息是指短期债券投资实际支付的价款中包含的已到付息期但尚未领取的债券利息。这部分应收利息不计入短期债券投资初始投资成本中。但实际支付的价款中包含尚未到期的债券利息，则计入短期债券投资初始投资成本中不需要单独核算的部分。

（7）应收股利

应收股利是指企业因股权投资而应收取的现金股利以及应收其他单位的利润，包括企业股票实际支付的款项中所包括的已宣告发放但尚未领取的现金股利和企业对外投资应分得的现金股利或利润等，但不包括应收的股票股利。

（8）其他应收款

其他应收款是指除应收票据、应收账款、预付账款、应收股利、应收利息等经营活动以外的各种应收、暂付款项。其他应收款包括应收的各种应收赔款、各种应收的罚款、存出的保证金、应收出租包装物租金、预付给个人或单位的备用金、应收股利、应向职工个人收取的各种垫付款项等等。

在其他应收款业务中，需要特别指出的是备用金的核算。企业因业务经营需要，往往需要一定数额的备用金。备用金是指企业内部各车间、部门等周转使用的货币资金，主要包括预付给科室、车间及非独立核算的经营单位等用于日常开支的款项。

（9）存货

存货是企业在日常生产经营中持有的以备出售，或者仍然处在生产过程，或者在生产或提供劳务过程中将消耗的材料或物资等。不同的行业、不同的企业，存货内容会有所不同。例如，工业企业的存货包括原材料、包装物、低值易耗品、委托加工材料、在产品、半成品、产成品等；商品流通企业的存货包括在途商品、库存商品、加工商品、出租商品、分期收款发出商品、材料物资、包装物、低值易耗品等各种商品和非商品物资。在大多数企业中，存货在流动资产中占有很大比重，是流动资产的重要组成部分。

随着企业生产经营过程的进行，有的存货被耗用后形成了在产品成本、产成品成本等；有的存货被销售后形成产品或商品的销售成本；有的存货以销售费用的形式被耗用；有的存货仍以原有形态存在。因此，存货所生成的会计信息是否真实、可靠，不仅影响到资产的价值是否准确，同时也影响到损益的确定是否正确。

资产负债表中，各种存货是以实际成本反映的。但会计核算上，消耗、领用或出售同样数量的一种存货，如果存货发出的计价方法不同，发出存货的金额也不同，会影响到企业当期的有关费用额和期末存货的余额。

发出存货的计价方法有先进先出法、加权平均法、移动平均法、个别认定法。在物价变动时期，不同的计价方法所确定的发出存货金额与期末存货金额也不一样。

（10）一年内到期的非流动资产

一年内到期的非流动资产反映企业将于一年内到期的非流动资产项目金额。包括一年内到期的持有至到期投资、长期待摊费用和一年内可收回的长期应收款。

（11）其他流动资产

资产负债表上的其他流动资产，是指除货币资金、应收票据、应收账款、其他应收款、存货等流动资产以外的流动资产。一般企业"待处理流动资产净损益"科目未处理转帐，报表时挂在"其他流动资产"项目中。

（12）可供出售金融资产

可供出售金融资产通常是指企业初始确认时即被指定为可供出售的非衍生金融资产，以及没有划分为以公允价值计量且其变动计入当期损益的金融资产、持有至到期投资、贷款和应收款项的金融资产。比如，企业购入的在活跃市场上有报价的股票、债券和基金等，没有划分为以公允价值计量且其变动计入当期损益的金融资产或持有至到期投资等金融资产的，可归为此类。

（13）持有至到期投资

持有至到期投资，是指到期日固定、回收金额固定或可确定，且企业有明确意图和能力持有至到期的非衍生金融资产。

➤ 3. 长期资产

长期资产也称为非流动资产，是指流动资产以外的各项资产，包括长期应收款、长期股权投资、固定资产、无形资产及其他资产、递延税款等几类。

（1）长期应收款

长期应收款指的是企业融资租赁产生的应收款项和采用递延方式分期收款、实质上具有融资性质的销售商品和提供劳务等经营活动产生的应收款项。

（2）长期股权投资

长期股权投资是指通过投资取得被投资单位的股份。企业对其他单位的股权投资，通常视为长期持有，以及通过股权投资达到控制被投资单位，或对被投资单位施加重大影响，或为了与被投资单位建立密切关系，以分散经营风险。

（3）投资性房地产

投资性房地产，是指为赚取租金或资本增值，或两者兼有而持有的房地产。投资性房地产应当能够单独计量和出售。投资性房地产主要包括：已出租的土地使用权、持有并准备增值后转让的土地使用权和已出租的建筑物。下列各项不属于投资性房地产：①自用房地产，即为生产商品、提供劳务或者经营管理而持有的房地产，②作为存货的房地产。投资性房地产属于正常经常性活动，形成的租金收入或转让增值收益确认为企业的主营业务收入但对于大部分企业而言，是与经营性活动相关的其他经营活动。

（4）固定资产

固定资产是企业生产经营过程中的重要劳动资料。它能够在若干个生产经营周期中发挥作用，并保持其原有的实物形态，但其价值由于损耗而逐渐减少。这部分减少的价值以折旧的形式，分期转移到产品成本或费用中去，并在销售收入中得到补偿。

企业在生产经营过程中，并不是将所有的劳动资料全部列为固定资产。固定资产是指使用年限在一年以上，单位价值在规定标准以上，并在使用过程中保持原来物质形态的资产，包括建筑物、机器设备、运输设备、工具器具等。现行制度规定，企业一项资产要列为固定资产，应符合以下两个标准之一。

第一，生产经营固定资产。生产经营固定资产主要包括建筑物、机器、机械、运输工具以及其他与生产经营有关的设备、器具、工具等。

第二，不属于生产经营主要设备的物品使用年限在一年以上，且单位价值较高。

企业固定资产的种类繁多，可按不同标准对固定资产进行分类。

①按经济用途分类

固定资产按经济用途进行分类，可以分为生产经营用固定资产和非生产经营用固定资产。

● 生产经营用固定资产是指直接参加生产经营过程或直接服务于生产经营过程的各种建筑物、机器设备、运输设备、动力传导设备、工具器具和管理用具等。

● 非生产经营用固定资产是指生活福利部门等非生产经营部门使用的房屋、器具以及职工住宅等。

②按使用情况分类

固定资产按使用情况分类，可以分为使用中固定资产、未使用固定资产和不需用固定资产。

③按所有权分类

固定资产按所有权进行分类，可以分为自有固定资产和融资租入固定资产。

● 自有固定资产是指企业拥有所有权的各种固定资产。

● 融资租入固定资产是指企业在租赁期间不拥有所有权但拥有实质控制权的各种固定资产。

资产负债表中，为了全面反映企业固定资产的状况，分别按固定资产原价与净值、固定资产清理、工程物资、在建工程等项目进行列示。

①固定资产原价、净值与累计折旧

固定资产原价，又称为固定资产原始价值，指企业在取得某项固定资产时所发生的全部耗费的货币表现。企业采用不同方式购建的固定资产，其原值的构成有所不同。一般来说，企业从外部取得的固定资产，其原值中包括固定资产的买价（含增值税）、运输途中发生的各种包装费、运杂费以及在使用前发生的各种安装调试费；企业自行建造的固定资产，其原值中包括建造过程中发生的全部耗费。

　　资产负债表中不论固定资产的新旧程度如何，仍要列示其原价，是因为固定资产的价值随着企业生产经营过程的进行逐步转移，使固定资产的置存价值逐渐减少，但其使用价值基本不变，固定资产原价可以反映企业固定资产规模和生产能力，便于分析投资效果和固定资产利用效率。

　　固定资产的重置价值也称为重置完全价值，是指企业在当前的条件下，重新购置同样全新的固定资产所需的全部耗费的货币表现。重置价值的构成内容与原值的构成内容相同。

　　固定资产净值又称固定资产折余价值，是固定资产原值减去累计折旧后的余额。固定资产净值，反映了企业固定资产的未损耗价值，将其与固定资产原值比较，可以看出固定资产的新旧程度。

　　固定资产在使用过程中因损耗而逐渐减少的价值称为固定资产折旧。固定资产折旧是固定资产价值损耗转移的补偿尺度。"累计折旧"项目反映了现有固定资产已损耗的价值总和。资产负债表中，累计折旧是固定资产原价的抵减项目，其列示见以下示例：

```
固定资产原价      4 900 000
　减：累计折旧      330 000
固定资产净值      4 570 000
```

　　固定资产折旧额的计算，我国以往一般采用年限平均法（直线法）或者工作量法（产量法）计算。现行制度规定，如符合有关规定，也可用加速折旧法。采用年限平均法与采用加速折旧法，在各期计提的折旧费会不一样，从而会影响到当期损益。因此，在阅读和分析财务报表时，对企业的折旧方法的变更，以及不同企业比较时，折旧方法是否一致，均要予以注意。

　　此外，还要注意的是，资产负债表中固定资产原价和累计折旧金额还包括了融资租入固定资产的数额。企业融资租入的固定资产在有关合同完成之前，产权不属企业所有。为了反映融资租入固定资产的数额，分析企业资产的状况，资产负债表下的补充资料还列示了"融资租入固定资产原价"项目。

②固定资产清理

固定资产清理项目反映企业固定资产因出售、毁损、报废等原因转入清理但尚未清理完毕的固定资产的净值，以及固定资产清理过程中所发生的清理费用和变价收入等各项金额的差额。该科目借方登记清理过程中发生的各项费用，包括转入清理过程的固定资产净值、清理过程中发生的清理费用以及销售不动产等应交纳的税金；贷方登记清理过程中发生的各项收入，包括转让收入、残料收入以及应向保险公司或有关责任者收取的赔款等。该科目贷方发生额大于借方发生额的差额，为清理过程中发生的净收益，应作为"营业外收入"从该科目借方转出。反之，则为清理过程中发生的净损失，应作为"营业外支出"从该科目的贷方转出。经过上述结转后。该科目应无余额。

③在建工程

在建工程是企业进行的与固定资产有关的各项工程，包括固定资产新建工程、改扩建工程、大修理工程等。资产负债表中的在建工程项目，反映企业期末各项未完工程的实际支出和尚未使用的工程物资的实际成本，反映了企业固定资产新建、改扩建、更新改造、大修理等情况和规模。资产负债表中的"在建工程"金额包括了交付安装的设备价值，未完建筑安装工程已经耗用的材料、工资和费用支出，预付承包工程的价款，已经建筑安装完毕但尚未交付使用的建筑安装工程成本等。

④工程物资

工程物资核算企业自营工程用于在建工程的各项物资的实际成本。

（5）生产性生物资产

生产性生物资产，是指为产出农产品、提供劳务或出租等目的而持有的生物资产，包括经济林、薪炭林、产畜和役畜等。

（6）油气资产

油气资产，是指油气开采企业所拥有或控制的井及相关设施和矿区权益。油气资产属于递耗资产。

递耗资产是通过开掘、采伐、利用而逐渐耗竭，以致无法恢复或难以恢复、更新或按原样重置的自然资源，如矿藏、原始森林等。油气资产是油气生产企业的重要资产，其价值在总资产中占有较大比重。

（7）无形资产

无形资产是指企业长期使用而没有实物形态，且为企业带来多少经济利益具有较大不确定性的经济资源。一般来说，只有同时具有以下三种特征的经济资源才能确认为无形资产。

①无实体性

无形资产没有实物形态。这一特征，主要是与固定资产等具有实物形态的资产相对而言的。但是，需要指出的是，没有实物形态并不是无形资产独有的特性，其他许多资产也不具有实物形态，如应收账款、对外投资等。

②长期性

无形资产应能在较长时期内供企业所使用，一般来说，使用年限应在一年以上。这一特征，主要是与应收账款等没有实物形态的流动资产相对而言的。但是，需要指出的是，能在较长时期内供企业使用也不是无形资产的独有特征，其他许多资产也能在较长时期内供企业使用，如长期投资等。

③不确定性

无形资产能为企业带来多少未来的经济利益具有较大的不确定性。当代科学技术的迅猛发展，使得许多无形资产的经济寿命难以准确地预计，因而也使得无形资产能为企业带来多少未来的经济利益难以准确地预计。这一特征，主要是与长期投资等既没有实物形态又能在较长时期内供企业使用的资产相对而言的。

无形资产包括专利权、非专利技术、商标权、著作权、土地使用权、商誉、特许经营权等。专利权是国家依法授予专利发明人对某一产品的造型、配方、结构、制造工艺和流程在一定期限内制造、出售或使用其发明的特殊权利。非专利技术或专有技术，是指那些没有申请专利的，公众不知道的生产某种产品或采用某种流程或对某项工艺技术所需要的知识、经验、技术的总称，包括各种设计资料、图纸数据、技术规范、材料配方或经营管理等技术资料，也包括专家、技术人员、其他职工掌握的不成文的经验、知识和技巧。商标权是指将商标向政府登记而获得可以在规定期限内独占地、排他地在商品上使用特定的名称或图案的特殊权利。著作权，亦称版权，是指文学、艺术、科学作品的作者依法对他的作品享有的一系列的专门权利。土地使用权是企业按照国家规定取得的在若干年内使用土地的权利。特许经营权是指由政府特许或由一个企业出让给另一个企业的从事某项业务或产品生产或销售的专营权。商誉是指企业由于地理位置优越、信誉较好、生产技术先进、经营有方、历史悠久、经验丰富或产品有特色等原因而在经营上能获取超额利润的一种能力。

了解无形资产的特征，对于理解资产负债表中无形资产项目及其金额的经济含义是很有用的。会计核算上，对所有者投入的无形资产是按其估计的经济价值入账的，但对于企业内部自行开发或生成的，在账上反映的金额则很少或者不反映。同时由于无形资产所提供经济利益的不确定性，无形资产项目的金额往往不能全面反映企业无形资产的经济价值和潜力。因而在评价企业的盈利能力时，如对企业的无形资产状况没有较清楚的了解，对该项目数据的利用应持谨慎态度。此外，无形资产不容易变现的特点，在评价企业的长期负债偿债能力时，对该项目数据也应持谨慎态度。无形资产与固定资产相似，其价值应在规定期限内摊销。资产负债表中无形资产的金额是无形资产的摊余价值。

无形资产计价入账后，一般应从开始受益之日起，在一定期间内平均摊销，计入管理费用。无形资产的摊销年限，一般按下列四项原则确定。

①法律、合同或企业申请书分别规定了有效期限和受益年限的，以法定有效期限、合同或企业申请书中规定的受益年限中较短者为上限。

②法律规定了有效期限，而合同或企业申请书中未规定受益期限，以法定有效期限为上限。

③法律未规定有效期限，而合同或企业申请书中规定了受益期限，以合同或企业申请书中规定的受益期限为上限。

④法律、合同或企业申请书均未规定有效期限和受益年限的，以10年为上限。

（8）开发支出

开发支出项目是反映企业开发无形资产过程中能够资本化形成无形资产成本的支出部分。

（9）商誉

商誉是指能在未来期间为企业经营带来超额利润的潜在经济价值，或一家企业预期的获利能力超过可辨认资产正常获利能力（如社会平均投资回报率）的资本化价值。商誉是企业整体价值的组成部分。在企业合并时，它是购买企业投资成本超过被合并企业净资产公允价值的差额。

（10）长期待摊费用

长期待摊费用是指不能全部计入当期损益，应当在以后年度内分期摊销的各项费用。长期待摊费用项目反映企业尚未摊销的开办费、租入固定资产改良及大修理支出以及摊销期限在一年以上的其他待摊费用。开办费是指企业在筹建期间发生的费用，包括筹建期间人员的工资、办公费、培训费、差旅费、印刷费、注册登记费以及不计入固定资产和无形资产购建成本的汇兑损益、利息等其他支出。租入固定资产改良支出是企业在租入的固定资产上进行能增加固定资产的使用效能或延长其使用寿命的改装、翻修、改建等改良工程的支出，如门面装修、室内装饰等。

企业在确认长期待摊费用时，一般应考虑两个条件。

①受益期间在一年以上。在这种情况下，将支出计入长期待摊费用，符合权责发生制原则和配比原则。

②未来会计期间获得的收益能够抵补分期摊销的支出。如果预计未来会计期间获得的收益不能抵补分摊的支出，按照谨慎性原则，可以将当期发生的支出全部计入当期损益。

（11）递延所得税资产

递延所得税资产，就是递延到以后缴纳的税款，递延所得税是时间性差异对所得税的影响，在纳税影响会计法下才会产生递延税款。是根据可抵扣暂时性差异及适用税率计算、影响（减少）未来期间应交所得税的金额。

（12）其他非流动资产

其他长期资产是指不能或未包括在前述各项长期资产中的其他资产，例如特种储备物资、银行冻结存款、冻结物资、涉及诉讼中的财产。

特种储备物资是指国有企业经国家批准储备的、具有专门用途、不参加企业生产经营周转的特种物资，是一种企业由于具有某种储藏条件而代为国家储备的物资。一般来说，特种储备物资不属于企业的资产，企业不拥有其所有权，但负有保管的责任。

在资产负债表上，"特种储备物资"和"特种储备资金"有两种表示方法。

①表内列示法

将"特种储备物资"科目的期末余额列为其他资产；"特种储备资金"科目的期末余额列为其他负债。这种列示方法可以在表内反映特种储备物资的数额，但会使企业资产、负债虚增。

②表外列示法

资产负债表内既不反映特种储备物资，也不反映特种储备资金，而是在附注中将特种储备物资的数额加以揭示。这种列示方法可以在资产负债表上反映企业资产的实际数额，但不能在表上直接反映特种储备物资的情况。如果"特种储备物资"科目的余额与"特种储备资金"科目的余额不一致，则不能采用表外列示法。

2.4 负债项目的阅读

➤ 1. 流动负债

流动负债是指将于一年内或者超过一年的一个正常营业周期内需要动用流动资产偿还的债务。资产负债表中，流动负债项目主要有"短期借款"、"交易性金融资产"、"应付票据"、"应付账款"、"预收账款"、"应付职工薪酬"、"应交税费"、"应付利息"、"应付股利"、"其他应付款"、"一年内到期的非流动负债"、"其他流动负债"、"长期借款"、"应付债券"、"长期应付款"、"专项应付款"、"预计负债"、"递延所得税负债"、"其他费流动负债"等项目。

（1）短期借款

短期借款是企业从银行或其他单位借入的期限在一年以内的各种借款，包括短期流动资金借款、结算借款、卖方信贷、票据贴现借款以及企业借入的借款期在一年或长于一年的一个经营周期以内的新产品试制借款、引进技术借款、进口原材料短期外汇借款等。

（2）交易性金融负债

交易性金融负债，指企业采用短期获利模式进行融资所形成的负债，比如应付短期债券。作为交易双方来说，甲方的金融债权就是乙方的金融负债，由于融资方需要支付利息，因比就形成了金融负债。交易性金融负债是企业承担的交易性金融负债的公允价值。

（3）应付票据

应付票据是指企业因赊购交易而开出、承兑的银行承兑汇票和商业承兑汇票。应付票据有附息和无息两种。资产负债表中"应付票据"项目反映的是尚未到期付款的应付票据面额。

（4）应付账款

应付账款是指企业因赊购原材料等物资或接受劳务供应而应付给供应单位的款项。在赊销方式下，卖方为了鼓励买方尽快偿还账款，往往规定一个折扣期限，在折扣期限内付款，即可取得购货折扣。例如，卖方规定，买方10天内付款，给予2%的折扣，30天内付款，货款全额交付。若买方购买1 000元的货物，如按规定在10天内支付，只须支付980元，但如果超过10天，则须付全额货款。对于购货折扣，会计核算方法有两种，即总价法和净价法。总价法下，企业购货时按发票价格（总价1 000元）登记应付账款和货款。对于购货折扣期内取得的购货折扣，再按少付金额冲减财务费用。净价法下，企业购货时就按发票价格减购货折扣金额登记应付账款和存货，在折扣期内付款，即以应付账款账上金额支付，但如果企业超过折扣期付款，则原应付账款和存货上所少记的折扣部分要作为购货折扣损失，列为财务费用。显然，企业采用总价法和采用净价法相比较，资产负债表中的"应付账款"项目反映的金额会不一样。

（5）预收账款

预收账款指企业按照销货合同规定向购货单位预收的货款等款项。例如，收到销货定单时存入的保证金、预收报刊杂志费、预收商品包装物的押金、长期建筑合同开出发票超过成本部分的金额、预收租金、预收利息等。尽管企业已收到这些款项，但企业产品和劳务均未提供，故不能确认收入，只能作为一项负债。

（6）应付职工薪酬

应付职工薪酬是企业根据有关规定应付给职工的各种薪酬，按照

"工资，奖金，津贴，补贴"、"职工福利"、"社会保险费"、"住房公积金"、"工会经费"、"职工教育经费"、"解除职工劳动关系补偿"、"非货币性福利"、"其它与获得职工提供的服务相关的支出"等应付职工薪酬项目进行明细核算。

（7）应交税费

企业必须按照国家规定履行纳税义务，对其经营所得依法缴纳各种税费。这些应缴税费应按照权责发生制原则进行确认、计提，在尚未缴纳之前暂时留在企业，形成一项负债（应该上缴国家暂未上缴国家的税费）。企业应通过"应交税费"科目，总括反映各种税费的缴纳情况，并按照应交税费项目进行明细核算。该科目的贷方登记应交纳的各种税费，借方登记已交纳的各种税费，期末贷方余额反映尚未交纳的税费；期末如为借方余额反映多交或尚未抵扣的税费。

（8）应付利息

应付利息是指企业按照合同约定应支付的利息，包括吸收存款，分期付息到期还本的长期借款，企业债券等应支付的利息。本科目可按存款人或债权人进行明细核算。应付利息与应计利息的区别：应付利息属于借款，应计利息属于企业存款。

（9）应付股利

应付股利是指企业经董事会或股东大会，或类似机构决议确定分配的现金股利或利润。获得投资收益是出资者对企业进行投资的初衷。企业在宣告给投资者分配股利或利润时，一方面将冲减企业的所有者权益，另一方面也形成"应付股利"这样一笔负债；随着企业向投资者实际支付利润，该项负债即行消失。

（10）其他应付款

其他应付款是企业应付、暂收其他单位或个人的款项，如应付租入固定资产的租金、包装物的租金、应付保险费、存入保证金、应付统筹退休金等。

（11）一年内到期的非流动负债

一年内到期的非流动负债是反映企业各种非流动负债在一年之内到期的金额，包括一年内到期的长期借款、长期应付款和应付债券。本项目应根据上述账户分析计算后填列。计入（收录）流动负债中。

（12）其他流动负债

其他流动负债是指不能归属于短期借款，交易性金融负债，应付票据，应付账款，应付职工薪酬等项目的流动负债。

（13）长期借款

长期借款是指企业向银行等金融机构或其他单位借入的，期限在一年以上的各种借款。长期借款一般用于企业的固定资产购建、固定资产改扩建工程及固定资产大修理工程以及流动资产正常需要等方面，如目前的大修理借款、更新改造借款、小型技改借款、出口工业品专项借款、进口设备人民币借款等。会计核算上，长期借款的应计未付的利息，也记入"长期借款"下，因此，资产负债表中"长期借款"项目反映的是企业尚未归还的长期借款本息。

（14）应付债券

应付债券是指企业为筹集长期资金而发行的偿还期在一年以上的企业债券。企业债券的发行，可以按面值发行，也可以高于面值或低于面值发行。不论企业债券是溢价还是按折价发行，应付债券均以实际收到的款项入账。

企业发行的债券，可以按以下五种不同的方式进行分类。

①按偿还本金的方式分类。

②按支付利息的方式分类。

③按可否转换为发行企业股票分类。

④按有无担保品分类。

⑤按是否记名分类。

资产负债表中"应付债券"项目反映的是企业应付债券期末的置存

价值和应付债券应付未付的利息。

（15）长期应付款

长期应付款是指企业除长期借款和应付债券以外的其他各种长期应付款，如应付引进设备款、融资租入固定资产应付款等。

应付引进设备款是企业依据与外商签订的来料加工、来料装配和中小型补偿贸易合同而引进国外设备所发生的长期应付款项。它包括从国外引进的设备、随同设备一起进口的工具和零配件等的价款和国外的运杂费以及相应的利息支出和外币折合差额。企业在引进的设备安装完成投产后，按合同规定的还款方式，用应收的加工装配收入和出口产品所得收入归还。

融资租入固定资产应付款，是指企业采用融资租赁方式租入固定资产而形成的长期负债。

企业融资租入的固定资产，在租赁期间没有所有权，但由于其风险和报酬已经实质转移，企业具有实质的控制权，因而视同自有的固定资产进行核算。在租赁期内，企业一般分期等额支付租金，全部租金一般应能补偿出租方垫付的资本并使其获得合理的报酬，全部租金的现值一般为出租方垫付的资本。融资租入固定资产应付账款作为长期负债，应按现值入账。企业支付租金时，利息费用可以按租入时的实际利率计算，也可以将全部利息在租赁期间平均摊销。

（16）专项应付款

专项应付款是企业接受国家拨入的具有专门用途的款项所形成的不需要以资产或增加其他负债偿还的负债。专项应付款指企业接受国家拨入的具有专门用途的拨款，如新产品试制费拨款、中间试验费拨款和重要科学研究补助费拨款等科技三项拨款等。

（17）预计负债

本科目核算企业根据或有事项等相关准则确认的各项预计负债，包括对外提供担保、未决诉讼、产品质量保证、重组义务以及固定资产和矿区权益弃置义务等产生的预计负债。

（18）递延所得税负债

递延所得税负债主要指：①本科目核算企业根据所得税准则确认的应纳税暂时性差异产生的所得税负债；②本科目应当按照应纳税暂时性差异项目进行明细核算；③递延所得税负债的主要账务处理。

（19）其他非流动负债

其他非流动负债项目是反映企业除长期借款、应付债券等项目以外的其他非流动负债。其他非流动负债项目应根据有关科目的期末余额填列。其他非流动负债项目应根据有关科目期末余额减去将于一年内（含一年）到期偿还数后的余额填列。

2.5 所有者权益项目的阅读

所有者权益是指企业投资者在企业资产中享有的经济利益。换句话说，所有者权益是投资者对企业资产减去负债后剩余部分资产的要求权。所有者权益主要由两部分构成，一是投资者对企业的实际投入资本；二是企业在生产、经营中形成的盈利积存。在资产负债表中所有者权益反映为"实收资本"、"资本公积"、"盈余公积"、"未分配利润"几项。

➤ 1. 实收资本

实收资本是在企业注册资本范围内实际收到的投资者投入资本。所谓注册资本，是指企业在设立时向工商行政管理部门登记的资本总额，也就是全部出资者设定的出资额之和。企业筹集资本，应该按照法律、法规、合同和章程的规定及时进行。如果是一次筹集的，实收资本应等于注册资本；如果是分期筹集的，在所有者最后一次缴入资本以后，实收资本应等于注册资本。注册资本是企业的法定资本，是企业承担民事责任的财力保证。

投资者投入资本按其投资者分，分为国家投入资本、法人资本、个人资本和外商资本四类。国家投入资本是指有权代表国家投资的政府部门或者机构以国有资产投入企业所形成的资本；法人资本是指我国具有法人资格的单位以其依法可以支配的资产投入企业所形成的资本；个人资本是指我国公民以其合法财产投入企业所形成的资本；外商资本是指外国投资者以及我国香港、澳门和台湾地区的投资者将资产投入企业所形成的资本。

投入资本按照投入资产的形式不同，可以分为货币投资、实物投资和无形资产投资。

我国现行制度规定，不论何种所有制的企业，都必须拥有一定的注册资本（法定资本）方可开业，并规定实收资本与注册资本一致。为了保障债权人和所有者的利益，保证企业生产经营正常进行，我国现行制度还建立了企业资本金制度，规定企业在筹集到资本金后，在企业生产经营期间，投资者除依法转让外，一般不得抽回投资。因此，企业如没有增资扩股的情况，各期资产负债表中实收资本项目金额一般都较稳定。

➤ 2. 资本公积

资本公积是企业的一种储备形式的资本，也可以说是一种准资本。资本公积的来源主要包括资本（股本）溢价、接受捐赠非现金资产准备、接受现金捐赠、股权投资准备、拨款转入、外币资本折算差额、关联交易差价、其他资本公积等。

资本公积形成的来源按其用途主要包括两类。

一类是可以直接用于转增资本的资本公积，包括资本（或股本）溢价、接受现金捐赠、拨款转入、外币资本折算差额和其他资本公积等。其中，资本（或股本）溢价，是指企业投资者投入的资金超过其在注册资本中所占份额的部分，在股份有限公司称之为股本溢价；接受现金捐赠，是指企业因接受现金捐赠而增加的资本公积；拨款转入，按规定转入资本公积的部分，企业应按转入金额入账。

一类是不可以直接用于转增资本的资本公积，包括接受捐赠非现金资产准备和股权投资准备等。其中，接受捐赠非现金资产准备，是指企业因接受非现金资产捐赠而增加的资本公积；股权投资准备，是指企业对被投资单位的长期股权投资采用权益法核算时，因被投资单位接受捐赠等原因增加资本公积，从而导致投资企业按持股比例或投资比例计算而增加的资本公积。

➤ 3. 盈余公积

盈余公积是企业从利润中提取形成的公积金，包括法定盈余公积、任意盈余公积。

（1）法定盈余公积

法定盈余公积是指按照企业净利润和法定比例计提的盈余公积。法定盈余公积主要用于企业扩大再生产，也可以用于弥补企业亏损或转增资本。按规定，企业计提的法定盈余公积达到注册资本的50%时，可以不再提取；超过注册资本25%以上的部分，可以用于弥补亏损或转增资本。

（2）任意盈余公积

企业在计提了法定盈余公积之后，还可以根据企业政策需要，计提任意盈余公积。任意盈余公积的计提比例由企业自行确定。任意盈余公积的用途与法定盈余公积相同，企业在用盈余公积弥补亏损或转增资本时，一般先使用任意盈余公积，在任意盈余公积用完以后，再按规定使用法定盈余公积。

➤ 4. 未分配利润

未分配利润是企业实现的利润在交纳所得税、提取盈余公积和分配利润后的余额。资产负债表中，该项目如为负数，则表示未弥补的亏损。

第三章　利润表

3.1　利润表简介

➤ 1. 利润表的含义

利润表也叫损益表，反映企业的经营成果，如收入是多少，成本是多少，各种费用是多少，收入项目主营业务收入是多少，其他业务收入是多少，等等，既反映了企业净利润的形成过程，也体现了利润的计算过程。

利润表是一张时期报表，它有两种不同的含义。

（1）不同时期报表是可以叠加的，例如，可以把去年和今年的利润表加起来，算出两年的利润总和。

（2）时期报表中的每一个数字都是累计数，代表过去一定时期已经发生的业务量的总和。所以，时期报表中的数字是一个历史汇总数，代表过去的业绩。

➤ 2. 利润表的作用

企业定期编制利润表，对内向企业管理部门报告，对外向有关部门和人员报告。因此，编制利润表对企业及其相关部门和人员来说，具有重要的作用。具体反映在以下三个方面。

（1）利用利润表提供的财务信息，可以了解和分析企业的经营成果和获利能力

利润表通过对收入和成本费用情况的反映，可以提供企业一定期间的收益情况、成本费用情况，以及资金的投入与产出的比例关系，从而可以使报表的使用者了解企业的经营业绩和财务成果，了解企业获利能力的大小。另一方面，还可以从动态角度帮助了解企业的偿债能力。企业的偿债能力虽然取决于企业的营运资金，但归根到底，也取决于企业获利能力的高低。因此，利润表提供的经营成果信息，对投资者来说，可预测、评价企业的获利能力，据此做出是否投资、是否增加投资、增加多少投资、投资于哪个方向或是否收回投资的决策。对企业的债权人来说，可预测、评价企业的偿债能力，据此做出应否维持、增加或收缩对企业的信贷的决策。

（2）利用利润表提供的财务信息，可以为经营管理者进行未来经营决策提供依据

通过比较、分析利润表中各项构成因素，并与以前各期相比较，可以反映出企业各项收入、费用和利润的消长升降趋势及其变化幅度，找出原因所在，发现经营管理中存在的问题。同时，还可以分析企业利润的形成结构，对利润进行结构分析，为企业的经营决策、投资决策和筹资决策提供依据。

（3）利用利润表所提供的财务信息，可以预测企业未来经营的盈利能力和发展趋势

利润表比较完整地提供了企业在一定时期的营业利润、投资净收益和营业外收支等有关损益的情况，是企业进行财务分析的主要资料来源，如净资产收益率、成本费用利润率、主营业务利润率中的许多数据都与利润表有关。通过分析前后期企业营业利润、投资收益和营业外收支的增减变动情况，可以预测企业未来的获利趋势。对企业利润总额的增减变化分析，可以判断企业利润变化的趋势，预测企业未来的盈利能力。

此外，通过利润表中的利润项目与现金流量表中的现金净流量数额的比较，更进一步了解企业获利与收现的真实性。

➤ 3. 利润表的结构

利润表是通过一定格式来反映企业经营成果的。由于不同的国家和企业对财务报表的信息要求不完全一样，所以利润表的基本结构也不完全一致。目前普遍采用的主要有单步式和多步式两种。

（1）单步式

单步式是将全部收入（包括投资收益和营业外收入）按顺序排列汇总，然后将所有费用（包括投资损失和营业外支出）按顺序排列汇总，两者相减得出本期利润。因为只有一个相减的步骤，所以称为单步式。单步式利润表实际上是将"收入－费用＝利润"这一会计基本等式表格化。其简化格式如表3－1所示。

表3－1　单利润表（单步式简化格式）

项　目	行　次	本月数	累计数
一、收入 二、费用 三、利润总额 四、净利润			

如果加入具体内容，则单步式利润表格式如表3－2所示。

表3－2　利润表（单步式）

项　目	行　次	本月数	累计数
一、收入 　主营业务收入 　其他业务收入 　投资收益 　补贴收入 　营业外收入 　　收入合计			

（续表）

项　　目	行　　次	本月数	累计数
二、费用			
主营业务成本			
销售费用			
主营业务税金及			
附加			
管理费用			
财务费用			
其他业务支出			
投资损失			
营业外支出			
费用合计			
三、利润总额			
减：所得税			
四、净利润			

　　单步式利润表所表示的都是未经加工的按性质分类的原始资料。其优点是比较直观、明了、简单、易于编制，而且，这种格式对一切收入和费用等同对待，不分先后，可避免使人误认为收入与费用的配比有先后顺序。其缺点是一些有意义的资料，无法直接从利润表中看出来，如主营业务利润是多少，其他业务利润是多少；不便于分析利润的形成结构；也不利于不同时期各种项目的前后比较。

　　（2）多步式

　　多步式是将利润表的内容作多项分类，相关收入与相关费用进行配比，分别计算出不同业务的结果，然后上下相加减计算确定本期的利润总额和净利润额。其简化格式如表3-3所示。

表 3-3 利润表（多步式）　　　　会企：____表

编制单位：　　　　　　　　____年____月　　　　　　　　单位：元

项　目	本期金额	上期金额
一、营业收入		
减：营业成本		
营业税金及附加		
销售费用		
管理费用		
财务费用		
资产减值损失		
加：公允价值变动收益（损失以"－"号填列）		
投资收益（损失以"－"号填列）		
其中：对联营企业和合营企业的投资收益		
二、营业利润（亏损以"－"号填列）		
加：营业外收入		
减：营业外支出		
其中：非流动资产处置损失		
三、利润总额（亏损总额以"－"号填列）		
减：所得税费用		
四、净利润（净亏损以"－"号填列）		
五、每股收益：		
（一）基本每股收益		
（二）稀释每股收益		

3.2 利润表的编制

➤ 1. 利润表编制原理

利润表编制的原理是"收入－费用＝利润"的会计平衡公式和收入与费用的配比原则。

在生产经营中企业不断地发生各种费用支出，同时取得各种收入，收入减去费用，剩余的部分就是企业的盈利。取得的收入和发生的相关费用的对比情况就是企业的经营成果。如果企业经营不当，发生的生产经营费用超过取得的收入，企业就发生了亏损；反之企业就能取得一定的利润。会计部门应定期（一般按月份）核算企业的经营成果，并将核算结果编制成报表，这就形成了利润表。

➤ 2. 利润形成步骤

计算利润时，企业应以收入为起点，计算出当期的利润总额和净利润额。

我国企业利润表的主要编制步骤和内容如下。

第一步，以营业收入为基础，计算营业利润。

营业利润＝营业收入－营业成本－营业税金及附加－销售费用－管理费用－财务费用－资产减值损失＋公允价值变动收益（－公允价值变动损失）＋投资收益（－投资损失）

其中，

营业收入＝主营业务收入＋其他业务收入

营业成本＝主营业务成本＋其他业务成本

第二步，以营业利润为基础，计算利润总额。

利润总额＝营业利润＋营业外收入－营业外支出

第三步，以利润总额为基础，计算净利润。

净利润＝利润总额－所得税费用。

➢ 3. 利润表的编制方法

依照目前我国企业利润表的格式和内容，其编制方法如下。

（1）利润表反映企业在一定期间内利润（亏损）的实际情况

利润表中"本月数"栏反映各项目的本月实际发生数；在编报中期财务会计报告时，填列上年同期累计实际发生数；在编报年度财务会计报告时，填列上年全年累计实际发生数，并将"本月数"栏改成"上年数"栏。如果上年度利润表与本年度利润表的项目名称和内容不相一致，应对上年度利润表项目的名称和数字按本年度的规定进行调整，填入本表"上年数"栏。在编报中期和年度财务会计报告时，应将"本月数"栏改成"上年数"栏。

利润表"本年累计数"栏反映各项目自年初起至报告期末止的累计实际发生数。

（2）利润表各项目的填列方法

①"营业收入"项目，反映企业经营主要业务和其他业务所确认的收入总额。本项目应根据"主营业务收入"和"其他业务收入"科目的发生额分析填列。

②"营业成本"项目，反映企业经营主要业务和其他业务所发生的成本总额。本项目应根据"主营业务成本"和"其他业务成本"科目的发生额分析填列。

③"营业税金及附加"项目，反映企业经营业务应负担的消费税、营业税、城市建设维护税、资源税、土地增值税和教育费附加等。本项目应根据"营业税金及附加"科目的发生额分析填列。

④ "销售费用"项目，反映企业在销售商品过程中发生的包装费、广告费等费用和为销售本企业商品而专设的销售机构的职工薪酬、业务费等经营费用。本项目应根据"销售费用"科目的发生额分析填列。

⑤ "管理费用"项目，反映企业为组织和管理生产经营发生的管理费用。本项目应根据"管理费用"的发生额分析填列。

⑥ "财务费用"项目，反映企业筹集生产经营所需资金等而发生的筹资费用。本项目应根据"财务费用"科目的发生额分析填列。

⑦ "资产减值损失"项目，反映企业各项资产发生的减值损失。本项目应根据"资产减值损失"科目的发生额分析填列。

⑧ "公允价值变动收益"项目，反映企业应当计入当期损益的资产或负债公允价值变动收益。本项目应根据"公允价值变动损益"科目的发生额分析填列，如为净损失，本项目以" － "号填列。

⑨ "投资收益"项目，反映企业以各种方式对外投资所取得的收益。本项目应根据"投资收益"科目的发生额分析填列。如为投资损失，本项目以" － "号填列。

⑩ "营业利润"项目，反映企业实现的营业利润。如为亏损，本项目以" － "号填列。

⑪ "营业外收入"项目，反映企业发生的与经营业务无直接关系的各项收入。本项目应根据"营业外收入"科目的发生额分析填列。

⑫ "营业外支出"项目，反映企业发生的与经营业务无直接关系的各项支出。本项目应根据"营业外支出"科目的发生额分析填列。

⑬ "利润总额"项目，反映企业实现的利润。如为亏损，本项目以" － "号填列。

⑭ "所得税费用"项目，反映企业应从当期利润总额中扣除的所得税费用。本项目应根据"所得税费用"科目的发生额分析填列。

⑮ "净利润"项目，反映企业实现的净利润。如为亏损，本项目以" － "号填列。

⑯ "基本每股收益"和"稀释每股收益"项目的列报应当根据《企业会计准则第 34 号——每股收益》的规定计算的金额填列。《企业会计准则第 34 号——每股收益》及其应用指南规定：企业应当按照归属于普通股股东的当期净利润，除以发行在外普通股的加权平均数计算基本每股收益。

3.3 利润表的阅读

➤ 1. 收入和成本费用的确认

（1）收入的确认

收入是指企业在销售商品、提供劳务及他人使用本企业资产等经营业务过程中所形成的经济利益的总流入。

收入有许多种，可以按不同的标准进行分类，常见的有两个：一是按收入的性质划分，收入分为商品销售收入、劳务收入和他人使用本企业资产取得的收入；二是按企业经营业务主次划分，收入分为主营业务收入和其他业务收入。

企业销售商品时，如同时符合以下四个条件，即确认为收入。

①企业已将商品所有权上的主要风险和报酬转移给买方。

风险主要是指商品由于贬值、损坏、报废等造成的损失。报酬是指商品中包含的未来经济利益，包括商品因升值等给企业带来的经济利益。如果一项商品发生的任何损失均不需要本企业承担，带来的经济利益也不归本企业所有，则意味着商品所有权上的风险和报酬已移出该企业。

②企业既没有保留通常与所有权相联系的继续管理权，也没有对售出的商品实施控制。

③与交易相关的经济利益能够流入企业。

销售商品的价款能否有把握收回，是收入确认的一个重要条件。企业在销售商品时，如估计价款收回的可能性不大，即使收入确认的其他条件均已满足，也不应当确认收入。

④相关的收入和成本能够可靠地计量。

收入能否可靠地计量是确认收入的基本前提，收入不能可靠地计量，则无法确认收入。

（2）成本费用的确认

成本费用是指企业在经营管理过程中为了取得营业收入而发生的费用，分为基本业务费用、其他业务费用、管理费用和财务费用。

确认成本费用应考虑两个问题：一是成本费用与收入的关系；二是成本费用的归属期。具体来说，确认成本费用的标准有以下三种。

①按其与收入的直接联系确认成本费用。

如果资产的减少或负债的增加与取得本期收入有直接联系，就应确认为本期的成本费用。例如，已销商品的成本是为了取得收入而直接发生的耗费，应在取得收入的期间确认为成本费用；又如，为了推销商品发生的送货费用，也与取得收入直接相关，也应在取得收入的期间确认为成本费用。

②按一定的分配方式确认成本费用。

如果资产的减少或负债的增加与取得收入没有直接联系，但能够为若干个会计期间带来效益，则应采用一定的分配方式，分别确认为各期的成本费用。例如，管理部门使用的固定资产的成本，需要采用一定的折旧方法，分别确认为各期的折旧费用。

③在耗费发生时直接确认为成本费用。

如果资产的减少或负债的增加与取得收入没有直接联系，且只能为一个会计期间带来效益或受益期间难以合理估计，则应确认为当期的成本费用。例如，管理人员的工资，其支出的效益仅作用于一个会计期间，应直接确认为当期成本费用；又如，广告费支出，虽然可能在较长时期内受益，但很难合理估计其受益期间，因而也可以直接确认为当期的成本费用。此外，对于某些虽然受益期限较长但数额较小的支出，为了简化会计核算，按照重要性原则，也可以直接确认为当期的成本费用，如管理部门领用的管理用具等。

对于一般纳税人而言，要求采用新规定的统一格式对外填报财务报表。下面以一般纳税人为例，说明新式利润表的阅读方法。

➤ 2. 利润表的阅读

（1）营业收入

营业收入是指企业在从事销售商品，提供劳务和让渡资产使用权等日常经营业务过程中所形成的经济利益的总流入。营业收入的实现，一般为产品或者商品已经发出，工程已经交付，服务或者劳务已经提供，价款已经收讫或者已经取得收取价款的权利。

营业收入包括主营业务收入和其他业务收入。主营业务收入是指企业经常性的、主要业务所产生的收入。如制造业的销售产品、半成品和提供工业性劳务作业的收入；商品流通企业的销售商品收入；旅游服务业的门票收入、客户收入、餐饮收入等。主营业务收入在企业收入中所占的比重较大，它对企业的经济效益有着举足轻重的影响。

其他业务收入，是指除上述各项主营业务收入之外的其他业务收入。包括材料销售、外购商品销售、废旧物资销售、下脚料销售，提供劳务性作业收入，房地产开发收入，咨询收入，担保收入等其他业务收入。其他业务收入在企业收入中所占的比重较小。

（2）营业成本

营业成本是指企业所销售商品或者提供劳务的成本。营业成本应当与所销售商品或者所提供劳务而取得的收入进行配比。营业成本又分为主营业务成本和其他业务成本；它们是与主营业务收入和其他业务收入相对应的一组概念。

营业成本是与营业收入直接相关的，已经确定了归属期和归属对象的各种直接费用。营业成本主要包括主营业务成本、其他业务成本。

①主营业务成本

主营业务成本是企业销售商品、提供劳务等经常性活动所发生的成本。企业一般在确认销售商品、提供劳务等主营业务收入时，或在月末，将已销售商品、已提供劳务的成本转入主营业务成本。主营业务成本按主营业务的种类进行明细核算，期末，将主营业务成本的余额转入"本年利润"科目，结转后本科目无余额。企业应通过"主营业务成本"科目，核算主营业务成本的确认和结转情况。企业结转主营业务成本时，借记"主营业务成本"科目，贷记"库存商品"、"劳务成本"科目。期末，应将"主营业务成本"科目余额转入"本年利润"科目，借记"本年利润"科目，贷记"主营业务成本"科目。

②其他业务成本

其他业务成本是企业确认的除主营业务活动以外的其他经营活动所发生的支出。其他业务成本包括销售材料的成本、出租固定资产的折旧额、出租无形资产的摊销额、出租包装物的成本或摊销额等。企业应通过"其他业务成本"科目，核算其他业务成本的确认和结转情况。企业发生或结转的其他业务成本，借记"其他业务成本"科目，贷记"原材料"、"周转材料"、"累计折旧"、"累计摊销"、"银行存款"等科目。期末，应将"其他业务成本"科目余额转入"本年利润"科目，借记"本年利润"科目，贷记"其他业务成本"科目。

（3）营业税金及附加

营业税金及附加反映企业经营主要业务应负担的营业税、消费税、城市维护建设税、资源税、土地增值税和教育税附加等。三资企业此项指标只含消费税和资源税。填报此项指标时应注意，实行新税制后，会计上规定应交增值税不再计入"主营业务税金及附加"项，无论是一般纳税企业还是小规模纳税企业均应在"应交增值税明细表"中单独反映。根据企业会计"利润表"中对应指标的本年累计数填列。

（4）销售费用

销售费用是指企业在销售产品、自制半成品和提供劳务等过程中发生的费用，包括由企业负担的包装费、运输费、广告费、装卸费、保险费、委托代销手续费、展览费、租赁费（不含融资租赁费）和销售服务费、销售部门人员工资、职工福利费、差旅费、办公费、折旧费、修理费、物料消耗、低值易耗品摊销以及其他经费等。与销售有关的差旅费应计入销售费用。

（5）管理费用

管理费用是指企业行政管理部门为组织和管理生产经营活动而发生的各项费用。管理费用属于期间费用，在发生的当期就计入当期的损益。

（6）财务费用

财务费用指企业在生产经营过程中为筹集资金而发生的各项费用。包括企业生产经营期间发生的利息支出（减利息收入）、汇兑净损失（有的企业如商品流通企业、保险企业进行单独核算，不包括在财务费用）、金融机构手续费以及筹资发生的其他财务费用如债券印刷费、国外借款担保费等。但在企业筹建期间发生的利息支出，应计入开办费；与购建固定资产或者无形资产有关的，在资产尚未交付使用或者虽已交付使用但尚未办理竣工决算之前的利息支出，计入购建资产的价值；清算期间发生的利息支出，计入清算损益。

（7）资产减值损失

资产减值损失是指因资产的账面价值高于其可收回金额而造成的损失。新会计准则规定资产减值范围主要是固定资产、无形资产以及除特别规定外的其他资产减值的处理。《资产减值》准则改变了固定资产、无形资产等的减值准备计提后可以转回的做法，资产减值损失一经确认，在以后会计期间不得转回，消除了一些企业通过计提秘密准备来调节利润的可能，限制了利润的人为波动。

（8）公允价值变动收益

公允价值变动收益，公允价值变动收益是指资产或负债因公允价值变动所形成的收益。

公允价值是指在公平交易中，熟悉情况的交易双方自愿进行资产交换或者债务清偿的金额。

（9）投资收益

投资收益是对外投资所取得的利润、股利和债券利息等收入减去投资损失后的净收益。严格地讲所谓投资收益是指以项目为边界的货币收入等它既包括项目的销售收入又包括资产回收（即项目寿命期末回收的固定资产和流动资金）的价值。投资可分为实业投资和金融投资两大类，人们平常所说的金融投资主要是指证券投资。证券投资的分析方法主要有如下三种：基本分析、技术分析及演化分析，其中基本分析主要应用于投资标的物的选择上，技术分析和演化分析则主要应用于具体投资操作的时间和空间判断上，作为提高投资分析有效性和可靠性的重要补充。

（10）营业利润

营业利润＝营业收入－营业成本－营业税金及附加－销售费用－管理费用－财务费用－资产减值损失＋公允价值变动净收益＋投资净收益

2006年财政部颁布的《企业会计准则第30号——财务报表列报》中已对营业利润进行了调整，将投资收益调入营业利润，同时取消了主营业务利润和其他业务利润的提法，补贴收入被并入营业外收入，营业利润经营业外收支调整即得到利润总额。

（11）营业外收入

营业外收入是指与企业生产经营活动没有直接关系的各种收入。营业外收入并不是由企业经营资金耗费所产生的，不需要企业付出代价，实际上是一种纯收入，不可能也不需要与有关费用进行配比。因此，在会计核算上，应当严格区分营业外收入与营业收入的界限。通俗一点讲就是，除企业营业执照中规定的主营业务以及附属的其他业务之外的所有收入是为营业外收入。

（12）营业外支出

营业外支出是指不属于企业生产经营费用，与企业生产经营活动没有直接的关系，但应从企业实现的利润总额中扣除的支出，包括固定资产盘亏、报废、毁损和出售的净损失、非季节性和非修理性期间的停工损失、职工子弟学校经费和技工学校经费、非常损失、公益救济性的捐赠、赔偿金、违约金等。

（13）利润总额

利润总额指企业在生产经营过程中各种收入扣除各种耗费后的盈余，反映企业在报告期内实现的盈亏总额。

（14）所得税费用

所得税费用是指企业经营利润应交纳的所得税。"所得税费用"，核算企业负担的所得税，是损益类科目；这一般不等于当期应交所得税，因为可能存在"暂时性差异"。如果只有永久性差异，则等于当期应交所得税。

（15）净利润

净利润（收益）是指在利润总额中按规定交纳了所得税后公司的利润留成，一般也称为税后利润或净收入。净利润的计算公式为：净利润 = 利润总额 × （1 - 所得税率）净利润是一个企业经营的最终成果，净利润多，企业的经营效益就好；净利润少，企业的经营效益就差，它是衡量一个企业经营效益的主要指标。

（16）每股收益

每股收益，又称每股税后利润、每股盈余，指税后利润与股本总数的比率。它是测定股票投资价值的重要指标之一，是分析每股价值的一个基础性指标，是综合反映公司获利能力的重要指标，它是公司某一时期净收益与股份数的比率。

（17）基本每股收益

基本每股收益是指企业应当按照属于普通股股东的当期净利润，除以发行在外普通股的加权平均数从而计算出的每股收益。如果企业有合并财务报表，企业应当以合并财务报表为基础计算和列报每股收益。

（18）稀释每股收益

稀释每股收益是以基本每股收益为基础，假设企业所有发行在外的稀释性潜在普通股均已转换为普通股，从而分别调整归属于普通股股东的当期净利润以及发行在外普通股的加权平均数计算而得的每股收益。对普通投资者来说，稀释每股收益是个新名词。上市公司存在稀释性潜在普通股的，应当分别调整归属于普通股股东的报告期净利润和发行在外普通股加权平均数，并据以计算稀释每股收益。这里又出现了一个新名词"稀释性潜在普通股"，其是指假设当期转换为普通股会减少每股收益的潜在普通股。

第四章　现金流量表

4.1　现金流量表简介

➤1. 什么是现金流量表

现金流量表是以现金为基础编制的财务状况变动表。现金流量表反映企业在一定会计期间现金和现金等价物流入和流出的报表。

现金流量表是以现金为基础编制的，这里的"现金"是指企业库存现金、可以随时用于支付的存款以及现金等价物，具体包括库存现金、银行存款、其他货币资金和现金等价物。现金等价物是指企业持有的期限短、流动性强、易于转换为已知金额的现金、价值变动风险很小的短期投资，通常指购买在三个月或更短时间内即将到期或即可转换为现金的投资。

➤2. 现金流量分类及现金流量表格式

我国会计准则将现金流量分为三类。

（1）经营活动产生的现金流量

经营活动是指企业投资活动和筹资活动以外的所有交易和事项，包括销售商品和提供劳务、经营性租赁、购买货物、接受劳务、制造产品、广告宣传等。

（2）投资活动产生的现金流量

投资活动是指企业长期资产的购置和不包括在现金等价物范围内的投资及其处置活动。

（3）筹资活动产生的现金流量

筹资活动是导致企业资本、债务规模和构成发生变化的活动，包括吸收投资、发行股票、分配利润等。现金流量表的格式如表 4 - 1 所示。

表 4 - 1　现金流量表

编制单位：　　　　　　　　　　　　年度　　　　　　　　　　单位：

项　　　　目	行　次	金　　　额
一、经营活动产生的现金流量		
销售商品、提供劳务收到的现金	1	
收到的税费返还	3	
收到的其他与经营活动有关的现金	8	
经营活动现金流入小计	9	
购买商品、接受劳务支付的现金	10	
支付给职工以及为职工支付的现金	12	
支付的各项税费	13	
支付其他与经营活动有关的现金	18	
经营活动现金流出小计	20	
经营活动产生的现金流量净额	21	
二、投资活动产生的现金流量		
收回投资所收到的现金	22	
取得投资收益所收到的现金	23	
处置固定资产、无形资产和其他长期资产所收回的现金净额	25	
处置子公司及其他营业单位收到的现金净额		
收到的其他与投资活动有关的现金	28	
投资活动现金流入小计	29	

（续表）

项　目	行　次	金　额
购建固定资产、无形资产和其他长期资产所支付的现金	30	
投资支付的现金	31	
取得子公司及其他营业单位支付的现金金额		
支付的其他与投资活动有关的现金	35	
投资活动现金流出小计	36	
投资活动产生的现金流量净额	37	
三、筹资活动产生的现金流量		
吸收投资所收到的现金	38	
取得借款所收到的现金	40	
收到其他与筹资活动有关的现金	43	
筹资活动现金流入小计	44	
偿还债务所支付的现金	45	
分配股利、利润或偿付利息所支付的现金	46	
支付的其他与筹资活动有关的现金	52	
筹资活动现金流出小计	53	
筹资活动产生的现金流量净额	54	
四、汇率变动对现金及现金等价物的影响	55	
五、现金及现金等价物净增加额	56	
加：期初现金及现金等价物余额	57	
六、期末现金及现金等价物余额	58	

表4-2　现金流量表补充资料

补充资料	行　次	本期金额
一、将净利润调节为经营活动现金流量		
净利润		
加：资产减值准备		

076

（续表）

补充资料	行　次	本期金额
固定资产折旧、油气资产折耗、生产性生物资产折旧		
无形资产摊销		
长期待摊费用摊销		
待摊费用减少（减：增加）		
处置固定资产、无形资产和其他长期资产的损失（收益以"－"号填列）		
固定资产报废损失（收益以"－"号填列）		
公允价值变动损失（收益以"－"号填列）		
财务费用（收益以"－"号填列）		
投资损失（收益以"－"号填列）		
递延所得税资产减少（增加以"－"号填列）		
递延所得税负债增加（减少以"－"号填列）		
存货的减少（增加以"－"号填列）		
经营性应收项目的减少（增加以"－"号填列）		
经营性应付项目的增加（减少以"－"号填列）		
其他		
经营活动产生的现金流量净额		
二、不涉及现金收支的投资和筹资活动		
债务转为资本		
一年内到期的可转换公司债券		
融资租入固定资产		
三、现金及现金等价物净变动情况		
现金的期末余额		

（续表）

补充资料	行　次	本期金额
减：现金的期初余额		
加：现金等价物的期末余额		
减：现金等价物的期初余额		
现金及现金等价物净增加额		

➤ 4. 现金流量表的作用

现金流量表是反映企业在一定时期内现金收入、现金支出及现金收支净额的基本财务报表。企业在每一会计期间终了后，必须向有关各方，包括企业的经营者、投资者、债权人以及政府有关部门等，报送企业的财务报表，向他们提供有关企业生产经营成果和财务状况的信息，为他们的决策提供依据。利润表无法说明企业从营业活动中获取了多少可供企业周转使用的资金，筹资活动和投资活动提供多少资金，运用了多少资金等。资产负债表提供的是企业的静态财务状况信息，无法反映企业财务状况的变动，无法说明企业财务状况变动的原因。为了弥补利润表和资产负债表的不足，所以在利润表和资产负债表之外，还需要编制第三张基本财务报表，即现金流量表。

现金流量表的作用，主要体现在以下六个方面。

（1）现金流量表能够说明企业一定期间内现金流入和流出的原因

现金流量表将现金流量划分为经营活动、投资活动和筹资活动所产生的现金流量，并按照流入现金和流出现金项目分别反映。例如，企业当期从银行借入 500 万元，偿还银行利息 3 万元，在现金流量表的筹资活动产生的现金流量中分别反映"借款收到的现金 500 万元"，"偿付利息支付的现金 3 万元"。因此，通过现金流量表能够清晰地反映企业现金流入和流出的原因，即现金从哪里来，又用到哪里去。这些信息是资产负债表和利润表所不能提供的。

（2）现金流量表能够说明企业的偿债能力和支付股利的能力

投资者投入资金、债权人提供企业短期或长期使用的资金，其目的主要是为了获利。通常情况下，报表阅读者比较关注企业的获利情况，并且往往以获得利润的多少作为衡量标准。企业获利多少在一定程度上表明了企业具有一定的现金支付能力。但是，企业一定期间内获得的利润并不代表企业真正具有偿债或支付能力。在某些情况下，虽然企业利润表上反映的经营业绩很可观，但财务困难，不能偿还到期债务；还有些企业虽然利润表上反映的经营成果并不可观，但却有足够的偿付能力。产生这种情况有诸多原因，其中会计核算采用的权责发生制、配比原则等所含的估计因素也是其主要原因之一。现金流量表完全以现金的收支为基础，消除了会计核算中由于会计估计等所产生的获利能力和支付能力。通过现金流量表能够了解企业现金流入的构成，分析企业偿债和支付股利的能力，增强投资者的投资信心和债权人收回债权的信心；通过现金流量表，投资者和债权人可了解企业获取现金的能力和现金偿付的能力，从而使有限的社会资源流向最能产生效益的地方。

（3）现金流量表可以用来分析企业未来获取现金的能力

现金流量表反映企业一定期间内的现金流入和流出的整体情况，说明企业现金从哪里来，又运用到哪里去。现金流量表中的经营活动产生的现金流量，代表企业运用其经济资源创造现金流量的能力；投资活动产生的现金流量，代表企业运用资金产生现金流量的能力；筹资活动产生的现金流量，代表企业筹资获得现金流量的能力。通过现金流量表及其他财务信息，可以分析企业未来获取或支付现金的能力。例如，企业通过银行借款筹得资金，从本期现金流量表中反映为现金流入，但却意味着未来偿还借款时要流出现金。又如，本期应收未收的款项，在本期现金流量表中虽然没有反映为现金的流入，但意味着未来将会有现金流入。

（4）现金流量表可以用来分析企业投资和理财活动对经营成果和财务状况的影响

资产负债表能够提供企业一定日期财务的状况，它所提供的是静态的财务信息，并不能反映财务状况变动的原因，也不能表明这些资产、负债给企业带来多少现金，又用去多少现金；利润表虽然反映企业一定期间的经营成果，提供动态的财务信息，但利润表只能反映利润的构成，也不能反映经营活动、投资和筹资活动给企业带来多少现金，又支付多少现金，而且利润表不能反映投资和筹资活动的全部事项。现金流量表提供一定时期现金流入和流出的动态财务信息，表明企业在报告期内由经营活动、投资和筹资活动获得多少现金，企业获得的这些现金是如何运用的，能够说明资产、负债、净资产变动的原因，对资产负债表和利润表起到补充说明的作用。现金流量表是连接资产负债表和利润表的桥梁。

（5）现金流量表能够提供不涉及现金的投资和筹资活动的信息

现金流量表除了反映企业与现金有关的投资和筹资活动外，还通过补充资料（表4-2所示）方式提供不涉及现金的投资和筹资活动方面的信息，使财务报表使用者或阅读者能够全面了解和分析企业的投资和筹资活动。

（6）编制现金流量表，便于和国际惯例相协调

目前世界许多国家都要求企业编制现金流量表，如美国、英国、澳大利亚、加拿大等。我国企业编制现金流量表后，将对开展跨国经营、境外筹资、加强国际经济合作起到积极的作用。

4.2 现金流量表的编制

▶ 1. 现金流量表的编制基础

现金流量表以现金及现金等价物为基础编制，划分为经营活动、投资活动和筹资活动，按照收付实现制原则编制，将权责发生制下的盈利信息调整为收付实现制下的现金流量信息。

（1）现金

现金，是指企业库存现金以及可以随时用于支付的存款。不能随时用于支付的存款不属于现金。现金主要包括以下三项。

①库存现金

库存现金是指企业持有可随时用于支付的现金，与"现金"科目的核算内容一致。

②银行存款

银行存款是指企业存入金融机构、可以随时用于支取的存款，与"银行存款"科目核算内容基本一致，但不包括不能随时用于支付的存款。例如，不能随时支取的定期存款等不应作为现金；提前通知金融机构便可支取的定期存款则应包括在现金范围内。

③其他货币资金

其他货币资金是指存放在金融机构的外埠存款、银行汇票存款、银行本票存款、信用卡存款、信用证保证金存款和存出投资款等，与"其他货币资金"科目核算内容一致。

（2）现金等价物

现金等价物，是指企业持有的期限短、流动性强、易于转换为已知金额现金、价值变动风险很小的投资。其中，"期限短"一般是指从购买日起三个月内到期。例如可在证券市场上流通的三个月内到期的短期债券等。

现金等价物虽然不是现金，但其支付能力与现金的差别不大，可视为现金。例如，企业为保证支付能力，手持必要的现金，为了不使现金闲置，可以购买短期债券，在需要现金时，随时可以变现。

现金等价物的定义本身，包含了判断一项投资是否属于现金等价物的四个条件，即，期限短；流动性强；易于转换为已知金额的现金；价值变动风险很小。其中，期限短、流动性强，强调了变现能力，而易于转换为已知金额的现金、价值变动风险很小，则强调了支付能力的大小。现金等价物通常包括三个月内到期的短期债券投资。权益性投资变现的金额通常不确定，因而不属于现金等价物。

（3）现金及现金等价物范围的确定和变更

不同企业现金及现金等价物的范围可能不同。企业应当根据经营特点等具体情况，确定现金及现金等价物的范围。商业银行与一般工商企业的现金及现金等价物的范围可能不同，例如，某商业银行的现金及现金等价物包括库存现金、存放中央银行可随时支取的备付金、存放同业款项、拆放同业款项、同业间买入返售证券、短期国债投资等。

根据现金流量表准则及其指南的规定，企业应当根据具体情况，确定现金及现金等价物的范围，一经确定不得随意变更。如果发生变更，应当按照会计政策变更处理。

➢ 2. 现金流量表编制的直接法

直接法是指按现金收入和现金支出的主要类别直接反映企业经营活动产生的现金流量，如销售商品、提供劳务收到的现金，购买商品、接受劳务支付的现金等，就是按现金收入的来源和支出的去向直接反映的。在直接法下，一般是以利润表中的营业收入为起算点，调节与经营活动有关的项目的增减变动，然后计算出经营活动产生的现金流量。

企业应采用直接法报告企业经营活动的现金流量。采用直接法报告经营活动的现金流量表时，企业有关现金流量表的信息可从会计记录中直接获得，也可以在利润表中营业收入、营业成本等数据的基础上，通过调整存货和经营性应收应付项目的变动以及固定资产折旧、无形资产摊销等项目后获得。

（1）经营活动产生的现金流量

①销售商品、提供劳务收到的现金

本项目反映企业销售商品、提供劳务实际收到的现金，包括销售收入和应向购买者收取的增值税销项税额，具体包括：本期销售商品、提供劳务收到的现金，以及前期销售商品、提供劳务本期收到的现金和本期预收的款项，减去本期销售本期退回的商品和前期销售本期退回的商品支付的现金。企业销售材料和代购代销业务收到的现金，也在本项目反映。本项目可以根据"库存现金"、"银行存款"、"应收票据"、"应收账款"、"预收账款"、"主营业务收入"、"其他业务收入"科目的记录分析填列。

【例1】甲企业本期销售一批商品，开出的增值税专用发票上注明的销售价款为 2 800 000 元，增值税销项税额为 476 000 元，以银行存款收讫；应收票据期初余额为 270 000 元，期末余额为 60 000 元；应收账款期初余额为 1 000 000 元，期末余额为 400 000 元；年度内核销的坏账损失为 20 000 元。另外，本期因商品质量问题发生退货，支付银行存款30 000元，货款已通过银行转账支付。

本期销售商品、提供劳务收到的现金计算如下：

本期销售商品收到的现金	3 276 000
加：本期收到前期的应收票据 （270 000 – 60 000）	210 000
本期收到前期的应收账款	
（1 000 000 – 400 000 – 20 000）	580 000
减：本期因销售退回支付的现金	30 000
本期销售商品、提供劳务收到的现金	4 036 000

②收到的税费返还

本项目反映企业收到返还的各种税费，如收到的增值税、营业税、所得税、消费税、关税和教育费附加返还款等。本项目可以根据"库存现金"、"银行存款"、"营业税金及附加"、"营业外收入"等科目的记录分析填列。

【例2】甲企业前期出口商品一批，已交纳增值税，按规定应退增值税8 500元，前期未退，本期以转账方式收讫；本期收到退回的营业税款18 000元、收到的教育费附加返还款33 000元，款项已存入银行。

本期收到的税费返还计算如下：

本期收到的出口退增值税额	8 500
加：收到的退营业税额	18 000
收到的退教育费附加返还额	33 000
本期收到的税费返还	59 500

③收到的其他与经营活动有关的现金

本项目反映企业除上述各项目外，收到的其他与经营活动有关的现金，如罚款收入、经营租赁固定资产收到的现金、流动资产损失中由个人赔偿的现金收入、除税费返还外的其他政府补助收入等。其他与经营活动有关的现金，如果价值较大的，应单列项目反映。本项目可以根据"库存现金"、"银行存款"、"管理费用"、"销售费用"等科目的记录分析填列。

④购买商品、接受劳务支付的现金

本项目反映企业购买材料、商品、接受劳务实际支付的现金，包括支付的货款以及与货款一并支付的增值税进项税额，具体包括：本期购买商品、接受劳务支付的现金以及本期支付前期购买商品、接受劳务的未付款项和本期预付款项，减去本期发生的购货退回收到的现金。为购置存货而发生的借款利息资本化部分，应在"分配股利、利润或偿付利息支付的现金"项目中反映。本项目可以根据"库存现金"、"银行存款"、"应付票据"、"应付账款"、"预付账款"、"主营业务成本"、"其他业务支出"等科目的记录分析填列。

【例3】甲公司本期购买原材料，收到的增值税专用发票上注明的材料价款为 150 000 元，增值税进项税额为 25 500 元，款项已通过银行转账支付；本期支付应付票据 100 000 元；购买工程用物资 150 000 元，货款已通过银行转账支付。

本期购买商品、接受劳务支付的现金计算如下：

本期购买原材料支付的价款	150 000
加：本期购买原材料支付的增值税进项税额	25 500
本期支付的应付票据	100 000
本期购买商品、接受劳务支付的现金	275 500

⑤支付给职工以及为职工支付的现金

本项目反映企业实际支付给职工的现金以及为职工支付的现金，包括企业为获得职工提供的服务，本期实际给予各种形式的报酬以及其他相关支出，如支付给职工的工资、奖金、各种津贴和补贴等以及为职工支付的其他费用，不包括支付给在建工程人员的工资。支付的在建工程人员的工资，在"购建固定资产、无形资产和其他长期资产所支付的现金"项目中反映。

企业为职工支付的医疗、养老、失业、工伤、生育等社会保险基金、补充养老保险、住房公积金，企业为职工交纳的商业保险金，因解除与职工劳动关系给予的补偿，现金结算的股份支付，以及企业支付给职工或为职工支付的其他福利费用等，应根据职工的工作性质和服务对象，分别在"购建固定资产、无形资产和其他长期资产所支付的现金"和"支付给职工以及为职工支付的现金"项目中反映。

本项目可以根据"库存现金"、"银行存款"、"应付职工薪酬"等科目的记录分析填列。

【例4】甲企业本期实际支付工资 500 000 元，其中经营人员工资 300 000 元，在建工程人员工资 200 000 元。

本期支付给职工以及为职工支付的现金为 300 000 元。

⑥支付的各项税费

本项目反映企业按规定支付的各项税费，包括本期发生并支付的税费以及本期支付以前各期发生的税费和预交的税金，如支付的教育费附加、印花税、房产税、土地增值税、车船使用税、营业税、增值税、所得税等。不包括本期退回的增值税、所得税。本期退回的增值税、所得税等，在"收到的税费返还"项目中反映。本项目可以根据"应交税费"、"库存现金"、"银行存款"等科目分析填列。

【例5】甲企业本期向税务机关交纳增值税 34 000 元；本期发生的所得税 3 100 000 元已全部交纳；企业期初未交所得税 280 000 元；期末未交所得税 120 000 元。

本期支付的各项税费计算如下：

本期支付的增值税额	34 000
加：本期发生并交纳的所得税额	3 100 000
前期发生本期交纳的所得税额	
（280 000 − 120 000）	160 000
本期支付的各项税费	3 294 000

⑦支付的其他与经营活动有关的现金。

本项目反映企业除上述各项目外，支付的其他与经营活动有关的现金，如罚款支出、支付的差旅费、业务招待费、保险费、经营租赁支付的现金等。其他与经营活动有关的现金，如果金额较大的，应单列项目反映。本项目可以根据有关科目的记录分析填列。

（2）投资活动产生的现金流量

①收回投资收到的现金

本项目反映企业出售、转让或到期收回除现金等价物以外的交易性金融资产、持有至到期投资、可供出售金融资产、长期股权投资、投资性房地产而收到的现金。不包括债权性投资收回的利息、收回的非现金资产，以及处置子公司及其他营业单位收到的现金净额。债权性投资收回的本金，在本项目反映，债权性投资收回的利息，不在本项目中反映，而在"取得投资收益所收到的现金"项目中反映。处置子公司及其他营业单位收到的现金净额单设项目反映。本项目可以根据"交易性金融资产"、"持有至到期投资"、"可供出售金融资产"、"长期股权投资"、"投资性房地产"、"库存现金"、"银行存款"等科目的记录分析填列。

【例6】甲企业出售某项长期股权投资，收回的全部投资金额为480 000元；出售某项长期债权性投资，收回的全部投资金额为410 000元，其中，60 000元是债券利息。

本期收回投资所收到的现金计算如下：

收回长期股权投资金额　　　　　　　　　　　　　480 000

加：收回长期债权性投资本金　（410 000－60 000）350 000

本期收回投资所收到的现金　　　　　　　　　　　830 000

②取得投资收益收到的现金。

本项目反映企业因股权性投资而分得的现金股利，从子公司、联营企业或合营企业分回利润而收到的现金，因债权性投资而取得的现金利息收入。股票股利不在本项目中反映；包括在现金等价物范围内的债券性投资，其利息收入在本项目中反映。本项目可以根据"应收股利"、"应收利息"、"投资收益"、"库存现金"、"银行存款"等科目的记录分析填列。

【例7】甲企业期初长期股权投资余额2 000 000元，其中1 500 000万元投资于联营企业A企业，占其股本的25%，采用权益法核算，另外200 000元和300 000元分别投资于B企业和C企业，各占接受投资企业总股本的5%和10%，采用成本法核算；当年A企业盈利2 000 000元，分配现金股利800 000元，B企业亏损没有分配股利，C企业盈利600 000元，分配现金股利200 000元。企业已如数收到现金股利。

本期取得投资收益收到的现金计算如下：

取得A企业实际分回的投资收益（800 000×25%）200 000

加：取得 B 企业实际分回的投资收益   0

取得 C 企业实际分回的投资收益

（200 000×10%）20 000

本期取得投资收益收到的现金   220 000

③处置固定资产、无形资产和其他长期资产收回的现金净额

本项目反映企业出售固定资产、无形资产和其他长期资产所取得的现金，减去为处置这些资产而支付的有关费用后的净额。处置固定资产、无形资产和其他长期资产所收到的现金，与处置活动支付的现金，两者在时间上比较接近，以净额反映更能准确反映处置活动对现金流量的影响。由于自然灾害等原因所造成的固定资产等长期资产报废、毁损而收到的保险赔偿收入，在本项目中反映。如处置固定资产、无形资产和其他长期资产所收回的现金净额为负数，则应作为投资活动产生的现金流量，在"支付的其他与投资活动有关的现金"项目中反映。本项目可以根据"固定资产清理"、"库存现金"、"银行存款"等科目的记录分析填列。

【例8】乙公司出售一台不需用设备，收到价款 30 000 元，该设备原价 40 000 元，已提折旧 15 000 元。支付该项设备拆卸费用 200 元，运输费用 80 元，设备已由购入单位运走。

本期处置固定资产、无形资产和其他长期资产所收回的现金净额计算如下：

本期出售固定资产收到的现金   30 000

减：支付出售固定资产的清理费用   （280）

本期处置固定资产、无形资产和

其他长期资产所收回的现金净额   29 720

④处置子公司及其他营业单位收到的现金净额

本项目反映企业处置子公司及其他营业单位所取得的现金减去子公司或其他营业单位持有的现金和现金等价物以及相关处置费用后的净额。

本项目可以根据有关科目的记录分析填列。

整体处置一个单位，其结算方式是多种多样的。企业处置子公司及其他营业单位是整体交易，子公司和其他营业单位可能持有现金和现金等价物。这样，整体处置子公司或其他营业单位的现金流量，就应以处置价款中收到现金的部分，减去子公司或其他营业单位持有的现金和现金等价物以及相关处置费用后的净额反映。

现金流量表准则要求企业在附注中以总额披露当期取得或处置子公司及其他营业单位的下列四项信息：

● 取得或处置价格；

● 取得或处置价格中以现金支付的部分；

● 取得或处置子公司及其他营业单位所取得的现金；

● 取得或处置子公司及其他营业单位按主要类别分类的非现金资产和负债。

处置子公司及其他营业单位收到的现金净额如为负数，则将该金额填列至"支付其他与投资活动有关的现金"项目中。

⑤收到的其他与投资活动有关的现金

本项目反映企业除上述各项目外，收到的其他与投资活动有关的现金。其他与投资活动有关的现金，如果价值较大的，应单列项目反映。本项目可以根据有关科目的记录分析填列。

⑥购建固定资产、无形资产和其他长期资产支付的现金

本项目反映企业购买、建造固定资产，取得无形资产和其他长期资产支付的现金，包括购买机器设备所支付的现金及增值税款、建造工程支付的现金、支付在建工程人员的工资等现金支出，不包括为购建固定资产、无形资产和其他长期资产而发生的借款利息资本化部分，以及融资租入固定资产所支付的租赁费。为购建固定资产、无形资产和其他长期资产而发生的借款利息资本化部分，在"分配股利、利润或偿付利息支付的现金"项目中反映；融资租入固定资产所支付的租赁费，在"支

付的其他与筹资活动有关的现金"项目中反映,不在本项目中反映。本项目可以根据"固定资产"、"在建工程"、"工程物资"、"无形资产"、"库存现金"、"银行存款"等科目的记录分析填列。

【例9】乙公司购入房屋一幢,价款 1 850 000 元,通过银行转账 1 800 000元,其他价款用公司产品抵偿。为在建厂房购进建筑材料一批,价值为 160 000,价款已通过银行转账支付。

本期购建固定资产、无形资产和其他长期资产支付的现金计算如下:

购买房屋支付的现金	1 800 000
加:为在建工程购买材料支付的现金	160 000
本期购建固定资产、无形资产和其他长期资产支付的现金	1 960 000

⑦投资支付的现金

本项目反映企业进行权益性投资和债权性投资所支付的现金,包括企业取得的除现金等价物以外的交易性金融资产、持有至到期投资、可供出售金融资产而支付的现金,以及支付的佣金、手续费等交易费用。企业购买债券的价款中含有债券利息的,以及溢价或折价购入的,均按实际支付的金额反映。

企业购买股票和债券时,实际支付的价款中包含的已宣告但尚未领取的现金股利或已到付息期但尚未领取的债券利息,应在"支付的其他与投资活动有关的现金"项目中反映;收回购买股票和债券时支付的已宣告但尚未领取的现金股利或已到付息期但尚未领取的债券利息,应在"收到的其他与投资活动有关的现金"项目中反映。

本项目可以根据"交易性金融资产"、"持有至到期投资"、"可供出售金融资产"、"投资性房地产"、"长期股权投资"、"库存现金"、"银行存款"等科目的记录分析填列。

【例10】甲企业以银行存款 2 000 000 元投资于 A 企业的股票。此外,购买中国光大银行发行的金融债券,面值总额 200 000 元,票面利率8%,实际支付金额为 204 000 元。

本期投资所支付的现金计算如下：

投资于 A 企业的现金总额	2 000 000
投资于中国光大银行金融债券的现金总额	204 000
本期投资所支付的现金	2 204 000

⑧取得子公司及其他营业单位支付的现金净额

本项目反映企业取得子公司及其他营业单位购买出价中以现金支付的部分，减去子公司或其他营业单位持有的现金和现金等价物后的净额。本项目可以根据有关科目的记录分析填列。

整体购买一个单位，其结算方式是多种多样的，如购买方全部以现金支付或一部分以现金支付而另一部分以实物清偿。同时，企业购买子公司及其他营业单位是整体交易，子公司和其他营业单位除有固定资产和存货外，还可能持有现金和现金等价物。这样，整体购买子公司或其他营业单位的现金流量，就应以购买出价中以现金支付的部分减去子公司或其他营业单位持有的现金和现金等价物后的净额反映，如为负数，应在"收到其他与投资活动有关的现金"项目中反映。

【例11】甲企业购买丙企业的一子公司，出价 150 000 元，全部以银行存款转账支付。该子公司的有关资料如表 4-3 所示。

表 4-3 资产负债表（简表）

资产	金额	负债及所有者权益	金额
现金及银行存款	15 000	短期借款	40 000
存货	30 000	应付账款	50 000
固定资产	150 000	长期应付款	20 000
长期股权投资	60 000	实收资本	120 000
其他资产	5 000	资本公积	20 000
		盈余公积	10 000
资产总额	260 000	负债及所有者权益总额	260 000

该子公司有 15 000 元的现金及银行存款，没有现金等价物，企业的实际现金流出为：

购买子公司出价	150 000

减：子公司持有的现金和现金等价物　　　　　　　（15 000）

购买子公司支付的现金净额　　　　　　　　　　　135 000

⑨支付的其他与投资活动有关的现金

本项目反映企业除上述各项目外，支付的其他与投资活动有关的现金。其他与投资活动有关的现金，如果价值较大的，应单列项目反映。本项目可以根据有关科目的记录分析填列。

（3）筹资活动产生的现金流量

①吸收投资收到的现金

本项目反映企业以发行股票、债券等方式筹集资金实际收到的款项净额（发行收入减去支付的佣金等发行费用后的净额）。以发行股票等方式筹集资金而由企业直接支付的审计、咨询等费用，不在本项目中反映，而在"支付的其他与筹资活动有关的现金"项目中反映；由金融企业直接支付的手续费、宣传费、咨询费、印刷费等费用，从发行股票、债券取得的现金收入中扣除，以净额列示。本项目可以根据"实收资本（或股本）"、"资本公积"、"库存现金"、"银行存款"等科目的记录分析填列。

【例12】甲企业对外公开募集股份 1 000 000 股，每股 1 元，发行价每股 1.1 元，代理发行的证券公司为其支付的各种费用，共计 15 000 元。此外，甲企业为建设一新项目，批准发行 2 000 000 元的长期债券。与证券公司签署的协议规定：该批长期债券委托证券公司代理发行，发行手续费为发行总额的 3.5%，宣传及印刷费由证券公司代为支付，并从发行总额中扣除。该企业至委托协议签署为止，已支付咨询费、公证费等 5 800 元。证券公司按面值发行，价款全部收到，支付宣传及印刷费等各种费用 11 420 元。按协议将发行款划至企业在银行的存款账户上。

本期吸收投资收到的现金计算如下：

发行股票取得的现金　　　　　　　　　　　　　　1 085 000

　其中，发行总额　　　　　　　（1 000 000×1.1）1 100 000

减：发行费用	15 000
发行债券取得的现金	1 918 580
其中，发行总额	2 000 000
减：发行手续费	（2 000 000×3.5%） 70 000
证券公司代付的各种费用	11 420
本期吸收投资收到的现金	3 003 580

本例中，已支付的咨询费、公证费等 5 800 元，应在"支付的其他与筹资活动有关的现金"项目中反映。

②借款收到的现金

本项目反映企业举借各种短期、长期借款而收到的现金。本项目可以根据"短期借款"、"长期借款"、"交易性金融负债"、"应付债券"、"现金"、"银行存款"等科目的记录分析填列。

③收到的其他与筹资活动有关的现金

本项目反映企业除上述各项目外，收到的其他与筹资活动有关的现金。其他与筹资活动有关的现金，如果价值较大的，应单列项目反映。本项目可根据有关科目的记录分析填列。

④偿还债务所支付的现金

本项目反映企业以现金偿还债务的本金，包括归还金融企业的借款本金、偿付企业到期的债券本金等。企业偿还的借款利息、债券利息，在"分配股利、利润或偿付利息所支付的现金"项目中反映，不在本项目中反映。本项目可以根据"短期借款"、"长期借款"、"交易性金融负债"、"应付债券"、"库存现金"、"银行存款"等科目的记录分析填列。

⑤分配股利、利润或偿付利息支付的现金

本项目反映企业实际支付的现金股利、支付给其他投资单位的利润或用现金支付的借款利息、债券利息。不同用途的借款，其利息的开支渠道不一样，如在建工程、财务费用等，均在本项目中反映。本项目可以根据"应付股利"、"应付利息"、"利润分配"、"财务费用"、"在建工程"、"制造费用"、"研发支出"、"库存现金"、"银行存款"等科目的记录分析填列。

【例13】甲企业期初应付现金股利为 21 000 元,本期宣布并发放现金股利 50 000 元,期末应付现金股利 12 000 元。

本期分配股利、利润或偿付利息所支付的现金计算如下:

本期宣布并发放的现金股利　　　　　　　　　　50 000

加:本期支付的前期应付股利　　(21 000 – 12 000) 9 000

　　本期分配股利、利润或偿付利息支付的现金　59 000

⑥支付的其他与筹资活动有关的现金

本项目反映企业除上述各项目外,支付的其他与筹资活动有关的现金,如以发行股票、债券等方式筹集资金而由企业直接支付的审计、咨询等费用,融资租赁所支付的现金、以分期付款方式构建固定资产以后各期支付的现金等。其他与筹资活动有关的现金,如果价值较大的,应单列项目反映。本项目可以根据有关科目的记录分析填到。

(4)汇率变动对现金的影响

编制现金流量表时,应当将企业外币现金流量以及境外子公司的现金流量折算成记账本位币。现金流量表准则规定,外币现金流量以及境外子公司的现金流量,应当采用现金流量发生日的即期汇率或按照系统合理的方法确定的、与现金流量发生日即期汇率近似的汇率折算。汇率变动对现金的影响额应当作为调节项目,在现金流量表中单独列报。

汇率变动对现金的影响,指企业外币现金流量及境外子公司的现金流量折算成记账本位币时,所采用的是现金流量发生日的汇率或按照系统合理的方法确定的、与现金流量发生日即期汇率近似的汇率,而现金流量表"现金及现金等价物净增加额"项目中外币现金净增加额是按资产负债表日的即期汇率折算。这两者的差额即为汇率变动对现金的影响。

【例14】甲企业当期出口商品一批,售价 10 000 美元。假设销售实现时的汇率为 1∶7.91,收汇当日汇率为 1∶7.90;当期进口货物一批,价

值 5 000 美元，结汇当日汇率为 1：7.92，资产负债表日的即期汇率为
1：7.93；当期没有其他业务发生。

汇率变动对现金的影响额计算如下：

经营活动流入的现金	10 000（美元）
汇率变动	(7.93 – 7.90) ×0.03
汇率变动对现金流入的影响额	300（元）
经营活动流出的现金	5 000（美元）
汇率变动	(7.93 – 7.92) ×0.01
汇率变动对现金流出的影响额	50（元）
汇率变动对现金的影响额	250（元）

现金流量表中：

经营活动流入的现金	79 000
经营活动流出的现金	39 600
经营活动产生的现金流量净额	39 400
汇率变动对现金的影响额	250
现金及现金等价物净增加额	39 650

现金流量表补充资料中：

现金及现金等价物净增加情况：

银行存款的期末余额	(5 000 ×7.93) 39 650
银行存款的期初余额	0
现金及现金等价物净增加额	39 650

从上例可以看出，现金流量表"现金及现金等价物净增加额"项目
数额与现金流量表补充资料中"现金及现金等价物净增加额"数额相等，
应当核对相符。在编制现金流量表时，对当期发生的外币业务，也可不
必逐笔计算汇率变动对现金的影响，可以通过现金流量表补充资料中
"现金及现金等价物净增加额"数额与现金流量表中"经营活动产生的现
金流量净额"、"投资活动产生的现金流量净额"、"筹资活动产生的现金

流量净额"三项之和比较，其差额即为"汇率变动对现金的影响额"。

➤ 3. 现金流量表编制的间接法

现金流量表编制的间接法是指以净利润为起算点，调整经营活动中不涉及现金的收入、费用、营业外收支等有关项目，剔除投资活动、筹资活动对现金流量的影响，据此计算出经营活动产生的现金流量。由于净利润是按照权责发生制原则确定的，且包括了与投资活动和筹资活动相关的收益和费用，将净利润调节为经营活动现金流量，实际上就是将按权责发生制原则确定的净利润调整为现金净流入，并剔除投资活动和筹资活动对现金流量的影响。

4.3 现金流量表附注

➤ 1. 现金流量表补充资料的编制

企业应当采用间接法在现金流量附注中披露将净利润调节为经营活动现金流量的信息。现金流量表补充资料包括将净利润调节为经营活动现金流量、不涉及现金收支的重大投资和筹资活动、现金及现金等价物净变动情况等项目。

（1）将净利润调节为经营活动现金流量的编制

①资产减值准备

这里所指的资产减值准备包括坏账准备、存货跌价准备、投资性房地产减值准备、长期股权投资减值准备、持有至到期投资减值准备、固定资产减值准备、在建工程减值准备、工程物资减值准备、生物性资产减值准备、无形资产减值准备、商誉减值准备等。企业计提的各项资产减值准备，包括在利润表中，属于利润的减除项目，但没有发生现金流出。所以，在将净利润调节为经营活动现金流量时，需要加回。本项目可根据"资产减值损失"科目的记录分析填列。

②固定资产折旧、油气资产折耗、生产性生物资产折旧

企业计提的固定资产折旧，有的包括在管理费用中，有的包括在制造费用中。计入管理费用中的部分，作为期间费用在计算净利润时从中扣除，但没有发生现金流出，在将净利润调节为经营活动现金流量时，需要予以加回。计入制造费用中的已经变现的部分，在计算净利润时通过销售成本予以扣除，但没有发生现金流出；计入制造费用中的没有变现的部分，既不涉及现金收支，也不影响企业当期净利润。由于在调节存货时，已经从中扣除，在此处将净利润调节为经营活动现金流量时，需要予以加回。同理，企业计提的油气资产折耗、生产性生物资产折旧，也需要予以加回。本项目可根据"累计折旧"、"累计折耗"、"生产性生物资产折旧"科目的贷方发生额分析填列。

【例15】2012年度，甲企业计提固定资产折旧金额200 000元，在将净利润调节为经营活动现金流量时应当加回。

③无形资产摊销和长期待摊费用摊销

企业对使用寿命有限的无形资产计提摊销时，计入管理费用或制造费用。长期待摊费用摊销时，有的计入管理费用，有的计入销售费用，有的计入制造费用。计入管理费用等期间费用和计入制造费用中的已变现的部分，在计算净利润时已从中扣除，但没有发生现金流出；计入制造费用中的没有变现的部分，在调节存货时已经从中扣除，但不涉及现金收支，所以，在此处将净利润调节为经营活动现金流量时，需要予以加回。这个项目可根据"累计摊销"、"长期待摊费用"科目的贷方发生额分析填列。

【例16】2012年度，甲企业计提了无形资产摊销5 000元，在将净利润调节为经营活动现金流量时应当加回。

④处置固定资产、无形资产和其他长期资产的损失（减：收益）

企业处置固定资产、无形资产和其他长期资产发生的损益，属于投资活动产生的损益，不属于经营活动产生的损益，所以，在将净利润调节为经营活动现金流量时，需要予以剔除。如为损失，在将净利润调节为经营活动现金流量时，应当加回；如为收益，在将净利润调节为经营活动现金流量时，应当扣除。本项目可根据"营业外收入"、"营业外支出"等科目所属有关明细科目的记录分析填列；如为净收益，以"－"号填列。

【例17】2012年度，甲企业处置设备一台，原价180 000元，累计已提折旧110 000元，收到现金80 000元，产生处置收益10 000元[80 000 － (180 000 － 110 000)]。处置固定资产的收益10 000元，在将净利润调节为经营活动现金流量时应当扣除。

⑤固定资产报废损失

企业发生的固定资产报废损益，属于投资活动产生的损益，不属于经营活动产生的损益，所以，在将净利润调节为经营活动现金流量时，需要予以剔除。同样，投资性房地产发生报废、毁损而产生的损失，也需要予以剔除。如为净损失，在将净利润调节为经营活动现金流量时，应当加回；如为净收益，在将净利润调节为经营活动现金流量时，应当扣除。本项目可根据"营业外支出"、"营业外收入"等科目所属有关明细科目的记录分析填列。

【例18】2012年度，甲企业盘亏机器一台，原价130 000元，已提折旧120 000元；报废汽车一辆，原价180 000元，已提折旧110 000元；共发生固定资产盘亏、报废损失为80 000元 [（130 000 － 120 000） + (180 000 － 110 000)]。固定资产盘亏、报废损失80 000元，在将净利润调节为经营活动现金流量时应当加回。

⑥公允价值变动损失

公允价值变动损失反映企业在初始确认时划分为以公允价值计量且其变动计入当期损益的交易性金融资产或金融负债、衍生工具、套期等业务中公允价值变动形成的应计入当期损益的利得或损失。企业发生的公允价值变动损益，通常与企业的投资活动或筹资活动有关，而且并不影响企业当期的现金流量。为此，应当将其从净利润中剔除。本项目可以根据"公允价值变动损益"科目的发生额分析填列。如为持有损失，在将净利润调节为经营活动现金流量时，应当加回；如为持有利得，在将净利润调节为经营活动现金流量时，应当扣除。

【例19】2011年12月31日，甲企业持有交易性金融资产的公允价值为800万元，2012年度未发生投资性房地产的增减变动，2012年12月31日，该企业持有交易性金融资产的公允价值为805万元，公允价值变动损益为5万元。这5万元的资产持有利得，在将净利润调节为经营活动现金流量时应当扣除。

⑦财务费用

企业发生的财务费用中不属于经营活动的部分，应当将其从净利润中剔除。本项目可根据"财务费用"科目的本期借方发生额分析填列；如为收益，以"-"号填列。

【例20】2012年度，甲企业共发生财务费用350 000元，其中属于经营活动的为50 000元，属于筹资活动的为300 000元。属于筹资活动的财务费用300 000元，在将净利润调节为经营活动现金流量时应当加回。

在实务中，企业的"财务费用"明细账一般是按费用项目设置的，为了编制现金流量表，企业可在此基础上，再按"经营活动"、"筹资活动"、"投资活动"分设明细分类账。每一笔财务费用发生时，即将其归入"经营活动"、"筹资活动"或"投资活动"中。

⑧投资损失（减：收益）

企业发生的投资损益，属于投资活动产生的损益，不属于经营活动产生的损益，所以，在将净利润调节为经营活动现金流量时，需要予以剔除。如为净损失，在将净利润调节为经营活动现金流量时，应当加回；如为净收益，在将净利润调节为经营活动现金流量时，应当扣除。本项目可根据利润表中"投资收益"项目的数字填列；如为投资收益，以"－"号填列。

【例21】2012年度，甲企业发生投资收益230 000元，在将净利润调节为经营活动现金流量时，应将这部分减去。

⑨递延所得税资产减少（减：增加）

如果递延所得税资产减少使计入所得税费用的金额大于当期应交的所得税金额，其差额没有发生现金流出，但在计算净利润时已经扣除，在将净利润调节为经营活动现金流量时，应当加回。如果递延所得税资产增加使计入所得税费用的金额小于当期应交的所得税金额，二者之间的差额并没有发生现金流入，但在计算净利润时已经包括在内，在将净利润调节为经营活动现金流量时，应当扣除。本项目可以根据资产负债表"递延所得税资产"项目期初、期末余额分析填列。

【例22】2012年1月1日，甲企业递延所得税资产借方余额为5 000元；2012年12月31日，递延所得税资产借方余额为14 900元，增加了9 900元，经分析，为该企业计提了固定资产减值准备30 000元，使资产和负债的账面价值与计税基础不一致。递延所得税资产增加的9 900元，在将净利润调节为经营活动现金流量时应当扣减。

⑩递延所得税负债增加（减：减少）

如果递延所得税负债增加使计入所得税费用的金额大于当期应交的所得税金额，其差额没有发生现金流出，但在计算净利润时已经扣除，在将净利润调节为经营活动现金流量时，应当加回。如果递延所得税负债减少使计入当期所得税费用的金额小于当期应交的所得税金额，其差额并没有发生现金流入，但在计算净利润时已经包括在内，在将净利润调节为经营活动现金流量时，应当扣除。本项目可以根据资产负债表"递延所得税负债"项目期初、期末余额分析填列。

⑪存货的减少（减：增加）

期末存货比期初存货减少，说明本期生产经营过程耗用的存货有一部分是期初的存货，耗用这部分存货并没有发生现金流出，但在计算净利润时已经扣除，所以，在将净利润调节为经营活动现金流量时，应当加回。期末存货比期初存货增加，说明当期购入的存货除耗用外，还剩余了一部分，这部分存货也发生了现金流出，但在计算净利润时没有包括在内，所以，在将净利润调节为经营活动现金流量时，需要扣除。当然，存货的增减变化过程还涉及应付项目，这一因素在"经营性应付项目的增加（减：减少）"中考虑。本项目可根据资产负债表中"存货"项目的期初数、期末数之间的差额填列；期末数大于期初数的差额，以"－"号填列。如果存货的增减变化过程属于投资活动，如在建工程领用存货，应当将这一因素剔除。

【例23】2012年1月1日，甲企业存货余额为200 000元；2012年12月31日，存货余额为360 000元；2012年度，存货增加了160 000元（360 000－200 000）。存货的增加金额160 000元，在将净利润调节为经营活动现金流量时应当扣除。

⑫经营性应收项目的减少（减：增加）

经营性应收项目包括应收票据、应收账款、预付账款、长期应收款和其他应收款中，与经营活动有关的部分，以及应收的增值税销项税额等。经营性应收项目期末余额小于经营性应收项目期初余额，说明本期收回的现金大于利润表中所确认的销售收入，所以，在将净利润调节为经营活动现金流量时，需要加回。经营性应收项目期末余额大于经营性应收项目期初余额，说明本期销售收入中有一部分没有收回现金，但是，在计算净利润时这部分销售收入已包括在内，所以，在将净利润调节为经营活动现金流量时，需要扣除。本项目应当根据有关科目的期初、期末余额分析填列；如为增加，以"－"号填列。

【例24】2012年1月1日，甲企业资料为：净利润为300 000元；应收账款为750 000元，应收票据为230 000元；2012年12月31日，甲企业资料为：应收账款950 000元，应收票据为200 000元；2012年度内，经营性应收项目年末比年初增加了 170 000 元 [（950 000－750 000）＋（200 000－230 000）]。经营性应收项目增加金额 170 000 元，在将净利润调节为经营活动现金流量时应当扣除。

⑬经营性应付项目的增加（减：减少）

经营性应付项目包括应付票据、应付账款、预收账款、应付职工薪酬、应交税费、应付利息、长期应付款、其他应付款中与经营活动有关的部分，以及应付的增值税进项税额等。经营性应付项目期末余额大于经营性应付项目期初余额，说明本期购入的存货中有一部分没有支付现金，但是。在计算净利润时却通过销售成本包括在内，在将净利润调节为经营活动现金流量时，需要加回；经营性应付项目期末余额小于经营性应付项目期初余额，说明本期支付的现金大于利润表中所确认的销售成本，在将净利润调节为经营活动产生的现金流量时，需要扣除。本项目应当根据有关科目的期初、期末余额分析填列；如为减少，以"－"号填列。

【例25】2012 年 1 月 1 日，甲企业资料为：应付账款为 600 000 元，应付票据为 390 000 元，应付职工薪酬为 10 000 元，应交税费为 60 000元；2012 年 12 月 31 日，甲企业资料为：应付账款为 850 000 元，应付票据为 300 000 元，应付职工薪酬为 15 000 元，应交税费为 40 000 元；2012 年度内，经营性应付项目年末比年初增加了 145 000 元 [（850 000－600 000）＋（300 000－90 000）＋（15 000－10 000）＋（40 000－60 000）]。经营性应付项目增加金额 145 000 元，在将净利润调节为经营活动现金流量时应当加回。

（2）不涉及现金收支的重大投资和筹资活动的披露

不涉及现金收支的重大投资和筹资活动，反映企业一定期问内影响资产或负债但不形成该期现金收支的所有投资和筹资活动的信息。这些投资和筹资活动虽然不涉及当期现金收支，但对以后各期的现金流量有重大影响。例如，企业融资租入设备，将形成的负债计入"长期应付款"

账户，当期并不支付设备款及租金，但以后各期必须为此支付现金，从而在一定期间内形成了一项固定的现金支出。

因此，现金流量表准则规定，企业应当在附注中披露不涉及当期现金收支、但影响企业财务状况或在未来可能影响企业现金流量的重大投资和筹资活动，主要包括：债务转为资本，反映企业本期转为资本的债务金额；一年内到期的可转换公司债券，反映企业一年内到期的可转换公司债券的本息；融资租入固定资产，反映企业本期融资租入的固定资产。

➤ 2. 企业当期取得或处置子公司及其他营业单位的披露

现金流量表准则应用指南中列示了企业当期取得或处置其他营业单位有关信息的披露格式。主要项目包括：取得和处置子公司及其他营业单位的有关信息。其中取得子公司及其他营业单位的有关信息包括：取得的价格、支付现金和现金等价物金额、支付的现金和现金等价物净额及取得子公司净资产等信息。处置子公司及其他营业单位的有关信息包括：处置的价格、收到的现金和现金等价物金额、收到的现金净额及处置子公司的净资产等信息。

第五章 所有者权益变动表及财务报表附注

5.1 所有者权益增减变动表

➤ 1. 所有者权益变动表概述

（1）所有者权益变动表的定义

所有者权益变动表是反映构成所有者权益的各组成部分当期的增减变动情况的报表。所有者权益变动表应当全面反映一定时期所有者权益变动的情况，不仅包括所有者权益总量的增减变动，还包括所有者权益增减变动的重要结构性信息，特别是要反映直接计入所有者权益的利得和损失，让报表使用者准确理解所有者权益增减变动的根源。

（2）所有者权益变动表在一定程度上体现了企业综合收益

综合收益，是指企业在某一期间与所有者之外的其他方面进行交易或发生其他事项所引起的净资产变动。综合收益的构成包括两部分：净利润和直接计入所有者权益的利得和损失。其中，前者是企业已实现并已确认的收益，后者是企业未实现但根据会计准则的规定已确认的收益。用公式表示如下：

综合收益 = 净利润 + 直接计入所有者权益的利得和损失

其中，

净利润 = 收入 − 费用 + 直接计入当期损益的利得和损失

在所有者权益变动表中，净利润和直接计入所有者权益的利得和损失均单列项目反映，体现了企业综合收益的构成。

➤ 2. 一般企业所有者权益变动表的列报格式和列报方法

（1）一般企业所有者权益变动表的列报格式

①以矩阵的形式列报。

为了清楚地表明构成所有者权益的各组成部分当期的增减变动情况，所有者权益变动表应当以矩阵的形式列示。一方面，列示导致所有者权益变动的交易或事项，改变了以往仅仅按照所有者权益的各组成部分反映所有者权益变动情况，而是按所有者权益变动的来源对一定时期所有者权益变动情况进行全面反映；另一方面，按照所有者权益各组成部分（包括实收资本、资本公积、盈余公积、未分配利润和库存股）及其总额列示交易或事项对所有者权益的影响。

②列示所有者权益变动表的比较信息。

根据财务报表列报准则的规定，企业需要提供比较所有者权益变动表，因此，所有者权益变动表还就各项目再分为"本年金额"和"上年金额"两栏分别填列。所有者权益变动表的具体格式如表 5 - 1 所示。

（2）一般企业所有者权益变动表的列报方法

①所有者权益变动表各项目的列报说明

● "上年年末余额"项目，反映企业上年资产负债表中实收资本（或股本）、资本公积、盈余公积、未分配利润的年末余额。

● "会计政策变更"和"前期差错更正"项目，分别反映企业采用追溯调整法处理的会计政策变更的累积影响金额和采用追溯重述法处理的会计差错更正的累积影响金额。

为了体现会计政策变更和前期差错更正的影响，企业应当在上期期末所有者权益余额的基础上进行调整得出本期期初所有者权益，根据"盈余公积"、"利润分配"、"以前年度损益调整"等科目的发生额分析填列。

● "本年增减变动额"项目分别反映如下内容：

表5－1 所有者权益变动表

编制单位：　　　　　　　　　　年度　　　　　　　　　　　会企:12表
单位：元

项 目	本年金额						上年金额					
	实收资本（或股本）	资本公积	减:库存股	盈余公积	未分配利润	所有者权益合计	实收资本（或股本）	资本公积	减:库存股	盈余公积	未分配利润	所有者权益合计
一、上年末余额												
加:会计政策变更												
前期差错更正												
二、本年初余额												
三、本年增减变动金额（减少以"－"号填列）												
（一）净利润												
（二）直接计入所有者权益的利得和损失												
1. 可供出售金融资产公允价值变动净额												
2. 权益法下被投资单位其他所有者权益变动的影响												
3. 与计入所有者权益项目相关的所得税影响												

106

qingsongbianshushenchacaiwubaobiaoquanliuchengyanlian　轻松编书、分、审查财务报表全过程演练

（续表）

项　目	本年金额						上年金额					
	实收资本（或股本）	资本公积	减:库存股	盈余公积	未分配利润	所有者权益合计	实收资本（或股本）	资本公积	减:库存股	盈余公积	未分配利润	所有者权益合计
4. 其他												
上述（一）和（二）小计												
（三）所有者投入和减少资本												
1. 所有者投入资本												
2. 股份支付计入所有者权益的金额												
3. 其他												
（四）利润分配												
1. 提取盈余公积												
2. 对所有者（或股东）的分配												
3. 其他												
（五）所有者权益内部结转												
1. 资本公积转增资本（或股本）												
2. 盈余公积转增资本（或股本）												
3. 盈余公积弥补亏损												
4. 其他												
四、本年年末余额												

◆ "净利润"项目,反映企业当年实现的净利润(或净亏损)金额,并对应列在"未分配利润"栏;

◆ "直接计入所有者权益的利得和损失"项目,反映企业当年直接计入所有者权益的利得和损失金额。

其中,"可供出售金融资产公允价值变动净额"项目,反映企业持有的可供出售金融资产当年公允价值变动的金额,并对应列在"资本公积"栏;"权益法下被投资单位其他所有者权益变动的影响"项目,反映企业对按照权益法核算的长期股权投资,在被投资单位除当年实现的净损益以外其他所有者权益当年变动中应享有的份额,并对应列在"资本公积"栏;"与计入所有者权益项目相关的所得税影响"项目,反映企业根据《企业会计准则第 18 号——所得税》规定应计入所有者权益项目的当年所得税影响金额,并对应列在"资本公积"栏。

◆ "净利润"和"直接计入所有者权益的利得和损失"小计项目,反映企业当年实现的净利润(或净亏损)金额和当年直接计入所有者权益的利得和损失金额的合计额。

◆ "所有者投入和减少资本"项目,反映企业当年所有者投入的资本和减少的资本。

其中,"所有者投入资本"项目,反映企业接受投资者投入形成的实收资本(或股本)和资本溢价或股本溢价,并对应列在"实收资本"和"资本公积"栏;"股份支付计入所有者权益的金额"项目,反映企业处于等待期中的权益结算的股份支付当年计入资本公积的金额,并对应列在"资本公积"栏。

◆ "利润分配"下各项目,反映当年对所有者(或股东)分配的利润(或股利)金额和按照规定提取的盈余公积金额,并对应列在"未分配利润"和"盈余公积"栏。

其中,"提取盈余公积"项目,反映企业按照规定提取的盈余公积;"对所有者(或股东)的分配"项目,反映对所有者(或股东)分配的利润（或股利）金额。

◆ "所有者权益内部结转"下各项目，反映不影响当年所有者权益总额的所有者权益各组成部分之间当年的增减变动，包括资本公积转增资本（或股本）、盈余公积转增资本（或股本）、盈余公积弥补亏损等项金额。为了全面反映所有者权益各组成部分的增减变动情况，所有者权益内部结转也是所有者权益变动表的重要组成部分，主要指不影响所有者权益总额、所有者权益的各组成部分当期的增减变动。

其中，"资本公积转增资本（或股本）"项目，反映企业以资本公积转增资本或股本的金额；"盈余公积转增资本（或股本）"项目，反映企业以盈余公积转增资本或股本的金额；"盈余公积弥补亏损"项目，反映企业以盈余公积弥补亏损的金额。

②上年金额栏的列报方法

所有者权益变动表"上年金额"栏内各项数字，应根据上年度所有者权益变动表"本年金额"栏内所列数字填列。如果上年度所有者权益变动表规定的各个项目的名称和内容同本年度不相一致，应对上年度所有者权益变动表各项目的名称和数字按本年度的规定进行调整，填入所有者权益变动表"上年金额"栏内。

③本年金额栏的列报方法

所有者权益变动表"本年金额"栏内各项数字一般应根据"实收资本（或股本）"、"资本公积"、"盈余公积"、"利润分配"、"库存股"、"以前年度损益调整"等科目的发生额分析填列。

企业的净利润及其分配情况作为所有者权益变动的组成部分，不需要单独设置利润分配表列示。

5.2　财务报表附注

➤ 1. 附注概述

（1）附注的概念

附注是财务报表不可或缺的组成部分，是对在资产负债表、利润表、现金流量表和所有者权益变动表等报表中列示项目的文字描述或明细资料，以及对未能在这些报表中列示项目的说明等。

财务报表中的数字是经过分类与汇总后的结果，是对企业发生的经济业务的高度简化和浓缩的数字，如有没有形成这些数字所使用的会计政策、理解这些数字所必需的披露，财务报表就不可能充分发挥效用。因此，附注与资产负债表、利润表、现金流量表、所有者权益变动表等报表具有同等的重要性，是财务报表的重要组成部分。报表使用者了解企业的财务状况、经营成果和现金流量，应当全面阅读附注。

（2）附注披露的基本要求

①附注披露的信息应是定量、定性信息的结合，从而能从量和质两个角度对企业经济事项完整的进行反映，也才能满足信息使用者的决策需求。

②附注应当按照一定的结构进行系统合理的排列和分类，有顺序地披露信息。由于附注的内容繁多，因此更应按逻辑顺序排列，分类披露，条理清晰，具有一定的组织结构，以便于使用者理解和掌握，也更好地实现财务报表的可比性。

③附注相关信息应当与资产负债表、利润表、现金流量表和所有者权益变动表等报表中列示的项目相互参照，以有助于使用者联系相关联

的信息，并由此从整体上更好地理解财务报表。

➤ 2. 附注披露的内容

附注应当按照如下顺序披露有关内容。

（1）企业的基本情况

①企业注册地、组织形式和总部地址。

②企业的业务性质和主要经营活动，如企业所处的行业、所提供的主要产品或服务、客户的性质、销售策略、监管环境的性质等。

③母公司以及集团最终母公司的名称。

④财务报告的批准报出者和财务报告批准报出日。

（2）财务报表的编制基础

（3）遵循企业会计准则的声明

企业应当声明编制的财务报表符合企业会计准则的要求，真实、完整地反映了企业的财务状况、经营成果和现金流量等有关信息。以此明确企业编制财务报表所依据的制度基础。

如果企业编制的财务报表只是部分地遵循了企业会计准则，附注中不得做出这种表述。

（4）重要会计政策和会计估计

根据财务报表列报准则的规定，企业应当披露采用的重要会计政策和会计估计，不重要的会计政策和会计估计可以不披露。

①重要会计政策的说明

由于企业经济业务的复杂性和多样化，某些经济业务可以有多种会计处理方法，也即存在不止一种可供选择的会计政策。例如，存货的计价可以有先进先出法、加权平均法、个别计价法等；固定资产的折旧，可以有平均年限法、工作量法、双倍余额递减法、年数总额法等。企业在发生某项经济业务时，必须从允许的会计处理方法中选择适合本企业特点的会计政策，企业选择不同的会计处理方法，可能极大地影响企业的财务状况和经营成果，进而编制出不同的财务报表。为了有助于报表使用者理解，有必要对这些会计政策加以披露。

需要特别指出的是，说明会计政策时还需要披露下列两项内容：

• 财务报表项目的计量基础。会计计量属性包括历史成本、重置成本、可变现净值、现值和公允价值，这直接显著影响报表使用者的分析，这项披露要求便于使用者了解企业财务报表中的项目是按何种计量基础予以计量的，如存货是按成本还是可变现净值计量等。

• 会计政策的确定依据，主要是指企业在运用会计政策过程中所作的对报表中确认的项目金额最具影响的判断。例如，企业如何判断持有的金融资产是持有至到期的投资而不是交易性投资；又比如，对于拥有的持股不足 50% 的关联企业，企业为何判断企业拥有控制权因此将其纳入合并范围；再比如，企业如何判断与租赁资产相关的所有风险和报酬已转移给企业，从而符合融资租赁的标准；以及投资性房地产的判断标准是什么等等，这些判断对在报表中确认的项目金额具有重要影响。因此，这项披露要求有助于使用者理解企业选择和运用会计政策的背景，增加财务报表的可理解性。

②重要会计估计的说明

财务报表列报准则强调了对会计估计不确定因素的披露要求，企业应当披露会计估计中所采用的关键假设和不确定因素的确定依据，这些关键假设和不确定因素在下一会计期间内很可能导致对资产、负债账面价值进行重大调整。

在确定报表中确认的资产和负债的账面金额过程中，企业有时需要对不确定的未来事项在资产负债表日对这些资产和负债的影响加以估计。例如，固定资产可收回金额的计算需要根据其公允价值减去处置费用后的净额与预计未来现金流量的现值两者之间的较高者确定，在计算资产预计未来现金流量的现值时需要对未来现金流量进行预测，并选择适当的折现率，应当在附注中披露未来现金流量预测所采用的假设及其依据、所选择的折现率为什么是合理的等等。又如，为正在进行中的诉讼提取准备时最佳估计数的确定依据等。这些假设的变动对这些资产和负债项目金额的确定影响很大，有可能会在下一个会计年度内做出重大调整。因此，强调这一披露要求，有助于提高财务报表的可理解性。

（5）会计政策和会计估计变更以及差错更正的说明

企业应当按照《企业会计准则第 28 号——会计政策、会计估计变更和差错更正》及其应用指南的规定，披露会计政策和会计估计变更以及差错更正的有关情况。

（6）报表重要项目的说明

企业应当以文字和数字描述相结合、尽可能以列表形式披露报表重要项目的构成或当期增减变动情况，并且报表重要项目的明细金额合计，应当与报表项目金额相衔接。在披露顺序上，一般应当按照资产负债表、利润表、现金流量表、所有者权益变动表的顺序及其项目列示的顺序。

（7）其他需要说明的重要事项

这主要包括或有和承诺事项、资产负债表日后非调整事项、关联方关系及其交易等，具体的披露要求须遵循相关准则的规定。

第六章　合并财务报表

6.1　合并财务报表概述

　　合并财务报表，是指反映母公司和其全部子公司形成的企业集团（以下简称企业集团）整体财务状况、经营成果和现金流量的财务报表。与个别财务报表（指企业单独编制的财务报表，为了与合并财务报表相区别，将其称之为个别财务报表）相比，合并财务报表反映的是企业集团整体的财务状况、经营成果和现金流量，反映的对象是通常由若干个法人（包括母公司和其全部子公司）组成的会计主体，是经济意义上的主体，而不是法律意义上的主体。合并财务报表的编制者或编制主体是母公司。合并财务报表以纳入合并范围的企业个别财务报表为基础，根据其他有关资料，按照权益法调整对子公司的长期股权投资后，抵销母公司与子公司、子公司相互之间发生的内部交易（以下简称内部交易）对合并财务报表的影响编制的。

　　合并财务报表能够向财务报告的使用者提供反映企业集团整体财务状况、经营成果和现金流量的会计信息，有助于财务报告的使用者作出经济决策。合并财务报表有利于避免一些母公司利用控制关系，人为地粉饰财务报表的情况的发生。

➤ 1. 合并范围的确定

合并财务报表的合并范围应当以控制为基础加以确定。

（1）控制的定义

控制，是指一个企业能够决定另一个企业的财务和经营政策，并能据以从另一个企业的经营活动中获取利益的权力。控制通常具有如下特征。

①控制的主体是唯一的，不是两方或多方。即对被投资单位的财务和经营政策的提议不必要征得其他方同意，就可以形成决议，付诸被投资单位执行。

②控制的内容是另一个企业的日常生产经营活动的财务和经营政策，这些财务和经营政策一般是通过表决权来决定的。在某些情况下，也可以通过法定程序严格限制董事会、受托人或管理层对特殊目的主体经营活动的决策权，如规定除设立者或发起人外，其他人无权决定特殊目的主体经营活动的政策。

③控制的目的是为了获取经济利益，包括为了增加经济利益、维持经济利益、保护经济利益，或者降低所分担的损失等。

④控制的性质是一种权力．是一种法定权力，也可以是通过公司章程或协议、投资者之间的协议授予的权力。这种权力可以实际行使，也可以不实际行使。有权力实施控制力并不一定意味着有能力实施控制力。

（2）母公司与子公司定义

企业集团由母公司和其全部子公司构成。如图 6-1 所示，假定 P 公司能够控制 S 公司，P 公司和 S 公司构成了企业集团。如图 6-2 所示，假定 P 公司能够同时控制 S1 公司、S2 公司、S3 公司和 S4 公司，P 公司和 S1 公司、S2 公司、S3 公司、S4 公司构成了企业集团。母公司和子公司是相互依存的，有母公司必然存在子公司，同样，有子公司必然存在母公司。

①母公司的定义

母公司是指有一个或一个以上子公司的企业（或主体，下同）。从母公司的定义可以看出，母公司要求同时具备两个条件：

一是必须有一个或一个以上的子公司，即必须满足控制的要求，能够决定另一个企业的财务和经营政策，并有据以从另一个企业的经营活动中获取利益的权力。母公司可以只控制一个子公司，也可以同时控制多个子公司。

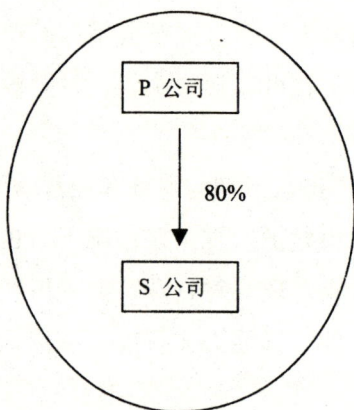

企业集团

图 6 - 1

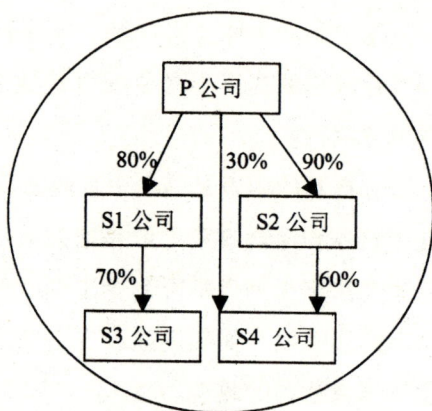

企业集团

图 6 - 2

如图 6 - 1 所示，假定 P 公司能够控制 S 公司，P 公司是 S 公司的母公司。

如图 6 - 2 所示，假定 P 公司能够同时控制 S1 公司、S2 公司、S3 公司和 S4 公司，P 公司为 S1 公司、S2 公司、S3 公司和 S4 公司的母公司。

二是母公司可以是企业，如《公司法》所规范的股份有限公司、有限责任公司，也可以是主体，如非企业形式的、但形成会计主体的其他组织，如基金等。

②子公司的定义

子公司是指被母公司控制的企业。从子公司的定义可以看出，子公司也要求同时具备两个条件。

一是作为子公司必须被母公司控制，并且只能由一个母公司控制，不可能也不允许被两个或多个母公司同时控制。被两个或多个公司共同控制的被投资单位是合营企业，而不是子公司。

如图6-1所示，假定P公司能够控制S公司，S公司是P公司的子公司。如图6-2所示，假定P公司能够同时控制S1公司、S2公司、S3公司和S4公司，S1公司、S2公司、S3公司和S4公司均为P公司的子公司。

二是子公司可以是企业，如《公司法》所规范的股份有限公司、有限责任公司，也可以是主体，如非企业形式的、但形成会计主体的其他组织，如基金以及信托项目等特殊目的主体等。

（3）控制标准的具体应用

①母公司拥有其半数以上的表决权的被投资单位应当纳入合并财务报表的合并范围的情况

母公司直接或通过子公司间接拥有被投资单位半数以上的表决权，表明母公司能够控制被投资单位，应当将该被投资单位认定为子公司，纳入合并财务报表的合并范围。但是，有证据表明母公司不能控制被投资单位的除外。

表决权是指对被投资单位经营计划、投资方案、年度财务预算方案和决算方案、利润分配方案和弥补亏损方案、内部管理机构的设置、聘任或解聘公司经理及其报酬、公司的基本管理制度等事项持有的表决权，不包括对修改公司章程、增加或减少注册资本、发行公司债券、公司合并、分立、解散或变更公司形式等事项持有的表决权。表决权比例通常与其出资比例或持股比例是一致的，但是对于有限责任公司，公司章程另有规定的除外。

当母公司拥有被投资单位半数以上表决权时，母公司就拥有对该被投资单位的控制权，能够主导该被投资单位的股东大会（或股东会，下同），特别是董事会，并对其生产经营活动和财务政策实施控制。在这种情况下，子公司处在母公司的直接控制和管理下进行日常生产经营活动，子公司的生产经营活动成为事实上的母公司生产经营活动的一个组成部分，母公司与子公司生产经营活动已一体化。拥有被投资单位半数以上表决权，是母公司对其拥有控制权的最明显的标志，应将其纳入合并财务报表的合并范围。

母公司拥有被投资单位半数以上表决权，通常包括以下三种情况。

• 母公司直接拥有被投资单位半数以上表决权。比如，图6-1所示，P公司直接拥有S公司表决权的80%，这种情况下，S公司就成为P公司的子公司，P公司编制合并财务报表时，必须将S公司纳入其合并范围。

• 母公司间接拥有被投资单位半数以上表决权。间接拥有半数以上表决权，是指母公司通过子公司而对子公司的子公司拥有半数以上表决权。如图6-2所示，P公司拥有S1公司80%的表决权，而S1公司又拥有S3公司70%的表决权。在这种情况下，P公司作为母公司通过其子公司S1公司，间接拥有S3公司70%的表决权，从而S3公司也是P公司的子公司，P公司编制合并财务报表时，也应当将S3公司纳入其合并范围。这里必须注意的是，P公司间接拥有S3公司的表决权是以S1公司为P公司的子公司为前提的。

• 母公司直接和间接方式合计拥有被投资单位半数以上表决权。直接和间接方式合计拥有半数以上表决权，是指母公司以直接方式拥有某一被投资单位半数以下的表决权，同时又通过其他方式如通过子公司拥有该被投资单位一部分的表决权，两者合计拥有该被投资单位半数以上的表决权。例如，如图6-2所示，P公司拥有S2公司90%的表决权，拥有S4公司30%的表决权；S2公司拥有S4公司60%的表决权。在这种情况下，S2公司为P公司的子公司，P公司通过子公司S2公司间接拥有S4公司60%的表决权，与直接拥有30%的表决权合计，P公司共拥有S4公司90%的表决权，从而S4公司属于P公司的子公司，P公司编制合并财务报表时，也应当将S4公司纳入其合并范围。

拥有被投资单位半数以上表决权是母公司对其拥有控制权的最明显

的标志，但是如果有证据表明母公司不能控制被投资单位的除外。比如，如图6-1所示，尽管P公司拥有S公司80%的表决权，但是如果S公司被政府或有关部门接管，在这种情况下，对S公司的控制权已经转移至政府或有关部门，P公司已经对S公司没有了控制权。S公司不是P公司的子公司，P公司也不是S公司的母公司，P公司不应当将S公司纳入其合并财务报表的合并范围。

②母公司拥有其半数以下的表决权的被投资单位纳入合并财务报表的合并范围的情况

在母公司通过直接和间接方式没有拥有被投资单位半数以上表决权的情况下，如果母公司通过其他方式对被投资单位的财务和经营政策能够实施控制时，这些被投资单位也应作为子公司纳入其合并范围。

● 通过与被投资单位其他投资者之间的协议，拥有被投资单位半数以上表决权。这种情况是指母公司与其他投资者共同投资某企业，母公司与其中的某些投资者签订书面协议，受托管理和控制该被投资单位，从而在被投资单位的股东大会和董事会上拥有该被投资单位半数以上表决权。在这种情况下，母公司对这一被投资单位的财务和经营政策拥有控制权，使该被投资单位成为事实上的子公司，为此必须将其纳入合并财务报表的合并范围。

● 根据公司章程或协议，有权决定被投资单位的财务和经营政策。这种情况是指在被投资单位的公司章程等文件中明确母公司对其财务和经营政策能够实施控制。企业的财务和经营政策直接决定着企业的日常生产经营活动，决定着企业的未来发展。能够控制企业财务和经营政策也就是等于能控制整个企业日常生产经营活动。这样，也就使得该被投资单位成为事实上的子公司，从而应当纳入母公司的合并财务报表的合并范围。

● 有权任免被投资单位的董事会或类似机构的多数成员。这种情况是指母公司能够通过任免被投资单位董事会的多数成员控制该被投资单位的日常生产经营活动,被投资单位成为事实上的子公司,从而应当纳入母公司的合并财务报表的合并范围。这里的"多数"是指超过半数以上(不包括半数)。同时,需要注意的是,在这种情况下,董事会或类似机构必须能够控制被投资单位,否则,该条件不适用。

● 在被投资单位董事会或类似机构占多数表决权。这种情况是指母公司能够控制董事会或类似机构的会议,从而主导公司董事会的经营决策,使该公司的生产经营活动在母公司的控制下进行,使被投资单位成为事实上的子公司。因此,也应当将其纳入母公司的合并财务报表的合并范围。这里的"多数"是指超过半数以上(不包括半数)。同样,需要注意的是,在这种情况下,董事会或类似机构必须能够控制被投资单位,否则。该条件不适用。

在母公司拥有被投资单位半数或以下的表决权,满足上述四个条件之一,视为母公司能够控制被投资单位,应当将该被投资单位认定为子公司,纳入合并财务报表的合并范围。但是,如果有证据表明母公司不能控制被投资单位的除外。比如,尽管 P 公司有权任免 S5 公司由 11 人董事组成的董事会的 6 名董事,但是,如果公司章程规定,S5 公司所有日常生产经营活动的董事会表决,必须经全体董事的过半数通过,与此同时,还必须经第二大股东派出的至少 1 名董事同意,在这种情况下,S5公司董事会决议的形成要得到第二大股东派出的至少 1 名董事的同意,实质上 P 公司无法单方面主导 S5 公司的董事会,也就无法单方面控制 S5公司的财务和经营政策,P 公司不符合控制标准,P 公司不能控制 S5 公司,S5 公司不是 P 公司的子公司,P 公司也不是 S5 公司的母公司,P 公司不应当将 S5 公司纳入其合并财务报表的合并范围。

③在确定能否控制被投资单位时对潜在表决权的考虑

在确定能否控制被投资单位时,应当考虑企业和其他企业持有的被投资单位的当期可转换的可转换公司债券、当期可执行的认股权证等潜在表决权因素。

● 所称潜在表决权，是指当期可转换的可转换公司债券、当期可执行的认股权证等，不包括在将来某一日期或将来发生某一事项才能转换的可转换公司债券或才能执行的认股权证等，也不包括诸如行权价格的设定使得在任何情况下都不可能转换为实际表决权的其他债务工具或权益工具。

● 应当考虑影响潜在表决权的所有事项和情况，包括潜在表决权的执行条款、需要单独考虑或综合考虑的其他合约安排等。但是，本企业和其他企业或个人执行潜在表决权的意图和财务能力对潜在表决权的影响除外。

● 不仅要考虑本企业在被投资单位的潜在表决权，还要同时考虑其他企业或个人在被投资单位的潜在表决权。

● 不仅仅要考虑可能会提高本企业在被投资单位持股比例的潜在表决权，还要考虑可能会降低本企业在被投资单位持股比例的潜在表决权。

● 潜在表决权仅作为判断是否存在控制的考虑因素，不影响当期母公司股东和少数股东之间的分配比例。

④判断母公司能否控制特殊目的主体应当考虑的主要因素。

● 母公司为融资、销售商品或提供劳务等特定经营业务的需要直接或间接设立特殊目的主体。

● 母公司具有控制或获得控制特殊目的主体或其资产的决策权。比如，母公司拥有单方面终止特殊目的主体的权力、变更特殊目的主体章程的权力、对变更特殊目的主体章程的否决权等。

● 母公司通过章程、合同、协议等具有获取特殊目的主体大部分利益的权力。

● 母公司通过章程、合同、协议等承担了特殊目的主体的大部分风险。

（4）所有子公司都应纳入母公司的合并财务报表的合并范围

母公司应当将其全部子公司纳入合并财务报表的合并范围，即只要是由母公司控制的子公司，不论子公司的规模大小、子公司向母公司转移资金能力是否受到严格限制，也不论子公司的业务性质与母公司或企业集团内其他子公司是否有显著差别，都应当纳入合并财务报表的合并范围。

需要说明的是，受所在国外汇管制及其他管制，资金调度受到限制的境外子公司，在这种情况下，如果该被投资单位的财务和经营政策仍然由本公司决定，资金调度受到限制并不妨碍本公司对其实施控制，应将其纳入合并财务报表的合并范围。

下列被投资单位不是母公司的子公司，不应当纳入母公司的合并财务报表的合并范围。

①已宣告被清理整顿的原子公司

已宣告被清理整顿的原子公司，是指在当期宣告被清理整顿的被投资单位，该被投资单位在上期是本公司的子公司。在这种情况下，根据2005年修订的《公司法》第一百八十四条的规定，被投资单位实际上在当期已经由股东、董事或股东大会指定的人员组成的清算组或人民法院指定的有关人员组成的清算组对该被投资单位进行日常管理，在清算期间，被投资单位不得开展与清算无关的经营活动，因此，本公司不能再控制该被投资单位，不能将该被投资单位继续认定为本公司的子公司。

②已宣告破产的原子公司

已宣告破产的原子公司，是指在当期宣告破产的被投资单位，该被投资单位在上期是本公司的子公司。在这种情况下，根据《企业破产法》的规定，被投资单位的日常管理已转交到由人民法院指定的管理人，本公司不能控制该被投资单位，不能将该被投资单位认定为本公司的子公司。

③母公司不能控制的其他被投资单位

母公司不能控制的其他被投资单位，是指母公司不能控制的除上述情形以外的其他被投资单位，如联营企业等。

➤ 2. 合并财务报表的编制程序

合并财务报表编制有其特殊的程序，主要包括以下三个方面。

（1）编制合并工作底稿

合并工作底稿的作用是为合并财务报表的编制提供基础。在合并工作底稿中，对母公司和子公司的个别财务报表各项目的金额进行汇总和抵销处理，最终计算得出合并财务报表各项目的合并金额。

将母公司、子公司个别资产负债表、利润表、现金流量表、所有者权益变动表各项目的数据过入合并工作底稿，并在合并工作底稿中对母公司和子公司个别财务报表各项目的数据进行加总，计算得出个别资产负债表、利润表、现金流量表、所有者权益变动表各项目合计金额。

（2）编制调整分录和抵销分录

在合并工作底稿中编制调整分录和抵销分录，将内部交易对合并财务报表有关项目的影响进行抵销处理。编制抵销分录，进行抵销处理是合并财务报表编制的关键和主要内容，其目的在于将个别财务报表各项目的加总金额中重复的因素予以抵销。但是，对属于非同一控制下企业合并中取得的子公司的个别财务报表进行合并时，还应当首先根据母公司为该子公司设置的备查簿的记录，以记录的非同一控制下企业合并中取得的子公司各项可辨认资产、负债及或有负债等在购买日的公允价值为基础，通过编制调整分录，对该子公司提供的个别财务报表进行调整，以使子公司的个别财务报表反映为在购买日公允价值基础上确定的可辨认资产、负债及或有负债在本期资产负债表日的金额。对于子公司所采用的会计政策与母公司不一致的和子公司的会计期间与母公司不一致的，如果母公司自行对子公司的个别财务报表进行调整，也应当在合并工作底稿中通过编制调整分录予以调整。在编制合并财务报表时，对子公司的长期股权投资调整为权益法，也需要在合并工作底稿中通过编制调整分录予以调整，而不改变母公司"长期股权投资"账簿记录。

在合并工作底稿中编制的调整分录和抵销分录，借记或贷记的均为财务报表项目（即资产负债表项目、利润表项目、现金流量表项目和所有者权益变动表项目），而不是具体的会计科目。比如，在涉及调整或抵销固定资产折旧、固定资产减值准备等均通过资产负债表中的"固定资产"项目，而不是"累计折旧"、"固定资产减值准备"等科目来进行调整和抵销。

（3）计算合并财务报表各项目的合并金额

在母公司和子公司个别财务报表各项目加总金额的基础上，分别计算出合并财务报表中各资产项目、负债项目、所有者权益项目、收入项目和费用项目等的合并金额。其计算方法有以下四种。

①资产类各项目，其合并金额根据该项目加总金额，加上该项目抵销分录有关的借方发生额，减去该项目抵销分录有关的贷方发生额计算确定。

②负债类各项目和所有者权益类项目，其合并金额根据该项目加总金额，减去该项目抵销分录有关的借方发生额，加上该项目抵销分录有关的贷方发生额计算确定。

③有关收入类各项目和有关所有者权益变动各项目，其合并金额根据该项目加总金额，减去该项目抵销分录的借方发生额，加上该项目抵销分录的贷方发生额计算确定。

④有关费用类项目，其合并金额根据该项目加总金额，加上该项目抵销分录的借方发生额，减去该项目抵销分录的贷方发生额计算确定。

（4）填列合并财务报表

根据合并工作底稿中计算出的资产、负债、所有者权益、收入、费用类以及现金流量表中各项目的合并金额，填列生成正式的合并财务报表。

《企业会计准则第 33 号——合并财务报表》（以下简称合并报表准则）着重解决了合并财务报表合并范围的确定和合并财务报表的编制和列报等问题。

6.2　合并资产负债表

合并资产负债表是反映企业集团在某一特定日期财务状况的财务报表，由合并资产、负债和所有者权益各项目组成。

➤ 1. 对子公司的个别财务报表进行调整

在编制合并财务报表时，首先应对各子公司进行分类，分为同一控制下企业合并中取得的子公司和非同一控制下企业合并中取得的子公司两类。

（1）属于同一控制下企业合并中取得的子公司

对于属于同一控制下企业合并中取得的子公司的个别财务报表，如果不存在与母公司会计政策和会计期间不一致的情况，则不需要对该子公司的个别财务报表进行调整，即不需要将该子公司的个别财务报表调整为公允价值反映的财务报表，只需要抵销内部交易对合并财务报表的影响即可。

（2）属于非同一控制下企业合并中取得的子公司

对于属于非同一控制下企业合并中取得的子公司，除了存在与母公司会计政策和会计期间不一致的情况，需要对该子公司的个别财务报表进行调整外，还应当根据母公司为该子公司设置的备查簿的记录，以记录的该子公司的各项可辨认资产、负债及或有负债等在购买日的公允价值为基础，通过编制调整分录，对该子公司的个别财务报表进行调整，以使子公司的个别财务报表反映为在购买日公允价值基础上确定的可辨认资产、负债及或有负债在本期资产负债表日的金额。

➤ 2. 按权益法调整对子公司的长期股权投资

合并报表准则规定，合并财务报表应当以母公司和其子公司的财务报表为基础，根据其他有关资料，按照权益法调整对子公司的长期股权投资后，由母公司编制。

在合并工作底稿中，按权益法调整对子公司的长期股权投资时，应按照《企业会计准则第 2 号——长期股权投资》所规定的权益法进行调整。

合并报表准则也允许企业直接在对子公司的长期股权投资采用成本法核算的基础上编制合并财务报表，但是所生成的合并财务报表应当符合合并报表准则的相关规定。

【例1】如图 6-1 所示，假设 P 公司能够控制 S 公司，S 公司为股份有限公司。2012 年 12 月 31 日，P 公司个别资产负债表中对 S 公司的长期股权投资的金额为 3 000 万元，拥有 S 公司 80% 的股份。P 公司在个别资产负债表中采用成本法核算该项长期股权投资。

2012 年 1 月 1 日，P 公司用银行存款 3 000 万元购得 S 公司 80% 的股份（假定 P 公司与 S 公司的企业合并不属于同一控制下的企业合并）。P 公司备查簿中记录的 S 公司在 2012 年 1 月 1 日可辨认资产、负债及或有负债的公允价值的资料如表 6-1 所示。

2012 年 1 月 1 日，S 公司股东权益总额为 3 500 万元，其中股本为 2 000 万元，资本公积为 1 500 万元，盈余公积为 0 元，未分配利润为 0 元。

2012 年，S 公司实现净利润 1 000 万元，提取法定公积金 100 万元，向 P 公司分派现金股利 480 万元，向其他股东分派现金股利 120 万元，未分配利润为 300 万元。S 公司因持有的可供出售的金融资产的公允价值变动计入当期资本公积的金额为 100 万元。

2012 年 12 月 31 日，S 公司股东权益总额为 4 000 万元，其中股本为

2 000 万元, 资本公积为 1 600 万元, 盈余公积为 100 万元, 未分配利润为 300 万元。

P 公司与 S 公司个别资产负债表分别见表 6 - 2 和表 6 - 3。

假定 S 公司的会计政策和会计期间与 P 公司一致, 不考虑 P 公司和 S 公司及合并资产、负债的所得税影响。

《企业会计准则第 2 号——长期股权投资》规定, 投资企业在确认应享有被投资单位净损益的份额时, 应当以取得投资时被投资单位各项可辨认资产等的公允价值为基础, 对被投资单位的净利润进行调整后确认。在本例中, P 公司在编制合并财务报表时, 应当首先根据 P 公司的备查簿中记录的 S 公司可辨认资产、负债在购买日 (2012 年 1 月 1 日) 的公允价值的资料 (见表 6 - 1), 调整 S 公司的净利润。按照 P 公司备查簿中的记录, 在购买日, S 公司可辨认资产、负债及或有负债的公允价值与账面价值存在差异仅有一项, 即 A 办公楼, 公允价值高于账面价值的差额为 100 万元 (700 万元 - 600 万元), 按年限平均法每年应补计提的折旧额为 5 万元 (100 万元 ÷ 20 年)。假定 A 办公楼用于 S 公司的总部管理。在合并工作底稿 (见表 6 - 4) 中应作的调整分录如下:

借: 管理费用　　　　　　　　　　　　　　　　　　　5

　　贷: 固定资产——累计折旧　　　　　　　　　　　　　　　5

据此, 以 S 公司 2012 年 1 月 1 日各项可辨认资产等的公允价值为基础, 重新确定的 S 公司 2012 年的净利润为 995 万元 (1 000 万元 - 5 万元)。

在本例中, 2012 年 12 月 31 日, P 公司对 S 公司的长期股权投资的账面余额为 3 000 万元 (假定未发生减值)。根据合并报表准则的规定, 在合并工作底稿中将对 S 公司的长期股权投资由成本法调整为权益法。有关调整分录如下:

借: 长期股权投资——S 公司　　　　　　　　　　　796

　　贷: 投资收益——S 公司　　　　　　　　　　　　　796

确认 P 公司在 2012 年 S 公司实现净利润 995 万元中所享有的份额 796（995×80%）万元。

借：投资收益——S 公司　　　　　　　　　　　　　　　　480

　　贷：长期股权投资——S 公司　　　　　　　　　　　　480

确认 P 公司收到 S 公司 2012 年分派的现金股利，同时抵销原按成本法确认的投资收益 480 万元。

借：长期股权投资——S 公司　　　　　　　　　　　　　80

　　贷：资本公积——其他资本公积——S 公司　　　　　　80

确认 P 公司在 2012 年 S 公司除净损益以外所有者权益的其他变动中所享有的份额 80（资本公积的增加额 100 万元×80%）万元。

在连续编制合并财务报表的情况下，应编制如下调整分录：

借：长期股权投资——S 公司　　　　（796－480＋80）396

　　贷：未分配利润——年初　　　　　　　　　　　　　316

　　　　资本公积——其他资本公积——S 公司　　　　　　80

➤ 3. 编制合并资产负债表时应进行抵销处理的项目

合并资产负债表是以母公司和子公司的个别资产负债表为基础编制的。个别资产负债表则是以单个企业为会计主体进行会计核算的结果，它从母公司本身或从子公司本身的角度对自身的财务状况进行反映。这样，对于内部交易，从发生内部交易的企业来看，发生交易的各方都在其个别资产负债表中进行了反映。例如，企业集团母公司与子公司之间发生的赊购赊销业务，对于赊销企业来说，一方面确认营业收入、结转营业成本、计算营业利润，并在其个别资产负债表中反映为应收账款；而对于赊购企业来说，在内部购入的存货未实现对外销售的情况下，则在其个别资产负债表中反映为存货和应付账款。在这种情况下，资产、负债和所有者权益类各项目的加总金额中，必然包含有重复计算的因素。作为反映企业集团整体财务状况的合并资产负债表，必须将这些重复计算的因素予以扣除，对这些重复的因素进行抵销处理。这些需要扣除的重复因素，就是合并财务报表编制时需要进行抵销处理的项目。

编制合并资产负债表时需要进行抵销处理的，主要有以下项目。

（1）长期股权投资与子公司所有者权益的抵销处理

母公司对子公司进行的长期股权投资，一方面反映为长期股权投资以外的其他资产的减少，另一方面反映为长期股权投资的增加，在母公司个别资产负债表中作为资产类项目中的长期股权投资列示。子公司接受这一投资时，一方面增加资产，另一方面作为实收资本（或股本，下同）处理，在其个别资产负债表中一方面反映为实收资本的增加，另一方面反映为相对应的资产的增加。从企业集团整体来看，母公司对子公司进行的长期股权投资实际上相当于母公司将资本拨付下属核算单位，并不引起整个企业集团的资产、负债和所有者权益的增减变动。因此，编制合并财务报表时，应当在母公司与子公司财务报表数据简单相加的基础上，将母公司对子公司长期股权投资项目与子公司所有者权益项目予以抵销。

子公司所有者权益中不属于母公司的份额，即子公司所有者权益中抵销母公司所享有的份额后的余额，在合并财务报表中作为"少数股东权益"处理。在合并资产负债表中，"少数股东权益"科目应当在"所有者权益"科目下单独列示。

当母公司对子公司长期股权投资的金额与在子公司所有者权益中所享有的份额不一致时，应按其差额，计入"商誉"科目。

【例2】沿用【例1】，2012年12月31日P公司对S公司长期股权投资经调整后的金额为3 396万元（投资成本3 000万元+权益法调整增加的长期股权投资396万元）与其在S公司经调整的股东权益总额中所享有的金额3 276万元［（股东权益账面余额4 000万元+A办公楼购买日公允价值高于账面价值的差额100万元－A办公楼购买日公允价值高于账面价值的差额按20年计提的折旧额5万元）×80%］之间的差额，为商誉。至于 S 公司股东权益中20%的部分，即819万元〔（股东权益账面余额 4 000 万元 + A 办公楼购买日公允价值高于账面价值的差额 100 万元 – A 办公楼购买日公允价值高于账面价值的差额按 20 年计提的折旧额 5 万元）×20%〕则属于少数股东权益，在抵销处理时应作为少数股东权益处理。其抵销分录如下：

借：股本	2 000	
资本公积——年初	1 600	
——本年	100	
盈余公积——年初	0	
——本年	100	
未分配利润——年末	295	
商誉	120	
贷：长期股权投资		3 396
少数股东权益		819

注：商誉 120 万元 = 3 000 万元 –（S 公司 2012 年 1 月 1 日的所有者权益总额 3 500 万元 + S 公司固定资产公允价值增加额 100 万元）×80%

其合并工作底稿如表 6 – 4 所示。

合并报表准则规定，子公司持有母公司的长期股权投资、子公司相互之间持有的长期股权投资，也应当比照上述母公司对子公司的股权投资的抵销方法进行抵销处理。

单位:万元

表 6-1　P 公司备查簿

2012 年 1 月 1 日

项　目	账面价值	公允价值	公允价值与账面价值的差额	合并报表调整	余额	备注
S公司:						
流动资产	3 800	3 800				
非流动资产	1 900	2 000				
其中:固定资产 – A 办公楼	600	700	100	(1)5	695	该办公楼的剩余折旧年限为 20 年,采用年限平均法计提折旧
资产总计	5 700	5 800				
流动负债	1 300	1 300				
非流动负债	900	900				
负债总计	2 200	2 200				
股本	2 000	2 000				
资本公积	1 500	1 600	100			
盈余公积	0	0				
未分配利润	0	0				
股东权益总计	3 500	3 600				
负债和股东权益总计	5 700	5 800				

表6-2 资产负债表（简表）

编制单位：P公司　　　　2012年12月31日

企业12表
单位：万元

资产	期末余额	年初余额	负债和所有者权益（或股东权益）	期末余额	年初余额
流动资产：			流动负债：		
货币资金	1 000	3 000	应付票据	1 000	1 000
应收票据	1 400	1 000	应付账款	3 000	2 000
其中，应收S公司票据	400		预收款项	200	300
应收账款	1 800	1 300	其中：预收S公司账款	100	
其中，应收S公司账款	475		应付职工薪酬	1 000	2 100
预付款项	770		应交税费	800	1 000
存货	1 000	3 800	流动负债合计	6 000	6 400
其中，向S公司购入存货	1 000		非流动负债：		
流动资产合计	5 970	9 100	长期借款	2 000	2 000
非流动资产：			应付债券	600	600
持有至到期投资	200	200	非流动负债合计	2 600	2 600
其中，持有S公司债券	200	200	负债合计	8 600	9 000
长期股权投资	4 700	1 700	所有者权益（或股东权益）：		

（续表）

资产	期末余额	年初余额	负债和所有者权益（或股东权益）	期末余额	年初余额
其中,对S公司投资	3 000		实收资本（或股本）	4 000	4 000
固定资产	4 100	3 300	资本公积	800	800
其中,向S公司购入固定资产	200		盈余公积	1 000	732
无形资产	630		未分配利润	1 200	468
非流动资产合计	9 630	5 900	所有者权益合计	7 000	6 000
资产总计	15 600	15 000	负债和所有者权益总计	15 600	15 000

表6-3 资产负债表（简表）

2012年12月31日

编制单位:S公司　　　　　　　　　　　　企业12表　单位:万元

资产	期末余额	年初余额	负债和股东权益	期末余额	年初余额
流动资产:			流动负债:		
货币资金	500	300	应付票据	400	300
应收票据	300	100	其中,应付票据P公司	400	
应收账款	760	600	应付账款	500	600
预付款项	400		其中,应付P公司账款	500	
其中,预付P公司账款	100		预收款项		50

（续表）

资产	期末余额	年初余额	负债和股东权益	期末余额	年初余额
存货	1 100	2 900	应付职工薪酬	100	350
流动资产合计	3 060	3 900	应交税费	60	200
非流动资产：			流动负债合计	1 060	1 500
可供出售金融资产	800	700	非流动负债：		
持有至到期投资			长期借款	700	700
长期股权投资	2 100	1 300	应付债券	200	200
固定资产	108		其中：应付债券－P公司	200	200
其中，向P公司购入固定资产			非流动负债合计	900	900
无形资产			负债合计	1 960	1 960
非流动资产合计	2 900	2 000	股东权益：		
			股本	2 000	2 000
			资本公积	1 600	1 600
			其中，可供出售金融资产公允价值变动	100	
			盈余公积	100	0
			未分配利润	300	0
			股东权益合计	4 000	3 500
资产总计	5 960	5 900	负债和股东权益总计	5 960	5 900

表 6-4　合并工作底稿

2012 年

単位:万元

项目	P公司 报表金额	P公司 借方	P公司 贷方	S公司 报表金额	S公司 借方	S公司 贷方	合计 金额	抵销分录 借方	抵销分录 贷方	少数股东权益	合并金额
(利润表项目)											
营业收入	8 700			6 300			15 000	(11)1 000 (13)300 (17)3 500			10 200
营业成本	4 450			4 570			9 020	(12)200	(11)1 000 (13)270 (17)3 500		4 450
营业税金及附加	300			125			425				425
销售费用	15			10			25				25
管理费用	100			12	(1)5		117	(16)1	(14)10		108
财务费用	300			90			390		(18)20		370
资产减值损失	25						25		(7)25		0
投资收益	500	(3)480 (2)796	796				816	(18)20 (19)796			0
营业利润	4 010	480	796	1 493	5		5 814	5 817	4 825		4 822
营业外支出	10						10		(15)10		0
利润总额	4 000	480	796	1 493	5		5 804	5 817	4 835		4822

（续表）

项目	P公司 报表金额	借方	贷方	S公司 报表金额	借方	贷方	合计 金额	抵销分录 借方	贷方	少数股东权益	合并 金额
所得税费用	1 320			493			1 813				1813
净利润	2 680	480	796	1 000	5		3 991	5 817	4 835		3009
少数股东损益								(19)199		199	199
归属于母公司所有者的净利润											2 810
（所有者权益变动表项目）											
未分配利润——年初	468			0			468	(19)0			468
归属于母公司所有者的净利润											2 810
利润分配	1 948			700			2 648		(19)100 (19)600		1 948
未分配利润——年末	1 200	480	796	300	5		1 811	(5)295 6 311	(19)295 5 830		1 330
归属于少数股东的未分配利润——年初											0
少数股东损益										199	199
对少数股东的利润分配										120	120
归属于少数股东的未分配利润——年末										79	79
资本公积——年初	800			1 500			2 400	(5)1 600			800
可供出售金融资产公允价值变动净额				100		100	100	(5)100			0
权益法下被投资单位其他所有者权益变动的影响			(4)80	80			80				80

（续表）

项目	P公司			S公司			合计	抵销分录		少数股东权益	合并
	报表金额	借方	贷方	报表金额	借方	贷方	金额	借方	贷方		金额
资本公积——年末	800		80	1 600		100	2 580	1 700			880
盈余公积——年初	732			0			732	(19)0			732
提取盈余公积	268			100			368		(19)100		268
盈余公积——年末	1 000			100			1 100	0	100		1 000
（资产负债表项目）											
流动资产：											
货币资金	1 000			500			1 500				1 500
应收票据	1 400			300			1 700		(9)400		1 300
其中,应收S公司票据	400						400		(9)400		0
应收账款	1 800			760			2 560	(7)25	(6)500		2 085
其中,应收S公司账款	475						475	(7)25	(6)500		0
预付款项	770			400			1 170		(8)100		1 070
其中,预付P公司账款				100			100		(8)100		0
存货	1 000			1 100			2 100		(12)200		1 900
其中,向S公司购入存货	1 000						1 000		(12)200		800
流动资产合计	5 970			3 060			9 030	25	1 200		7 855
非流动资产：											
可供出售金融资产				800			800				800

（续表）

项目	P公司 报表金额	P公司 借方	P公司 贷方	S公司 报表金额	S公司 借方	S公司 贷方	合计 金额	抵销分录 借方	抵销分录 贷方	少数股东权益	合并金额
持有至到期投资	200						200		(10)200		0
其中,持有S公司债券	200						200		(10)200		0
长期股权投资	4 700	(2)796 (4)80	(3)480				5 096		(5)3 396		1 700
其中,对S公司投资	3 000	(2)796 (4)80	(3)480				3 396		(5)3 396		0
固定资产	4 100			2 100	100^1	(1)5	6 295	(14)10 (15)10	(13)30 (16)1		6 284
其中,S公司——A办公楼					100^2	(1)5	95				95
向S公司购入固定资产	200						200	(14)10	(13)30		180
向P公司购入固定资产				108			108	(15)10	(16)1		117
无形资产	630						630				630
商誉								(5)120			120
非流动资产合计	9 630	876	480	2 900	100	5	13 021	140	3 627		9 534
资产总计	15 600	876	480	5 960	100	5	22 051	165	4 827		17 389

1 此金额为合计金额。

2 此金额由表6-1:P公司备查簿中记录的"公允价值与账面价值的差额"中100万元直接转入。

（续表）

项目	P公司			S公司			合计	抵销分录		少数股东权益	合并金额
	报表金额	借方	贷方	报表金额	借方	贷方	金额	借方	贷方		
流动负债：											
应付票据	1 000						1 400	(9)400			1 000
其中,应付票据——P公司				400			400	(9)400			0
应付账款	3 000			500			3 500	(6)500			3 000
其中,应付P公司账款				500			500	(6)500			0
预收款项	200						200	(8)100			100
其中,预收S公司账款	100						100	(8)100			0
应付职工薪酬	1 000			100			1 100				1 100
应交税费	800			60			860				860
流动负债合计	6 000			1 060			7 060		1 000		6 060
非流动负债：											
长期借款	2 000			700			2 700				2 700
应付债券	600			200			800	(10)200			600
其中,应付债券——P公司				200			200	(10)200			0
非流动负债合计	2 600			900			3 500	200			3 300
负债合计	8 600			1 960			10 560	1 200			9 360
所有者权益（或股东权益）：											
实收资本（或股本）	4 000			2 000			6 000	(5)2 000			4 000

（续表）

项目	P公司 报表金额	P公司 借方	P公司 贷方	S公司 报表金额	S公司 借方	S公司 贷方	合计 金额	抵销分录 借方	抵销分录 贷方	少数股东权益	合并金额
资本公积	800		(4)80	1 600		100³	2 580	(5)1 700			880
其中,可供出售金融资产公允价值变动				100		100	100	100			0
盈余公积	1 000			100			1 100	(5)100	(5)100		1 000
未分配利润	1 200	(3)480	(2)796	300	(1)5		1 811	(5)295 (11)1 000 (13)300 (17)3 500 (12)200 (16)1 (18)20 (19)796 (19)199 (19)0 6 311	(11)1 000 (13)270 (17)3 500 (14)10 (18)20 (7)25 (15)10 (19)100 (19)600 (19)295 5 830		1 330
少数股东权益									(5)819	819	819
所有者权益合计	7 000	480	876	4 000	5	100	11 491	10 111	5 830	819	8 029
负债和所有者权益总计	15 600	480	876	5 960	5	100	22 051	11 311	5 830	819	17 389

3 此金额由表6-1:P公司备查簿中记录的"公允价值与账面价值的差额"中100万元直接转入。

（续表）

项目	P公司			S公司			合计金额	抵销分录		少数股东权益	合并金额
	报表金额	借方	贷方	报表金额	借方	贷方		借方	贷方		
（现金流量表项目）											
经营活动产生的现金流量：											
销售商品、提供劳务收到的现金	7 675			5 990			13 665		(21)3 600 (22)300		9 765
收到其他与经营活动有关的现金											
经营活动现金流入小计	7 675			5 990			13 665		3 900		9 765
购买商品、接受劳务支付的现金	1 420			3 270			4 690	(21)3 600			1 090
支付给职工以及为职工支付的现金	1 100			250			1 350				1 350
支付的各项税费	1 820			758			2 578				2 578
支付其他与经营活动有关的现金	45			22			67				67
经营活动现金流出小计	4 385			4 300			8 685	3 600			5 085
经营活动产生的现金流量净额	3 290			1 690			4 980	3 600	3 900		4 680
投资活动产生的现金流量：											
收回投资收到的现金	500						500		(20)500		0
取得投资收益收到的现金											

（续表）

项目	P公司			S公司			合计金额	抵销分录		少数股东权益	合并金额
	报表金额	借方	贷方	报表金额	借方	贷方		借方	贷方		
收回处置固定资产、无形资产和其他长期资产收回的现金净额	120						120		(23)120		0
处置子公司及其他营业单位收到的现金净额											
收到其他与投资活动有关的现金											
投资活动现金流入小计	620						620		620		0
购建固定资产、无形资产和其他长期资产支付的现金	930			800			1 730	(22)300 (23)120			1 310
投资支付的现金											
取得子公司及其他营业单位支付的现金净额	3 000						3 000				3 000
支付其他与投资活动有关的现金											
投资活动现金流出小计	3 930			800			4 730	420			4 310
投资活动产生的现金流量净额	−3 310			−800			−4 110	200			−4 310
筹资活动产生的现金流量：											
吸收投资收到的现金											

（续表）

项目	P公司 报表金额	P公司 借方	P公司 贷方	S公司 报表金额	S公司 借方	S公司 贷方	合计金额	抵销分录 借方	抵销分录 贷方	少数股东权益	合并金额
取得借款收到的现金											
收到其他与筹资活动有关的现金											
筹资活动现金流入小计											
偿还债务支付的现金											
分配股利、利润或偿付利息支付的现金	1 980			690			2 670	(20)500			2 170
其中:子公司支付给少数股东的股利、利润											
支付其他与筹资活动有关的现金											
筹资活动现金流出小计	1 980			690			2 670		500		2 170
筹资活动产生的现金流量净额	-1 980			-690			-2 670		500		-2 170
现金及现金等价物净增加额	-2 000			200			-1 800				-1 800
年初现金及现金等价物余额	3 000			300			3 300				3 300
年末现金及现金等价物余额	1 000			500			1 500				1 500

（2）内部债权与债务的抵销处理

母公司与子公司、子公司与子公司相互之间的债权和债务项目，是指母公司与子公司、子公司与子公司相互之间因销售商品、提供劳务以及发生结算业务等原因产生的应收账款与应付账款、应收票据与应付票据、预付账款与预收账款、其他应收款与其他应付款、持有至到期投资与应付债券等科目。发生在母公司与子公司、子公司相互之间的这些项目，企业集团内部企业的一方在其个别资产负债表中反映为资产，而另一方则在其个别资产负债表中反映为负债。但从企业集团整体角度来看，它只是内部资金运动，既不能增加企业集团的资产，也不能增加负债。为此，为了消除个别资产负债表直接加总中的重复计算因素，在编制合并财务报表时应当将内部债权债务项目予以抵销。

①应收账款与应付账款的抵销处理

●初次编制合并财务报表时应收账款与应付账款的抵销处理。

在应收账款计提坏账准备的情况下，某一会计期间坏账准备的金额是以当期应收账款为基础计提的。在编制合并财务报表时，随着内部应收账款的抵销，与此相联系也须将内部应收账款计提的坏账准备予以抵销。内部应收账款抵销时，其抵销分录为：借记"应付账款"科目，贷记"应收账款"科目；内部应收账款计提的坏账准备抵销时，其抵销分录为：借记"坏账准备"科目，贷记"资产减值损失"科目。

【例3】P公司2012年个别资产负债表（表6-2）中应收账款475万元为2012年向S公司销售商品发生的应收销货款的账面价值，P公司对该笔应收账款计提的坏账准备为25万元。S公司2012年个别资产负债表（表6-3）中应付账款500万元系2012年向P购进商品存货发生的应付购货款。

在编制合并财务报表时，应将内部应收账款与应付账款相互抵销；同时还应将内部应收账款计提的坏账准备予以抵销，其抵销分录为：

借：应付账款   500

    贷：应收账款   500

借：应收账款——坏账准备   25

    贷：资产减值损失   25

其合并工作底稿参见表 6-4。

● 连续编制合并财务报表时内部应收账款坏账准备的抵销处理

从合并财务报表来讲，内部应收账款计提的坏账准备的抵销是与抵销当期资产减值损失相对应的，上期抵销的坏账准备的金额，即上期资产减值损失抵减的金额，最终将影响到本期合并所有者权益变动表中的期初未分配利润金额的增加。由于利润表和所有者权益变动表是反映企业一定会计期间经济成果及其分配情况的财务报表，其上期期末未分配利润就是本期所有者权益变动表期初未分配利润（假定不存在会计政策变更和前期差错更正的情况）。本期编制合并财务报表是以本期母公司和子公司当期的个别财务报表为基础编制的，随着上期编制合并财务报表时内部应收账款计提的坏账准备的抵销，以此个别财务报表为基础加总得出的期初未分配利润与上一会计期间合并所有者权益变动表中的未分配利润金额之间则将产生差额。为此，编制合并财务报表时，必须将上期因内部应收账款计提的坏账准备抵销而抵销的资产减值损失对本期期初未分配利润的影响予以抵销，调整本期期初未分配利润的金额。

在连续编制合并财务报表进行抵销处理时，首先，将内部应收账款与应付账款予以抵销，即按内部应收账款的金额，借记"应付账款"科目，贷记"应收账款"科目。其次，应将上期资产减值损失中抵销的内部应收账款计提的坏账准备对本期期初未分配利润的影响予以抵销，即按上期资产减值损失项目中抵销的内部应收账款计提的坏账准备的金额，借记"应收账款——坏账准备"科目，贷记"未分配利润——年初"科目。再次，对于本期个别财务报表中内部应收账款相对应的坏账准备增减变动的金额也应予以抵销，即按照本期个别资产负债表中期末内部应收账款相对应的坏账准备的增加额，借记"应收账款——坏账准备"科目，贷记"资产减值损失"科目，或按照本期个别资产负债表中期末内部应收账款相对应的坏账准备的减少额，借记"资产减值损失"科目，贷记"应收账款——坏账准备"科目。

在第三期编制合并财务报表的情况下，必须将第二期内部应收账款期末余额相应的坏账准备予以抵销，以调整期初未分配利润的金额。然后，计算确定本期内部应收账款相对应的坏账准备增减变动的金额，并将其增减变动的金额予以抵销。其抵销分录与第二期编制的抵销分录相同。

②其他债权与债务项目的抵销处理

【例4】P公司2012年个别资产负债表（表6-2）中预收账款100万元为S公司预付账款；应收票据400万元为S公司2012年向P公司购买商品3 500万元开具的票面金额为400万元的商业承兑汇票；S公司应付债券200万元为P公司所持有。对此，在编制合并资产负债表时，应编制如下抵销分录：

将内部预收账款与内部预付账款抵销时，应编制如下抵销分录：

借：预收款项   100

    贷：预付款项   100

将内部应收票据与内部应付票据抵销时，应编制如下抵销分录：

借：应付票据   400

    贷：应收票据   400

将持有至到期投资中债券投资与应付债券抵销时，应编制如下抵销分录：

借：应付债券   200

    贷：持有至到期投资   200

其合并工作底稿如表6-4所示。

在某些情况下，债券投资企业持有的企业集团内部成员企业的债券并不是从发行债券的企业直接购进。而是在证券市场上从第三方手中购进的。在这种情况下，持有至到期投资中的债券投资与发行债券企业的应付债券抵销时，可能会出现差额，应当计入合并利润表的投资收益或财务费用科目。

（3）存货价值中包含的未实现内部销售损益的抵销处理

存货价值中包含的未实现内部销售损益是由于企业集团内部商品购销、劳务提供活动所引起的。在内部购销活动中，销售企业将集团内部销售作为收入确认并计算销售利润。而购买企业则是以支付购货的价款作为其成本入账；在本期内未实现对外销售而形成期末存货时，其存货价值中也相应地包括两部分内容：一部分为真正的存货成本（即销售企业销售该商品的成本）；另一部分为销售企业的销售毛利（即其销售收入减去销售成本的差额）。对于期末存货价值中包括的这部分销售毛利，从企业集团整体来看，并不是真正实现的利润。因为从整个企业集团来看，集团内部企业之间的商品购销活动实际上相当于企业内部物资调拨活动，既不会实现利润，也不会增加商品的价值。正是从这一意义上来说，将期末存货价值中包括的这部分销售企业作为利润确认的部分，称之为未实现内部销售损益。因此，在编制合并资产负债表时，应当将存货价值中包含的未实现内部销售损益予以抵销。编制抵销分录时，按照集团内部销售企业销售该商品的销售收入，借记"营业收入"科目，按照销售企业销售该商品的销售成本，贷记"营业成本"科目，按照当期期末存货价值中包含的未实现内部销售损益的金额，贷记"存货"科目。

①当期内部购进商品并形成存货情况下的抵销处理

在企业集团内部购进并且在会计期末形成存货的情况下，如前所述，一方面将销售企业实现的内部销售收入及其相对应的销售成本予以抵销，另一方面将内部购进形成的存货价值中包含的未实现内部销售损益予以抵销。

【例5】S公司2012年向P公司销售商品1 000万元，其销售成本为

800 万元，该商品的销售毛利率为 20%。P 公司购进的该商品 2012 年全部未实现对外销售而形成期末存货。

在编制 2012 年合并财务报表时，应进行如下抵销处理：

借：营业收入　　　　　　　　　　　　　　　　1 000
　　贷：营业成本　　　　　　　　　　　　　　　　1 000
借：营业成本　　　　　　　　　　　　　　　　　200
　　贷：存货　　　　　　　　　　　　　　　　　　200

其合并工作底稿如表 6-4 所示。

②连续编制合并财务报表时内部购进商品的抵销处理

对于上期内部购进商品全部实现对外销售的情况下，由于不涉及到内部存货价值中包含的未实现内部销售损益的抵销处理，在本期连续编制合并财务报表时不涉及到对其进行处理的问题。但在上期内部购进并形成期末存货的情况下，在编制合并财务报表进行抵销处理时，存货价值中包含的未实现内部销售损益的抵销，直接影响上期合并财务报表中合并净利润金额的减少，最终影响合并所有者权益变动表中期末未分配利润的金额的减少。由于本期编制合并财务报表时是以母公司和子公司本期个别财务报表为基础，而母公司和子公司个别财务报表中未实现内部销售损益是作为其实现利润的部分包括在其期初未分配利润之中，以母子公司个别财务报表中期初未分配利润为基础计算得出的合并期初未分配利润的金额就可能与上期合并财务报表中的期末未分配利润的金额不一致。因此，上期编制合并财务报表时抵销的内部购进存货中包含的未实现内部销售损益，也对本期的期初未分配利润产生影响，本期编制合并财务报表时必须在合并母子公司期初未分配利润的基础上，将上期抵销的未实现内部销售损益对本期期初未分配利润的影响予以抵销，调整本期期初未分配利润的金额。

在连续编制合并财务报表的情况下，首先必须将上期抵销的存货价值中包含的未实现内部销售损益对本期期初未分配利润的影响予以抵销，调整本期期初未分配利润的金额；然后再对本期内部购进存货进行抵销处理，其具体抵销处理程序和方法如下：

●将上期抵销的存货价值中包含的未实现内部销售损益对本期期初未分配利润的影响进行抵销。即按照上期内部购进存货价值中包含的未实现内部销售损益的金额，借记"未分配利润——年初"科目，贷记"营业成本"科目。

●对于本期发生内部购销活动的，将内部销售收入、内部销售成本及内部购进存货中未实现内部销售损益予以抵销。即按照销售企业内部销售收入的金额，借记"营业收入"科目，贷记"营业成本"科目。

●将期末内部购进存货价值中包含的未实现内部销售损益予以抵销。对于期末内部购买形成的存货（包括上期结转形成的本期存货），应按照购买企业期末内部购入存货价值中包含的未实现内部销售损益的金额，借记"营业成本"科目，贷记"存货"科目。

（4）内部固定资产交易的抵销处理

内部固定资产交易是指企业集团内部发生交易的一方与固定资产有关的购销业务。对于企业集团内部固定资产交易，根据销售企业销售的是产品还是固定资产，可以将其划分为两种类型：第一种类型是企业集团内部企业将自身生产的产品销售给企业集团内的其他企业作为固定资产使用；第二种类型是企业集团内部企业将自身的固定资产出售给企业集团内的其他企业作为固定资产使用；此外，还有另一类型的内部固定资产交易，即企业集团内部企业将自身使用的固定资产出售给企业集团内的其他企业作为普通商品销售。这种类型的固定资产交易，在企业集团内部发生得极少，一般情况下发生的金额也不大。

在第一种类型的内部固定资产交易的情况下，即企业集团内部的母公司或子公司将自身生产的产品销售给企业集团内部的其他企业作为固定资产使用，这种类型的内部固定资产交易发生得比较多，也比较普遍。以下重点介绍这种类型的内部固定资产交易的抵销处理。

与存货的情况不同，固定资产的使用寿命较长，往往要跨越几个会计年度。对于内部交易形成的固定资产，不仅在该内部固定资产交易发生的当期需要进行抵销处理，而且在以后使用该固定资产的期间也需要进行抵销处理。固定资产在使用过程中是通过折旧的方式将其价值转移到产品价值之中，由于固定资产按原价计提折旧，在固定资产原价中包含未实现内部销售损益的情况下，每期计提的折旧费中也必然包含着未实现内部销售损益的金额，由此也需要对该内部交易形成的固定资产每期计提的折旧费进行相应的抵销处理。同样，如果购买企业对该项固定资产计提了固定资产减值准备，由于固定资产减值准备是按原价为基础进行计算确定的，在固定资产原价中包含未实现内部销售损益的情况下，对该项固定资产计提的减值准备中也必然包含着未实现内部销售损益的金额，由此也需要对该内部交易形成的固定资产计提的减值准备进行相应的抵销处理。

①内部交易形成的固定资产在购入当期的抵销处理

在这种情况下，购买企业购进的固定资产，在其个别资产负债表中以支付的价款作为该固定资产的原价列示，因此首先就必须将该固定资产原价中包含的未实现内部销售损益予以抵销。其次，购买企业对该固定资产计提了折旧，折旧费计入相关资产的成本或当期损益。由于购买企业是以该固定资产的取得成本作为原价计提折旧，取得成本中包含未实现内部销售损益，在相同的使用寿命下，各期计提的折旧费要大于不包含未实现内部销售损益时计提的折旧费，因此还必须将当期多计提的折旧额从该固定资产当期计提的折旧费中予以抵销。其抵销处理程序如下。

● 将与内部交易形成的固定资产相关的销售收入、销售成本以及原价中包含的未实现内部销售损益予以抵销。

● 将内部交易形成的固定资产当期多计提的折旧费和累计折旧（或少计提的折旧费和累计折旧）予以抵销。从单个企业来说，对计提折旧进行会计处理时，一方面增加当期的费用或计入相关资产的成本，另一方面形成累计折旧。因此，对内部交易形成的固定资产当期多计提的折旧费抵销时，应按当期多计提的折旧额，借记"固定资产——累计折旧"科目，贷记"管理费用"等科目（为便于理解，本节有关内部交易形成的固定资产多计提的折旧费的抵销，均假定该固定资产为购买企业的管理用固定资产，通过"管理费用"项目进行抵销）。

【例6】S公司以300万元的价格将其生产的产品销售给P公司，其销售成本为270万元，因此该内部固定资产交易实现的销售利润30万元。P公司购买该产品作为管理用固定资产使用，按300万元入账。假设P公司对该固定资产按3年的使用寿命采用年限平均法计提折旧，预计净残值为0。该固定资产交易时间为2012年1月1日，本章为简化抵销处理，假定P公司该内部交易形成的固定资产按12个月计提折旧。

本例有关抵销处理如下：

与该固定资产相关的销售收入、销售成本以及原价中包含的未实现内部销售损益的抵销。

借：营业收入　　　　　　　　　　　　　300

　　贷：营业成本　　　　　　　　　　　　270

　　　　固定资产——原价　　　　　　　　30

该固定资产当期多计提折旧额的抵销。

该固定资产折旧年限为3年，原价为300万元，预计净残值为0，当年计提的折旧额为100万元，而按抵销其原价中包含的未实现内部销售损益后的原价计提的折旧额为90万元，当期多计提的折旧额为10万元。本例中应当按10万元分别抵销管理费用和累计折旧。

借：固定资产——累计折旧　　　　　　　10

　　贷：管理费用　　　　　　　　　　　　10

通过上述抵销分录，在合并工作底稿中固定资产累计折旧额减少10万元，管理费用减少10万元，在合并财务报表中该固定资产的累计折旧为90万元，该固定资产当期计提的折旧费为90万元。

其合并工作底稿如表6-4所示。

②内部交易形成的固定资产在以后会计期间的抵销处理

在以后会计期间，该内部交易形成的固定资产仍然以原价在购买企业的个别资产负债表中列示，因此必须将原价中包含的未实现内部销售损益的金额予以抵销；相应地销售企业以前会计期间由于该内部交易所实现的销售利润，形成销售当期的净利润的一部分并结转到以后会计期间，在其个别所有者权益变动表中列示，因此必须将期初未分配利润中包含的该未实现内部销售损益予以抵销，以调整期初未分配利润的金额。将内部交易形成的固定资产原价中包含的未实现内部销售损益抵销，并调整期初未分配利润。即按照原价中包含的未实现内部销售损益的金额，借记"未分配利润——年初"科目，贷记"固定资产——原价"科目。

其次，对于该固定资产在以前会计期间计提折旧而形成的期初累计折旧，由于将以前会计期间按包含未实现内部销售损益的原价为依据而多计提折旧的抵销，一方面必须按照以前会计期间累计多计提的折旧额抵销期初累计折旧；另一方面由于以前会计期间累计折旧抵销而影响到期初未分配利润，因此还必须调整期初未分配利润的金额。将以前会计期间内部交易形成的固定资产多计提的累计折旧抵销，并调整期初未分配利润。即按以前会计期间抵销该内部交易形成的固定资产多计提的累计折旧额，借记"固定资产——累计折旧"科目，贷记"未分配利润——年初"科目。

最后，该内部交易形成的固定资产在本期仍然计提了折旧，由于多计提折旧导致本期有关资产或费用项目增加并形成累计折旧，为此，一方面必须将本期多计提折旧而计人相关资产的成本或当期损益的金额予以抵销；另一方面将本期多计提折旧而形成的累计折旧额予以抵销。即按本期该内部交易形成的固定资产多计提的折旧额，借记"固定资产——累计折旧"科目，贷记"管理费用"等科目。

③内部交易形成的固定资产在清理期间的抵销处理

对于销售企业来说，因该内部交易实现的利润，作为期初未分配利润的一部分结转到以后的会计期间，直到购买企业对该内部交易形成的固定资产进行清理的会计期间为止。从购买企业来说，对内部交易形成的固定资产进行清理的期间，在其个别财务报表中表现为固定资产价值的减少；该固定资产清理收入减去该固定资产账面价值以及有关清理费用后的余额，则在其个别利润表中以营业外收入（或营业外支出）科目列示。

在这种情况下，购买企业内部交易形成的固定资产实体已不复存在，包含未实现内部销售损益在内的该内部交易形成的固定资产的价值已全部转移到用其加工的产品价值或各期损益中去了，因此不存在未实现内部销售损益的抵销问题。从整个企业集团来说，随着该内部交易形成的固定资产的使用寿命届满，其包含的未实现内部销售损益也转化为已实现利润。但是，由于销售企业因该内部交易所实现的利润，作为期初未分配利润的一部分结转到购买企业对该内部交易形成的固定资产进行清理的会计期间为止。为此，必须调整期初未分配利润。其次，在固定资产进行清理的会计期间，如果仍计提了折旧，本期计提的折旧费中仍然包含多计提的折旧额，因此需要将多计提的折旧额予以抵销。

在第二种类型的内部固定资产交易的情况下，即企业集团内部企业将其自用的固定资产出售给集团内部的其他企业。对于销售企业来说，在其个别资产负债表中表现为固定资产的减少，同时在其个别利润表中表现为固定资产处置损益，当处置收入大于该固定资产账面价值时，表现为本期营业外收入；当处置收入小于固定资产账面价值时，则表现为本期营业外支出。对于购买企业来说，在其个别资产负债表中则表现为固定资产的增加，其固定资产原价中既包含该固定资产在原销售企业中的账面价值，也包含销售企业因该固定资产出售所实现的损益。但从整个企业集团来看，这一交易属于集团内部固定资产调拨性质，它既不能产生收益，也不会发生损失，固定资产既不能增值也不会减值。因此，必须将销售企业因该内部交易所实现的固定资产处置损益予以抵销，同时将购买企业固定资产原价中包含的未实现内部销售损益的金额予以抵销。通过抵销后，使其在合并财务报表中该固定资产原价仍然以销售企业的原账面价值反映。

【例7】假设 P 公司将其账面价值为 130 万元某项固定资产以 120 万元的价格出售给 S 公司仍作为管理用固定资产使用。P 公司因该内部固定资产交易发生处置损失 10 万元。假设 S 公司以 120 万元作为该项固定资产的成本入账，S 公司对该固定资产按 5 年的使用寿命采用年限平均法计提折旧，预计净残值为 0。该固定资产交易时间为 2012 年 6 月 29 日，S 公司该内部交易固定资产在 2012 年按 6 个月计提折旧。

本例有关抵销处理如下。

该固定资产的处置损失与固定资产原价中包含的未实现内部销售损益的抵销。

借：固定资产——原价   10

    贷：营业外支出   10

该固定资产当期少计提折旧额的抵销。

该固定资产折旧年限为 5 年，原价为 120 万元，预计净残值为 0，2012年计提的折旧额为 12 万元，而按抵销其原价中包含的未实现内部销售损益后的原价计提的折旧额为 13 万元，当期少计提的折旧额为 1 万元。本例中应当按 1 万元分别抵销管理费用和累计折旧。

借：管理费用   1

    贷：固定资产——累计折旧   1

通过上述抵销分录，在合并工作底稿中固定资产累计折旧额增加 1 万元，管理费用增加 1 万元，在合并财务报表中该固定资产的累计折旧为 13 万元，该固定资产当期计提的折旧费为 13 万元。

其合并工作底稿如表 6-4 所示。

在连续编制合并财务报表时，其抵销分录为：

借：未分配利润——年初   1

    贷：固定资产——累计折旧   1

➤ 4. 母公司在报告期内增减子公司在合并资产负债表的反映

（1）母公司在报告期内增加子公司在合并资产负债表的反映

母公司因追加投资等原因控制了另一个企业即实现了企业合并。根据《企业会计准则第 20 号——企业合并》的规定，企业合并形成母子公司关系的，母公司应当编制合并日或购买日的合并资产负债表。但是，在企业合并发生当期的期末和以后会计期间，母公司应当根据合并报表准则的规定编制合并资产负债表。合并报表准则规定，在编制合并资产负债表时，应当区分同一控制下的企业合并企业增加的子公司和非同一控制下的企业合并增加的子公司两种情况。

①因同一控制下企业合并增加的子公司，编制合并资产负债表时，应当调整合并资产负债表的期初数。

②因非同一控制下企业合并增加的子公司，不应当调整合并资产负债表的期初数。

（2）母公司在报告期内处置子公司在合并资产负债表的反映

在报告期内，如果母公司失去了决定被投资单位的财务和经营政策的能力，不再能够从其经营活动中获取利益，则母公司不再控制被投资单位，被投资单位从本期开始不再是母公司的子公司，即母公司在报告期内处置子公司。母公司处置子公司可能因绝对或相对持股比例变化所产生的，如降低投资比例，也可能由于其他原因不再控制原先的子公司。比如，子公司被政府、人民法院等接管，母公司就失去了对该子公司的控制权。失去控制权也可能由于合同约定所导致，比如，通过法定程序修改原先的子公司的公司章程，限制了母公司对其财务和经营政策的主导权力，使母公司不能再单方面控制该子公司，原先的子公司从处置日开始不再是子公司，不应继续将其纳入合并财务报表的合并范围。

合并报表准则规定，母公司在报告期内处置子公司，编制合并资产负债表时，不应当调整合并资产负债表的期初数。

➤ 5. 合并资产负债表编制

为了便于理解和掌握合并资产负债表编制方法，了解合并资产负债表编制的过程，现就本节中合并资产负债表的编制举例综合说明如下：

【例8】沿用【例1】、【例2】、【例3】、【例4】、【例5】、【例6】和【例7】，P公司和S公司2012年12月31日的个别资产负债表分别参见表6-2和表6-3。

根据上述资料，P公司首先应当设计合并工作底稿（见表6-4），将P公司、S公司个别资产负债表的数据过入合并工作底稿，并计算资产负债表各项目的合计金额。其次，编制调整分录，按照P公司备查簿中所记录的S公司各项可辨认资产、负债及或有负债在购买日的公允价值的资料（见表6-1）调整S公司的财务报表，将S公司的财务报表调整成以购买日可辨认资产、负债及或有负债的公允价值为基础编制的财务报表，再按照权益法调整P公司对S公司的长期股权投资。最后，编制抵销分录，将P公司与S公司之间的内部交易对合并资产负债表的影响予以抵销。

➤ 6. 合并资产负债表的格式

合并资产负债表格式综合考虑了企业集团中一般工商企业和金融企业（包括商业银行、保险公司和证券公司等）的财务状况列报的要求，与个别资产负债表的格式基本相同，主要增加了三个项目：一是在"无形资产"项目下增加了"商誉"项目，用于反映非同一控制下企业合并中取得的商誉，即在控股合并下母公司对子公司的长期股权投资（合并成本）大于其在购买日子公司可辨认净资产公允价值份额的差额。二是在所有者权益项目下增加了"归属于母公司所有者权益合计"项目，用于反映企业集团的所有者权益中归属于母公司所有者权益的部分，包括实收资本（或股本）、资本公积、库存股、盈余公积、未分配利润和外币报表折算差额等项目的金额。三是在所有者权益项目下，增加了"少数股东权益"项目，用于反映非全资子公司的所有者权益中不属于母公司的份额。四是在"未分配利润"项目之后，"少数股东权益"项目之前，增加了"外币报表折算差额"项目，用于反映境外经营的资产负债表折算为人民币表示的资产负债表时所发生的折算差额中归属于母公司所有者权益的部分。合并资产负债表的一般格式如表 6 – 5 所示。

表 6 – 5　合并资产负债表

会合 12 表

编制单位：P 公司　　　　　　2012 年 12 月 31 日　　　　　　单位：万元

资产	期末余额	年初余额	负债和所有者权益（或股东权益）	期末余额	年初余额
流动资产：			流动负债：		
货币资金	1 500		短期借款		
结算备付金			向中央银行借款		
拆出资金			吸收存款及同业存放		
交易性金融资产			拆入资金		
应收票据	1 300		交易性金融负债		
应收账款	2 085		应付票据	1 000	
预付款项	1 070		应付账款	3 000	
应收保费			预收款项	100	
应收分保账款			卖出回购金融资产款		
应收分保合同准备金			应付手续费及佣金		
应收利息			应付职工薪酬	1 100	
其他应收款			应交税费	860	

（续表）

资产	期末余额	年初余额	负债和所有者权益（或股东权益）	期末余额	年初余额
买入返售金融资产			应付利息		
存货	1 900		其他应付款		
一年内到期非流动资产			应付分保账款		
其他流动资产			保险合同准备金		
流动资产合计	7 855		代理买卖证券款		
非流动资产：			代理承销证券款		
发放贷款及垫款			一年内到期的非流动负债		
可供出售金融资产	800		其他流动负债		
持有至到期投资	0		流动负债合计	6 060	
长期应收款			非流动负债：		
长期股权投资	1 700		长期借款	2 700	
投资性房地产			应付债券	600	
固定资产	6 284		长期应付款		
在建工程			专项应付款		
工程物资			预计负债		
固定资产清理			递延所得税负债		
生产性生物资产			其他非流动负债		
油气资产			非流动负债合计	3 300	
无形资产	630		负债合计	9 360	
开发支出			所有者权益（或股东权益）：		
商誉	120		实收资本（或股本）	4 000	
长期待摊费用			资本公积	880	

（续表）

资产	期末余额	年初余额	负债和所有者权益（或股东权益）	期末余额	年初余额
递延所得税资产			减：库存股		
基他非流动资产			盈余公积	1 000	
非流动资产合计	9 534		一般风险准备		
			未分配利润	1 330	
			外币报表折算差额		
			归属于母公司所有者权益合计	7 210	
			少数股东权益	819	
			所有者权益合计	8 029	
资产总计	17 389		负债和所有者权益总计	17 389	

6.3　合并利润表

➢ 1. 编制合并利润表时应进行抵销处理的项目

合并利润表应当以母公司和子公司的利润表为基础，在抵销母公司与子公司、子公司相互之间发生的内部交易对合并利润表的影响后，由母公司合并编制。

利润表作为以单个企业为会计主体进行会计核算的结果，分别从母公司本身和子公司本身反映其在一定会计期间的经营成果。在以其个别利润表为基础计算的收入和费用等项目的加总金额中，也必然包含有重复计算的因素，因此，编制合并利润表时，也需要将这些重复的因素予以剔除。

编制合并利润表时需要进行抵销处理的，主要有如下项目。

（1）内部营业收入和内部营业成本的抵销处理

内部营业收入是指企业集团内部母公司与子公司、子公司相互之间发生的商品销售（或劳务提供，下同）活动所产生的营业收入。内部营业成本是指企业集团内部母公司与子公司、子公司相互之间发生的销售商品的营业成本。

在企业集团内部母公司与子公司、子公司之间发生内部购销交易的情况下，母公司和子公司都从自身的角度，以自身独立的会计主体进行核算反映其损益情况。从销售企业来说，以其内部销售确认当期销售收入并结转相应的销售成本，计算当期内部销售商品损益。从购买企业来说，其购进的商品可能用于对外销售，也可能是作为固定资产、工程物资、在建工程、无形资产等资产使用。在购买企业将内部购进的商品用于对外销售时，可能出现以下三种情况：第一，内部购进商品全部实现对外销售；第二，内部购进的商品全部未实现销售，形成期末存货；第三，内部购进的商品部分实现对外销售、部分形成期末存货。在购买企业将内部购进的商品作为固定资产、工程物资、在建工程、无形资产等资产使用时，则形成其固定资产、工程物资、在建工程、无形资产等资产。因此，对内部销售收入和内部销售成本进行抵销时，应分别不同的情况进行处理。

①母公司与子公司、子公司相互之间销售商品，期末全部实现对外销售的抵销处理

在这种情况下，从销售企业来说，销售给企业集团内其他企业的商品与销售给企业集团外部企业的情况下的会计处理相同，即在本期确认销售收入、结转销售成本、计算销售商品损益，并在其个别利润表中反映；对于购买企业来说，一方面要确认向企业集团外部企业的销售收入，

另一方面要结转销售内部购进商品的成本，在其个别利润表中分别作为营业收入和营业成本反映，并确认销售损益。这也就是说，对于同一购销业务，在销售企业和购买企业的个别利润表中都作了反映。但从整个企业集团来看，这一购销业务只是实现了一次对外销售，其销售收入只是购买企业向企业集团外部企业销售该产品的销售收入，其销售成本只是销售企业向购买企业销售该商品的成本。销售企业向购买企业销售该商品实现的收入属于内部销售收入，相应地，购买企业向企业集团外部企业销售该商品的销售成本则属于内部销售成本。因此在编制合并利润表时，就必须将重复反映的内部营业收入与内部营业成本予以抵销。

【例9】假设 P 公司 2012 年利润表的营业收入中有 3 500 万元，系向 S 公司销售产品取得的销售收入，该产品销售成本为 3 000 万元。S 公司在本期将该产品全部售出，其销售收入为 5 000 万元，销售成本为 3 500 万元，并分别在其利润表中列示。

对此，编制合并利润表将内部销售收入和内部销售成本予以抵销时，应编制如下抵销分录：

借：营业收入   3 500

  贷：营业成本   3 500

其合并工作底稿如表 6-4 所示。

②母公司与子公司、子公司之间销售商品，期末未实现对外销售而形成存货的抵销处理

在内部购进的商品未实现对外销售的情况下，其抵销处理参见本章第四节有关"存货价值中包含的未实现内部销售损益的抵销"的内容。

③母公司与子公司、子公司之间销售商品，期末部分实现对外销售、部分形成期末存货的抵销处理

即内部购进的商品部分实现对外销售、部分形成期末存货的情况，可以将内部购买的商品分解为两部分来理解：一部分为当期购进并全部实现对外销售；另一部分为当期购进但未实现对外销售而形成期末存货。

【例9】介绍的就是前一部分的抵销处理；【例5】介绍的则是后一部分的抵销处理。

将【例9】和【例5】的抵销处理合在一起，就是第三种情况下的抵销处理。其抵销处理如下：

借：营业收入　　　　　　　　　　（3 500＋1 000）4 500

　　贷：营业成本　　　　　　　　　　（3 500＋1 000）4 500

借：营业成本　　　　　　　　　　（0＋200）200

　　贷：存货　　　　　　　　　　　　（0＋200）200

（2）购买企业内部购进商品作为固定资产、无形资产等资产使用时的抵销处理

企业集团内母公司与子公司、子公司相互之间将自身的产品销售给其他企业作为固定资产（作为无形资产等的处理原则类似）使用的抵销处理，参见本章第二节有关"内部交易形成的固定资产在购入当期的抵销处理"的内容。

（3）内部应收款项计提的坏账准备等减值准备的抵销处理

编制合并资产负债表时，需要将内部应收账款与应付账款相互抵销，与此相适应需要将内部应收账款计提的坏账准备予以抵销。相关抵销处理参见本章第二节有关"应收账款与应付账款的抵销处理"的内容。

（4）内部投资收益（利息收入）和利息费用的抵销处理

企业集团内部母公司与子公司、子公司相互之间可能相互提供信贷，以及相互持有对方债券的内部交易。在内部提供信贷的情况下，提供贷款的企业（金融企业）确认利息收入，并在其利润表反映为营业收入（利息收入）；而接受贷款的企业则支付利息费用，在其利润表反映为财务费用（本章为了简化合并处理，假定所发生的利息费用全部计入当期损益，不存在资本化的情况）。在持有母公司或子公司发行的企业债券（或公司债券，下同）的情况下，发行债券的企业计付的利息费用作为财务费用处理，并在其个别利润表"财务费用"项目中列示；而持有债券

的企业，将购买的债券在其个别资产负债表"持有至到期投资"（本章为简化合并处理，假定购买债券的企业将该债券投资归类为持有至到期投资）项目中列示，当期获得的利息收入则作为投资收益处理，并在其个别利润表"投资收益"项目中列示。在编制合并财务报表时，应当在抵销内部发行的应付债券和持有至到期投资等内部债权债务的同时，将内部应付债券和持有至到期投资相关的利息费用与投资收益（利息收入）相互抵销，即将内部债券投资收益与内部发行债券的利息费用相互抵销。

【例10】沿用【例4】，假设S公司2012年确认的应向P公司支付的债券利息费用总额为20万元（假定该债券的票面利率与实际利率相差较小）。

在编制合并利润表时，应将内部债券投资收益与应付债券利息费用相互抵销，其抵销分录为：

借：投资收益　　　　　　　　　　　　　　　　20

　　贷：财务费用　　　　　　　　　　　　　　　　　20

其合并工作底稿参见表6-4所示。

（5）母公司与子公司、子公司相互之间持有对方长期股权投资的投资收益的抵销处理

内部投资收益是指母公司对子公司或子公司对母公司、子公司相互之间的长期股权投资的收益，即母公司对子公司的长期股权投资在合并工作底稿中按权益法调整的投资收益，实际上就是子公司当期营业收入减去营业成本和期间费用、所得税费用等后的余额与其持股比例相乘的结果。在子公司为全资子公司的情况下，母公司对某一子公司在合并工作底稿中按权益法调整的投资收益，实际上就是该子公司当期实现的净利润。编制合并利润表时，实际上是将子公司的营业收入、营业成本和期间费用视为母公司本身的营业收入、营业成本和期间费用同等看待，与母公司相应的项目进行合并，是将子公司的净利润还原为营业收入、营业成本和期间费用，也就是将投资收益还原为合并利润表中的营业收

入、营业成本和期间费用处理。因此，编制合并利润表时，必须将对子公司长期股权投资收益予以抵销。

由于合并所有者权益变动表中的本年利润分配项目是站在整个企业集团角度，反映对母公司股东和子公司的少数股东的利润分配情况，因此，子公司的个别所有者权益变动表中本年利润分配各项目的金额，包括提取盈余公积、对所有者（或股东）的分配和期末未分配利润的金额都必须予以抵销。在子公司为全资子公司的情况下，子公司本期净利润就是母公司本期对子公司长期股权投资按权益法调整的投资收益。假定子公司期初未分配利润为零，子公司本期净利润就是子公司本期可供分配的利润，是本期子公司利润分配的来源，而子公司本期利润分配（包括提取盈余公积、对所有者（或股东）的分配等）的金额与期末未分配利润的金额则是本期利润分配的结果。母公司对子公司的长期股权投资按权益法调整的投资收益正好与子公司的本年利润分配项目相抵销。在子公司为非全资子公司的情况下，母公司本期对子公司长期股权投资按权益法调整的投资收益与本期少数股东损益之和就是子公司本期净利润，同样假定子公司期初未分配利润为零，母公司本期对子公司长期股权投资按权益法调整的投资收益与本期少数股东损益之和，正好与子公司本年利润分配项目相抵销。

至于子公司个别所有者权益变动表中本年利润分配项目中的"未分配利润——年初"项目，作为子公司以前会计期间净利润的一部分，在全资子公司的情况下已全额包括在母公司以前会计期间按权益法调整的投资收益之中，从而包括在母公司按权益法调整的本期期初未分配利润之中。因此，也应将其予以抵销。从子公司个别所有者权益变动表来看，其期初未分配利润加上本期净利润就是其本期利润分配的来源；而本期利润分配和期末未分配利润则是利润分配的结果。母公司本期对子公司长期股权投资按权益法调整的投资收益和子公司期初未分配利润正好与子公司本年利润分配项目相抵销。在子公司为非全资子公司的情况下，母公司本期对子公司长期股权投资按权益法调整的投资收益、本期少数股东损益和期初未分配利润与子公司本年利润分配项目也正好相抵销。

【例11】沿用【例1】，假设 P 公司和 S 公司 2012 年度所有者权益变动表如表 6－6 所示。

S 公司为非全资子公司，P 公司拥有其 80% 的股份。在合并工作底稿中 P 公司按权益法调整的 S 公司本期投资收益为 316 万元（995 万元 ×80%－480 万元），S 公司本期少数股东损益为 79 万元（995 万元 ×20%－120 万元）。S 公司年初未兮配利润为 0 元，S 公司本期提取盈余公积 100 万元、分派现金股利 600 万元、未分配利润 295 万元（300 万元－5 万元）。为此，进行抵销处理时，应编制如下抵销分录：

```
借：投资收益                          796
    少数股东损益                      199
    未分配利润——年初                 0
    贷：提取盈余公积                           100
        对所有者（或股东）的分配              600
        未分配利润——年末                    295
```

其合并工作底稿如表 6－4 所示。

需要说明的是，在将母公司投资收益等项目与子公司本年利润分配项目抵销时，应将子公司个别所有者权益变动表中提取盈余公积的金额全额抵销，即通过贷记"提取盈余公积"、"对所有者（或股东）的分配"和"未分配利润——年末"项目，将其全部抵销。在当期合并财务报表中不需再将已经抵销的提取盈余公积的金额调整回来。

➤ 2. 母公司在报告期内增减子公司在合并利润表中的反映

（1）母公司在报告期内增加子公司在合并利润表中的反映

母公司因追加投资等原因控制了另一个企业即实现了企业合并。根据《企业会计准则第 20 号——企业合并》的规定，企业合并形成母子公

表6-6 所有者权益变动表（简表）

2012年

会企:12表
单位:万元

项 目	P公司					S公司				
	实收资本（或股本）	资本公积	盈余公积	未分配利润	所有者权益合计	实收资本（股本）	资本公积	盈余公积	未分配利润	所有者权益合计
一、上年年末余额	4 000	800	732	468	6 000	2 000	1 500	0	0	3 500
加:会计政策变更										
前期差错更正										
二、本年年初余额	4 000	800	732	468	6 000	2 000	1 500	0	0	3 500
三、本年增减变动数（减少以"-"号填列）										
（一）净利润				2 680	2 680				1 000	1 000
（二）直接计入所有者权益的利得和损失										
（三）可供出售金融资产公允价值变动净额							100			100
（四）利润分配			268	-1 948	-1 680			100	-700	-600
1.提取盈余公积			268	-268	0			100	-100	0
2.对所有者（或股东）的分配				-1 680	-1 680				-600	-600
四、本年年末余额	4 000	800	1 000	1 200	7 000	2 000	1 600	100	300	4 000

司关系的，母公司应当编制合并目的合并利润表，但是，在企业合并发生当期的期末和以后会计期间，母公司应当根据合并报表准则的规定编制合并利润表。合并报表准则规定，在编制合并利润表时，应当区分同一控制下的企业合并增加的子公司和非同一控制下的企业合并增加的子公司两种情况。

①因同一控制下企业合并增加的子公司，在编制合并利润表时，应当将该子公司合并当期期初至报告期末的收入、费用、利润纳入合并利润表。

②因非同一控制下企业合并增加的子公司，在编制合并利润表时，应当将该子公司购买日至报告期末的收入、费用、利润纳入合并利润表。

（2）母公司在报告期内处置子公司在合并利润表的反映

母公司在报告期内处置子公司，应当将该子公司期初至处置日的收入、费用、利润纳入合并利润表。

➤ 3. 合并利润表的编制

为了便于理解和掌握合并利润表的编制方法，了解合并利润表编制的全过程，现就本节中合并利润表的编制举例综合说明如下：

【例12】沿用【例1】、【例3】、【例5】、【例6】、【例7】、【例9】、【例10】和【例11】，P公司与S公司2012年度个别利润表的资料参见表6-7。

表6-7 利润表（简表）

会企12表

2012年度　　　　　　　　　　　　　　单位：万元

项 目	P公司	S公司
一、营业收入	8 700	6 300
减：营业成本	4 450	4 570

（续表）

项　目	P公司	S公司
营业税金及附加	300	125
销售费用	15	10
管理费用	100	12
财务费用	300	90
资产减值损失	25	
加：公允价值变动收益（损失以"－"号填列）		
投资收益（损失以"－"号填列）	500	
二、营业利润（亏损以"－"号填列）	4 010	1 493
加：营业外收入		
减：营业外支出	10	
三、利润总额（亏损总额以"－"号填列）	4 000	1 493
减：所得税费用	1 320	493
四、净利润（净亏损以"－"号填列）	2 680	1 000

　　根据上述资料，P公司首先应当设计合并工作底稿（见表6-4），将P公司、S公司个别利润表的数据过入合并工作底稿，并计算利润表各项目的合计金额。其次，编制调整分录，按照P公司备查簿中所记录的S公司可辨认资产、负债及或有负债在购买日的公允价值的资料（见表6-1）调整S公司的财务报表，将S公司的财务报表调整成以购买日可辨认资产、负债及或有负债的公允价值为基础编制的财务报表，按照权益法调整P公司对S公司的长期股权投资。最后，编制抵销分录，将P公司与S公司之间的内部交易对合并利润表的影响予以抵销。

➤ 4. 合并利润表基本格式

　　合并利润表的格式综合考虑了企业集团中一般工商企业和金融企业（包括商业银行、保险公司和证券公司）的经营成果列报的要求。

与个别利润表的格式基本相同，主要增加了两个项目，即在"净利润"项目下增加"归属于母公司所有者的净利润"和"少数股东损益"两个项目，分别反映净利润中由母公司所有者所享有的份额和非全资子公司当期实现的净利润中属于少数股东权益的份额，即不属于母公司享有的份额。在属于同一控制下企业合并增加的子公司当期的合并利润表中还应在"净利润"项目之下增加"其中：被合并方在合并前实现的净利润"项目，用于反映同一控制下企业合并中取得的被合并方在合并日以前实现的净利润。合并利润表的一般格式如表6-8。

根据上述合并工作底稿（表6-4）的合并金额，可编制该企业集团2012年合并利润表如表6-8所示。

➤ 5. 子公司发生超额亏损在合并利润表中的反映

合并报表准则规定，子公司少数股东分担的当期亏损超过了少数股东在该子公司期初所有者权益中所享有的份额，其余额应当分别下列情况进行处理：

（1）公司章程或协议规定少数股东有义务承担，并且少数股东有能力予以弥补的，该项余额应当冲减少数股东权益；

（2）公司章程或协议未规定少数股东有义务承担的，该项余额应当冲减母公司的所有者权益。该子公司以后期间实现的利润，在弥补了由母公司所有者权益所承担的属于少数股东的损失之前，应当全部归属于母公司的所有者权益。

表6-8　合并利润表

会合12表

编制单位：P公司　　　　　　　　2012年度　　　　　　　　单位：万元

项　目	本年金额	上年金额
一、营业收入	10 200	
其中，营业收入	10 200	

项　目	本年金额	上年金额
利息收入		
保费净收入		
手续费及佣金收入		
二、营业总成本	5 378	
其中，营业成本	4 450	
利息支出		
手续费及佣金支出		
退保金		
赔付支出净额		
提取保险责任准备金净额		
保单红利支出		
分保费用		
营业税金及附加	425	
销售费用	25	
管理费用	108	
财务费用	370	
资产减值损失	0	
加：公允价值变动收益（损失以"－"号填列）		
投资收益（损失以"－"号填列）	0	
其中，对联营企业和合营企业的投资收益		
汇兑收益（损失以"－"号填列）		
三、营业利润（亏损以"－"号填列）	4 822	
加：营业外收入		
减：营业外支出	0	
其中，非流动资产处置损失		

（续表）

项　目	本年金额	上年金额
四、利润总额（亏损总额以"－"号填列）	4 822	
减：所得税费用	1 813	
五、净利润（净亏损以"－"号填列）	3 009	
归属于母公司所有者的净利润	2 810	
少数股东损益	199	
六、每股收益		
（一）基本每股收益		
（二）稀释每股收益		

6.4　合并现金流量表

　　合并现金流量表是综合反映母公司及其所有子公司组成的企业集团在一定会计期间现金和现金等价物①流入和流出的报表。现金流量表作为一张主要报表已经为世界上一些主要国家的会计实务所采用，合并现金流量表的编制也成为各国会计实务的重要内容。

　　现金流量表要求按照收付实现制反映企业经济业务所引起的现金流入和流出，其有关经营活动产生的现金流量的编制方法有直接法和间接法两种。《企业会计准则第 31 号——现金流量表》明确规定企业应当采用直接法列示经营活动产生的现金流量。在采用直接法的情况下，以合并利润表有关项目的数据为基础，调整得出本期的现金流入和现金流出：分别经营活动产生的现金流量、投资活动产生的现金流量、筹资活动产

---

　　①　在本节提及现金时，除非同时提及现金等价物，均包括现金和现金等价物。

生的现金流量三大类，反映企业集团在一定会计期间的现金流量情况。

需要说明的是，某些现金流量在进行抵销处理后，需站在企业集团的角度，重新对其进行分类。比如，母公司持有子公司向其购买商品所开具的商业承兑汇票向商业银行申请贴现，母公司所取得现金在其个别现金流量表反映为经营活动的现金流入，在将该内部商品购销活动所产生的债权与债务抵销后，母公司向商业银行申请贴现取得的现金在合并现金流量表中应重新归类为筹资活动的现金流量列示。

合并现金流量表的编制原理、编制方法和编制程序与合并资产负债表、合并利润表的编制原理、编制方法和编制程序相同。即首先编制合并工作底稿，将母公司和所有子公司的个别现金流量表各项目的数据全部过入同一合并工作底稿；然后根据当期母公司与子公司以及子公司相互之间发生的影响其现金流量增减变动的内部交易，编制相应的抵销分录，通过抵销分录将个别现金流量表中重复反映的现金流入量和现金流出量予以抵销；最后，在此基础上计算出合并现金流量表的各项目的合并金额，并填制合并现金流量表。

合并现金流量表补充资料，既可以以母公司和所有子公司的个别现金流量表为基础，在抵销母公司与子公司、子公司相互之间发生的内部交易对合并现金流量表的影响后进行编制，也可以直接根据合并资产负债表和合并利润表进行编制。

➤ 1. 编制合并现金流量表时应进行抵销处理的项目

现金流量表作为以单个企业为会计主体进行会计核算的结果，分别从母公司本身和子公司本身反映其在一定会计期间现金流入和现金流出。在以其个别现金流量表为基础计算的现金流入和现金流出项目的加总金额中，也必然包含有重复计算的因素，因此，编制合并现金流量表时，也需要将这些重复的因素予以剔除。

编制合并现金流量表时需要进行抵销处理的项目，主要有如下五项目。

（1）企业集团内部当期以现金投资或收购股权增加的投资所产生的现金流量的抵销处理

母公司直接以现金对子公司进行的长期股权投资或以现金从子公司的其他所有者（即企业集团内的其他子公司）处收购股权，表现为母公司现金流出，在母公司个别现金流量表作为投资活动现金流出列示。子公司接受这一投资（或处置投资）时，表现为现金流入，在其个别现金流量表中反映为筹资活动的现金流入（或投资活动的现金流入）。从企业集团整体来看，母公司以现金对子公司进行的长期股权投资实际上相当于母公司将资本拨付下属核算单位，并不引起整个企业集团的现金流量的增减变动。因此，编制合并现金流量表时，应当在母公司与子公司现金流量表数据简单相加的基础上，将母公司当期以现金对子公司长期股权投资所产生的现金流量予以抵销。

（2）企业集团内部当期取得投资收益收到的现金与分配股利、利润或偿付利息支付的现金的抵销处理

母公司对子公司进行的长期股权投资和债权投资，在持有期间收到子公司分派的现金股利（利润）或债券利息，表现为现金流入，在母公司个别现金流量表中作为取得投资收益收到的现金列示。子公司向母公司分派现金股利（利润）或支付债券利息，表现为现金流出，在其个别现金流量表中反映为分配股利、利润或偿付利息支付的现金。从整个企业集团来看，这种投资收益的现金收支，并不引起整个企业集团的现金流量的增减变动。因此，编制合并现金流量表时，应当在母公司与子公司现金流量表数据简单相加的基础上，将母公司当期取得投资收益收到的现金与子公司分配股利、利润或偿付利息支付的现金予以抵销。

【例13】沿用【例1】和【例10】，P公司应编制如下抵销分录：

借：分配股利、利润或偿付利息支付的现金　　　　500

　　贷：取得投资收益收到的现金　　　　　　　　　　　500

其合并工作底稿如表6-4所示。

（3）企业集团内部以现金结算债权与债务所产生的现金流量的抵销处理

母公司与子公司、子公司相互之间当期以现金结算应收账款或应付账款等债权与债务，表现为现金流入或现金流出，在母公司个别现金流量表中作为收到其他与经营活动有关的现金或支付其他与经营活动有关的现金列示，在子公司个别现金流量表中作为支付其他与经营活动有关的现金或收到其他与经营活动有关的现金列示。从整个企业集团来看，这种现金结算债权与债务，并不引起整个企业集团的现金流量的增减变动。因此，编制合并现金流量表时，应当在母公司与子公司现金流量表数据简单相加的基础上，将母公司当期以现金结算债权与债务所产生的现金流量予以抵销。

（4）企业集团内部当期销售商品所产生的现金流量的抵销处理

母公司向子公司当期销售商品（或子公司向母公司销售商品或子公司相互之间销售商品，下同）所收到的现金，表现为现金流入，在母公司个别现金流量表中作为销售商品、提供劳务收到的现金列示。子公司向母公司支付购货款，表现为现金流出，在其个别现金流量表中反映为购买商品、接受劳务支付的现金。从整个企业集团来看，这种内部商品购销现金收支，并不会引起整个企业集团的现金流量的增减变动。因此，编制合并现金流量表时，应当在母公司与子公司现金流量表数据简单相加的基础上，将母公司与子公司、子公司相互之间当期销售商品所产生的现金流量予以抵销。

【例14】沿用【例4】、【例5】和【例9】，假设P公司2012年向S公司销售商品的价款3 500万元中实际收到S公司支付的银行存款2 600万元，同时S公司还向P公司开具了票面金额为400万元的商业承兑汇票。S公司2012年向P公司销售商品1 000万元的价款全部收到。应编制如下抵销分录：

借：购买商品、接受劳务支付的现金　　　　　　　3 600

　　贷：销售商品、提供劳务收到的现金　　　　　　　　3 600

其合并工作底稿如表 6 - 4 所示。

【例15】沿用【例6】，假设 S 公司 2012 年 1 月 1 日向 P 公司销售商品 300 万元的价款全部收到。应编制如下抵销分录：

借：购建固定资产、无形资产和

　　其他长期资产支付的现金　　　　　　　　　　　300

　　贷：销售商品、提供劳务收到的现金　　　　　　　　300

其合并工作底稿如表 6 - 4 所示。

（5）企业集团内部处置固定资产等收回的现金净额与购建固定资产等支付的现金的抵销处理

母公司向子公司处置固定资产等长期资产，表现为现金流入，在母公司个别现金流量表中作为处置固定资产、无形资产和其他长期资产收回的现金净额列示。子公司表现为现金流出，在其个别现金流量表中反映为购建固定资产、无形资产和其他长期资产支付的现金。从整个企业集团来看，这种固定资产处置与购置的现金收支，并不会引起整个企业集团的现金流量的增减变动。因此，编制合并现金流量表时，应当在母公司与子公司现金流量表数据简单相加的基础上，将母公司与子公司、子公司相互之间处置固定资产、无形资产和其他长期资产收回的现金净额与购建固定资产、无形资产和其他长期资产支付的现金相互抵销。

【例16】沿用【例7】，假设 P 公司向 S 公司出售固定资产的价款 120 万元全部收到。应编制如下抵销分录：

借：购建固定资产、无形资产和

　　其他长期资产收到的现金　　　　　　　　　　120

　　贷：处置固定资产、无形资产和

　　　　其他长期资产支付的现金　　　　　　　　　　120

其合并工作底稿如表 6 - 4 所示。

➤ 2. 母公司在报告期内增减子公司在合并现金流量表中的反映

（1）母公司在报告期内增加子公司在合并现金流量表中的反映

母公司因追加投资等原因控制了另一个企业即实现了企业合并。根据《企业会计准则第 20 号——企业合并》的规定，企业合并形成母子公司关系的，母公司应当编制合并日的合并现金流量表，但是，在企业合并发生当期的期末和以后会计期间，母公司应当根据合并报表准则的规定编制合并现金流量表。合并报表准则规定，在编制合并现金流量表时，应当区分同一控制下的企业合并增加的子公司和非同一控制下的企业合并增加的子公司两种情况。

①因同一控制下企业合并增加的子公司，在编制合并现金流量表时，应当将该子公司合并当期期初至报告期末的现金流量纳入合并现金流量表。

②因非同一控制下企业合并增加的子公司，在编制合并现金流量表时，应当将该子公司购买日至报告期末的现金流量纳入合并现金流量表。

（2）母公司在报告期内处置子公司在合并现金流量表的反映

母公司在报告期内处置子公司，应将该子公司期初至处置日的现金流量纳入合并现金流量表。

➤ 3. 合并现金流量表中有关少数股东权益项目的反映

合并现金流量表编制与个别现金流量表相比，一个特殊的问题就是在子公司为非全资子公司的情况下，涉及到子公司与其少数股东之间的现金流入和现金流出的处理问题。

对于子公司与少数股东之间发生的现金流入和现金流出，从整个企业集团来看，也影响到其整体的现金流入和流出数量的增减变动，必须在合并现金流量表中予以反映。子公司与少数股东之间发生的影响现金流入和现金流出的经济业务包括：少数股东对子公司增加权益性投资、少数股东依法从子公司中抽回权益性投资、子公司向其少数股东支付现金股利或利润等。为了便于企业集团合并财务报表使用者了解掌握企业集团现金流量的情况，有必要将与子公司与少数股东之间的现金流入和现金流出的情况单独予以反映。

对于子公司的少数股东增加在子公司中的权益性投资，在合并现金流量表中应当在"筹资活动产生的现金流量"之下的"吸收投资收到的现金"项目下"其中：子公司吸收少数股东投资收到的现金"项目反映。

对于子公司向少数股东支付现金股利或利润，在合并现金流量表中应当在"筹资活动产生的现金流量"之下的"分配股利、利润或偿付利息支付的现金"项目下"其中：子公司支付给少数股东的股利、利润"项目反映。

对于子公司的少数股东依法抽回在子公司中的权益性投资，在合并现金流量表应当在"筹资活动产生的现金流量"之下的"支付其他与筹资活动有关的现金"项目反映。

➤ 4. 合并现金流量表的编制

为了便于理解和掌握合并现金流量表编制方法，了解合并现金流量表编制的全过程，现就本节中合并现金流量表的编制举例综合说明如下。

【例 17】沿用【例 13】、【例 14】、【例 15】和【例 16】，P 公司与 S 公司 2012 年度个别现金流量表的资料参见表 6 - 9。

根据上述资料，P 公司首先应当设计合并工作底稿（见表 6 - 4），将 P 公司、S 公司个别现金流量表的数据过入合并工作底稿，并计算现金流量表各项目的合计金额。其次，编制抵销分录，将 P 公司与 s 公司之间的内部交易对合并现金流量表的影响予以抵销。

表6-9 现金流量表

会企12表

2012年度 单位：万元

项 目	P公司	S公司
一、经营活动产生的现金流量		
销售商品、提供劳务收到的现金	7 675	5 990
收到的税费返还		
收到其他与经营活动有关的现金		
经营活动现金流入小计	7 675	5 990
购买商品、接受劳务支付的现金	1 420	3 270
支付给职工以及为职工支付现金	1 100	250
支付的各项税费	1 820	758
支付其他与经营活动有关的现金	45	22
经营活动现金流出小计	4 385	4 300
经营活动产生的现金流量净额	3 290	1 690
二、投资活动产生的现金流量		
收回投资收到的现金		
取得投资收益收到的现金	500	
处置固定资产、无形资产和其他长期资产收回的现金净额	120	
处置子公司及其他营业单位收到的现金净额		
收到其他与投资活动有关的现金		
投资活动现金流入小计	620	
购建固定资产、无形资产和其他长期资产支付的现金	930	800
投资支付的现金		
取得子公司及其他营业单位支付的现金净额	3 000	
支付其他与投资活动有关的现金		

（续表）

项　目	P公司	S公司
投资活动现金流出小计	3 930	800
投资活动产生的现金流量净额	−3 310	−800
三、筹资活动产生的现金流量		
吸收投资收到的现金		
取得借款收到的现金		
收到其他与筹资活动有关的现金		
筹资活动现金流入小计		
偿还债务支付的现金		
分配股利、利润或偿付利息支付的现金	1 980	690
支付其他与筹资活动有关的现金		
筹资活动现金流出小计	1 980	690
筹资活动产生的现金流量净额	−1 980	−690
四、汇率变动对现金的影响额		
五、现金及现金等价物净增加额	−2 000	200
加：年初现金及现金等价物余额	3 000	300
六、年末现金及现金等价物余额	1 000	500

➤ 5. 合并现金流量表格式

合并现金流量表的格式综合考虑了企业集团中一般工商企业和金融企业（包括商业银行、保险公司和证券公司）的现金流入和现金流出列报的要求，与个别现金流量表的格式基本相同，主要增加了反映金融企业行业特点和经营活动现金流量项目。合并现金流量表的一般格式如表6-10所示。

根据上述合并工作底稿（表6-4）的合并金额，可编制该企业集团2012年度合并现金流量表如表6-10所示。

表 6 – 10　合并现金流量表

会合 12 表

编制单位：P 公司　　　　　　　　2012 年度　　　　　　　　单位：万元

项　　　目	本年金额	上年金额
一、经营活动产生的现金流量		
销售商品、提供劳务收到的现金	9 765	
客户存款和同业存放款项净增加额		
向中央银行借款净增加额		
向其他金融机构拆入资金净增加额		
收到原保险合同保费取得的现金		
收到再保险业务现金净额		
保户储金及投资款净增加额		
处置交易性金融资产净增加额		
收取利息、手续费及佣金净增加额		
拆入资金净增加额		
回购业务资金净增加额		
收到的税费返还		
收到其他与经营活动有关的现金		
经营活动现金流入小计	9 765	
购买商品、接受劳务支付的现金	1 090	
客户贷款及垫款净增加额		
存放中央银行和同业款项净增加额		
支付原保险合同赔付款项的现金		
支付利息、手续费及佣金的现金		
支付保单红利的现金		
支付给职工以及为职工支付的现金	1 350	
支付的各项税费	2 578	
支付其他与经营活动有关的现金	67	

（续表）

项　目	本年金额	上年金额
经营活动现金流出小计	5 085	
经营活动产生的现金流量净额	4 680	
二、投资活动产生的现金流量		
收回投资收到的现金		
取得投资收益收到的现金	0	
处置固定资产、无形资产和其他长期资产收回的现金净额	0	
处置子公司及其他营业单位收到的现金净额		
收到其他与投资活动有关的现金		
投资活动现金流入小计	0	
购建固定资产、无形资产和其他长期资产支付的现金	1 310	
投资支付的现金		
质押贷款净增加额		
取得子公司及其他营业单位支付的现金净额	3 000	
支付其他与投资活动有关的现金		
投资活动现金流出小计	4 310	
投资活动产生的现金流量净额	－ 4 310	
三、筹资活动产生的现金流量		
吸收投资收到的现金		
其中：子公司吸收少数股东投资收到的现金		
取得借款收到的现金		
发行债券收到的现金		
收到其他与筹资活动有关的现金		
筹资活动现金流入小计		
偿还债务支付的现金		

（续表）

项　　目	本年金额	上年金额
分配股利、利润或偿付利息支付的现金	2 170	
其中：子公司支付给少数股东的股利、利润	120	
支付其他与筹资活动有关的现金		
筹资活动现金流出小计	2 170	
筹资活动产生的现金流量净额	− 2 170	
四、汇率变动对现金的影响		
五、现金及现金等价物净增加额	− 1 800	
加：年初现金及现金等价物余额	3 300	
六、年末现金及现金等价物余额	1 500	

6.5 合并所有者权益变动表

合并所有者权益变动表是反映构成企业集团所有者权益的各组成部分当期的增减变动情况的财务报表。

合并报表准则规定，合并所有者权益变动表应当以母公司和子公司的所有者权益变动表为基础，在抵销母公司与子公司、子公司相互之间发生的内部交易对合并所有者权益变动表的影响后，由母公司合并编制。合并所有者权益变动表也可以根据合并资产负债表和合并利润表进行编制。

所有者权益变动表作为以单个企业为会计主体进行会计核算的结果，分别从母公司本身和子公司本身反映其在一定会计期间所有者权益构成及其变动情况。在以其个别所有者权益变动表为基础计算的各所有者权益构成项目的加总金额中，也必然包含重复计算的因素，因此，编制合并所有者权益变动表时，也需要将这些重复的因素予以剔除。

编制合并所有者权益变动表时需要进行抵销处理的项目，主要有如下两项目。（1）母公司对子公司的长期股权投资与母公司在子公司所有者权益中所享有的份额相互抵销，其抵销处理参见本章第二节有关"长期股权投资与子公司所有者权益的抵销处理"的内容。（2）母公司对子公司、子公司相互之间持有对方长期股权投资的投资收益应当抵销等，其抵销处理参见本章第三节有关"母公司与子公司、子公司相互之间持有对方长期股权投资的投资收益的抵销处理"的内容。

➤ 1. 合并所有者权益变动表的编制

为了便于理解和掌握合并所有者权益变动表编制方法，了解合并所有者权益变动表编制的全过程，现就本节中合并所有者权益变动表的编制举例综合说明如下。

【例18】沿用【例1】和【例11】，P公司与S公司2012年度个别所有者权益变动表，如表6-6所示。

根据上述资料，P公司首先应当设计合并工作底稿（见表6-4），将P公司、S公司个别所有者权益变动表的数据过入合并工作底稿，并计算所有者权益变动表各项目的合计金额。其次，编制抵销分录，将P公司与S公司之间的内部交易对所有者权益变动表的影响予以抵销。

➤ 2. 合并所有者权益变动表格式

合并所有者权益变动表的格式与个别所有者权益变动表的格式基本相同。所不同的只是在子公司存在少数股东的情况下，合并所有者权益变动表增加"少数股东权益"栏目，用于反映少数股东权益变动的情况。合并所有者权益变动表的一般格式如表6-11所示。

根据上述合并工作底稿（表6-4）的合并金额，可编制该企业集团2012年合并所有者权益变动表如表6-11所示。

表6-11 合并所有者权益变动表

编制单位：P公司　　2012年度

合合:12表　单位:万元

项 目	本年金额									上年金额								
	归属于母公司所有者权益							少数股东权益	所有者权益合计	归属于母公司所有者权益							少数股东权益	所有者权益合计
	实收资本（或股本）	资本公积	减:库存股	盈余公积	一般风险准备	未分配利润	其他			实收资本（或股本）	资本公积	减:库存股	盈余公积	一般风险准备	未分配利润	其他		
一、上年末金额	4 000	800		732		468			6 000									
加:会计政策变更								720	720①	720								
前期差错更正																		
二、本年年初余额	4 000	800		732		468		720	6 720									
三、本年增减变动金额（减少以"-"号填列）		80		268		862		99	1 309									
（一）净利润						2 810		199	3 009									
（二）直接计入所有者权益的利得和损失		80						20	100									
1. 可供出售金融资产公允价值变动净额								20	20									
2. 权益法下被投资单位其他所有者权益变动的影响		80						80										
3. 计入所有者权益项目相关的所得税影响																		

① 720万元为2012年1月1日，P公司购买S公司80%的股份时，按其可辨认净资产的公允价值计算确定的少数股东权益的金额=（S公司的所有者权益总额3 500万元+S公司固定资产公允价值增额100万元）×20%。

（续表）

项目	本年金额									上年金额								
	归属于母公司所有者权益							少数股东权益	所有者权益合计	归属于母公司所有者权益							少数股东权益	所有者权益合计
	实收资本（或股本）	资本公积	减:库存股	盈余公积	一般风险准备	未分配利润	其他			实收资本（或股本）	资本公积	减:库存股	盈余公积	一般风险准备	未分配利润	其他		
4. 其他																		
上述（一）和（二）小计		80				2 810		219	3 109									
（三）所有者投入和减少资本																		
1. 所有者投入资本																		
2. 股份支付计入所有者权益金额																		
3. 其他																		
（四）利润分配				268		−1 948		−120	−1 800									
1. 提取盈余公积				268		−268			0									
2. 提取一般风险准备																		
3. 对所有者（或股东）的分配						−1 680		−120	−1 800									
4. 其他																		
（五）所有者权益内部结转																		
1. 资本公积转增资本（或股本）																		
2. 盈余公积转增资本（或股本）																		
3. 盈余公积弥补亏损																		
4. 其他																		
四、本年年末余额	4 000	880		1 000		1 330		819	8 029									

财务报表分析篇

第七章　财务报表分析基础

7.1　财务报表分析的目的和作用

➤ 1. 财务报表分析的目的

编制财务报表的主要目的，是提供企业财务状况和经营成果及其现金流量方面信息，以供企业的经营管理者和投资者决策之用。但是财务报表所提供的数据和有关指标，只能概括的反映企业的财务状况和经营成果现金流量，并不能充分、有效地提供企业偿债能力的指标、盈利能力的指标、资产周转状况的指标以及其他有关计划或财务计划的指标。这就必须对各项有关会计数据进行加工、联系和对比，并对此进行分析、评价、总结和考核，为制订下一阶段或下一年度的财务、会计指标和经济管理目标提供依据。因此，财务报表分析的主要目的就在于进一步了解企业的财务状况和经营状况现金流动情况。诸如通过资产负债表中流动资产和流动负债资料的对比，可以从一个侧面反映企业的偿债能力，说明企业的财务状况；通过利润表中的利润总额与资产负债表中的资本金总额的对比，可以反映资本金的获利能力，说明企业经营状况和财务状况的优劣。

➤ 2. 财务报表分析的作用

财务报表分析所提供的信息是否对决策者有作用，可以从企业内部与企业外部两个方面来理解。对企业内部的决策者来说，分析财务报表所获得的各种信息，如同各种不同的信号一样，可借以提示企业的生产经营者，并作为决策的依据。因此，企业财务报表分析的内部作用，在于指明企业生产经营中存在的问题，并进一步追查其原因和作出改进的决策。当然，财务报表分析的本身并非是解决问题的答案，而只是发现问题的过程。对企业外部的决策者来说，分析企业财务报表，在于从对企业财务状况、经营成果、现金流量的分析过程中，判断其相互间的关系，以寻求具有决策意义的相关信息。因此，企业财务报表分析的外部作用，在于为企业外部决策者作出正确决策提供所需要的相关信息。总体上看，分析财务报表的作用一般可以概括为以下三个方面。

（1）衡量企业目前的财务状况

通过对企业财务报表的分析，可以了解企业目前有多少资产，分布与占用情况如何；企业的资金从何处取得，其融资结构如何；了解企业经营方针，尤其是投资管理的方针和企业内部资金流转的情况，借以判断企业在经营上有无进取心，财务上是否稳妥可靠；了解企业一系列的重大财务问题，如购进新资产的资金来源是靠企业本身的营业盈余还是靠借债或发行股票，营业所得的资金与借款流入的资金的比例是否恰当等等。熟知各项会计信息，可以为企业财务报表使用者提供了解企业目前财务状况的真象，以衡量企业目前的财务状况，评价企业未来发展的潜在能力。

（2）评价企业过去生产经营的业绩

企业财务报表只能概括地反映企业过去的财务状况、经营成果和现金流量，如果不将报表上所列数据进一步加以剖析，势必不能充分理解这些数字的经济意义，不能充分掌握数据所传递的信息。这样，就无法对企业财务状况的好坏、企业经营成果的大小、企业经营管理是否健全以及企业发展前景如何作出有事实根据的结论。因此，不论报表编得如何精细，也不管报表上的数据如何重要，要进行正确的决策，还需要对报表数据进一步加工，对其进行分析、比较、评价和解释。企业的经营管理者和其他报表使用者，要根据财务报表上的各项数据，有重点、有针对性地加以考虑和分析研究，了解企业过去的生产经营业绩，如利润的多少、投资报酬率的高低、销货量的大小、现金流量等。根据上列各项财务报表信息和指标，借以评价企业财务状况的好坏、经营成果的大小和经营管理上的得失，并与同行业相对比，以评价企业的成败得失。

（3）预测企业未来发展的趋势

企业的未来经营活动都是在一定的客观经济条件下进行的，都要受到客观条件的制约，并受客观的经济规律的支配。企业为了科学地组织生产经营，最有效地使用人力、物力和财力，实现最佳的经济效益。在规划未来的经济活动中，必须善于从客观的经济条件出发，按照客观经济规律办事，预测企业未来的发展趋势，并据以作出正确的决策。在这些方面，企业财务报表分析具有重要的作用。因为通过财务报表分析，可从经济活动这一复杂的现象中，把那些偶然的、非本质的东西摒弃掉，找出那些必然的、本质的东西，然后针对目前的情况，权衡未来发展的可能趋势，并作出相应的决策。对财务报表所提供的会计信息和其他经济信息，通过分析、加工改造、提高质量，使之形成与预测企业未来发展的趋势有相关性的高级信息，从而提高经济决策的科学性。

7.2　财务报表分析的内容

财务报表分析包括企业财务结构分析、企业偿债能力分析、企业盈利能力分析、企业营运能力分析、企业发展趋势分析以及财务报表综合分析等。

➤ 1. 企业财务结构分析

企业的财务结构，指企业全部的资金来源中负债和所有者权益二者各占的比重及其比例关系，有时还包括各类资产的构成。财务报表分析首先要对企业的财务结构进行分析，从总体上了解和评价企业的财务结构是否健全，资源配置是否合理，财务实力及其安全性、平衡性的高低，企业偿债能力的大小和强弱等。如果企业的财务结构比较健全，则必然拥有雄厚的实力，能够承担经营或财务上的风险，并能够应付来自外界的冲击。分析企业的财务结构，就是要通过各项比率之间的关系，了解其财务结构是否健全，衡量企业承担风险的能力，并通过对各项指标的分析，结合企业的实际情况，确定最佳的财务结构。

财务结构分析是指对企业的资产、负债、所有者权益三者之间的比例关系进行分析。

➤ 2. 企业偿债能力分析

偿债能力是现代企业财务能力体系的重要组成部分，是企业财务能力的基本反映。企业偿债能力的分析具有十分重要的意义。对企业内部而言，通过测定企业偿债能力，有利于企业科学合理地进行筹资决策和投资决策；从企业外部来看，债权人最关心的是企业偿债能力的强弱，因为这是他们的投资能否如期收回的主要依据。偿债能力分析是指企业偿还所欠债权人债务的能力分析，包括短期偿债能力分析和长期偿债能力分析两个方面。

➤ 3. 企业盈利能力分析

盈利能力是指企业在一定时期内赚取利润的能力。不论投资者、债权人还是企业管理者，都非常关心企业的盈利能力。"一定时期"包括两个层次的内容：其一是企业在一个会计期间内从事生产经营活动的获利能力的比较与分析；其二是企业在一个较长时期内稳定获取较高利润能力的分析。盈利能力对于企业来说是至关重要的，企业从事生产经营活动的根本目的就是获取数量可观的利润和维持企业稳定、持续的经营和发展。投资者投资的目的在于获得最大的回报，因而他们最为关心企业的盈利能力；债权人特别是长期债权人的利息收益和债权收回也最终取决于企业能否盈利，因此，他们也会关心企业的盈利能力；企业管理者为了衡量业绩，发现问题，履行经营责任，当然同样会非常关心企业自身的盈利能力。总之，盈利能力分析是企业管理当局及各利害关系人最为关注的财务报表分析内容之一。

➤ 4. 企业营运能力分析

企业营运能力是指企业充分利用现有资源创造社会财富的能力，具体指企业各项营运资产的周转效率。营运资金指维持企业日常经营正常运行所需要的资金，它指企业的流动资产减去流动负债后的余额。这一观点为企业会计人员、一般信用调查人员、短期债权人及投资分析人员所主张，因为这些人员最关注的是企业的财务状况、信用状况及其短期偿债能力，而且只有扣除流动负债后的流动资产净额才是企业可以真正自由运用的资金。企业的日常经营活动在企业财务报表上直接反映为企业营运资金及其各项目的变化，通过对企业营运资金的分析，报表使用者可以得到各自关注的有关企业财务状况和经营状况的信息。

➤ 5. 企业发展趋势分析

企业发展趋势分析是指通过对企业财务报表的综合分析来预测未来，以帮助企业管理当局规划未来，帮助投资人、债权人以及有关各方进行有效决策。

7.3 财务报表分析的方法

财务报表分析的主要依据是财务报表的数据资料，但是以金额表示的各项会计资料并不能说明除本身以外的更多的问题。因此必须根据需要并采用一定的方法，将这些会计资料加以适当的重新组合或搭配，剖析其相互之间的因果关系或关联程度，观察其发展趋势，推断其可能导致的结果，从而达到分析的目的。现介绍十一种分析方法。

➤ 1. 比重法

比重法是在同一财务报表的同类项目之间，通过计算同类项目在整体中的权重或份额以及同类项目之间的比例，来揭示它们之间的结构关系，它通常反映财务报表各项目的纵向关系。使用比重法时，应注意只是同类性质的项目之间使用，即进行比重计算的各项目具有相同的性质。性质不同的项目进行比重分析是没有实际意义的，也是不能计算的。如计算某一负债项目与总资产的比重，首先，负债不是资产的构成要素，因而，理论上讲，就不能说资产中有多少负债，也不能计算负债对资产的权重。只有同类性质的项目才可计算权重。其次，以某一负债项目除以总资产，也很难说明这一负债的偿债能力。总资产不仅要用于偿还这一负债，而且要偿还所有负债。最终这一负债能否偿还，还要看资产与它的对称性。如果资产用于偿还其他债务后，没有多余，或虽有多余，但在变现时间上与偿债期不一致，这一负债都是不能偿还的。

在财务报表结构分析中，比重法可以用于计算：各资产占总资产的比重；各负债占总负债的比重；各所有者权益占总所有者权益的比重；各项业务或产品利润、收入、成本占总利润、总收入和总成本的比重；

单位成本各构成项目占单位成本的比重；各类存货占总存货的比重；利润分配各项目占总分配额或利润的比重；资金来源或资金运用各项目占总来源或总资金运用的比重等等。

➤ 2. 相关比率法

相关比率法是通过计算两个不同类但具有一定依存关系的项目之间的比例，来揭示它们之间的内在结构关系，它通常反映了财务报表各项目的横向关系。财务报表结构分析中，应在两个场合适用相关比率法：同一张财务报表的不同类项目之间，如流动资产与流动负债；不同财务报表的有关项目之间，如销售收入与存货。

整体而言，相关比率法中常用的比率有以下五种。

（1）反映企业流动状况的比率，也称短期偿债能力比率。它主要是通过流动资产和流动负债的关系来反映，包括流动比率和速动比率。

（2）反映企业资产管理效率的比率，也称资产周转率。它是通过周转额与资产额的关系来反映的，主要包括应收账款周转率、存货周转率、固定资产周转率等。

（3）反映企业权益状况的比率。对企业的权益主要是债权权益和所有者权益。债权权益使得企业所有者能够以有限的资本金取得对企业的控制权；而所有者权益资本越多，则其债权就越有保证，否则债权人就需负担大部分的经营风险。这样，对于债权权益拥有者来说，最关心的是总资产中负债的比率；对于所有者权益的拥有者来说，最关心的是其投资收益状况，主要包括价格与收益比率、市盈率、股利分配率、股利与市价比率、每股市价与每股账面价值比率等。

（4）反映企业经营成果的比率，也称盈利能力比率。它是通过企业的利润与周转额和投入成本或占用资产关系来反映的。

（5）反映企业偿付债务费用的比率，也称资金来源和资金运用的比率。它通过企业长期资金来源数与长期资金运用数，以及短期资金来源数与相应的运用数的比较，评估两方的相称性，揭示营运资本增加的结构性原因。

➤ 3. 因素替代法

因素替代法又称连环替代法，它用来计算几个相互联系的因素对综合财务指标或经济指标以及财务报表项目的影响程度，通过这种计算，可以衡量各项因素影响程度的大小。如果说，比重法和相关比率法旨在建立或计算各种财务指标或经济指标，确定各项财务和经营结构，或会计项目结构，那么，因素替代法就是对其中的综合性指标或项目作进一步的内部结构分析，即对影响或决定综合指标或项目的各项因素及其对综合指标或项目的影响程度作出测定和评价。

因素替代法可以在两种情况下深化结构分析：对综合指标的构成因素进行影响程度分析；对财务报表项目的构成因素进行影响程度分析。

（1）对综合指标构成因素的分析

综合性财务或经济指标通常涉及不同报表中的两个项目或更多的项目，对这类指标进行分析就是要判断各财务报表项目对所计算的指标结果的影响。

【例1】某企业 2012 年 12 月 31 日资产负债表中存货各项目累计数为 1 000 万元，年初数为 1 400 万元，经计算存货平均余额为 1 200 万元，当年销货成本为 8 400 万元。该企业 2005 年计划值分别是存货平均余额为 1 000万元，销售成本 8 000 万元。这样，存货的计划周转次数是 8 次，实际周转次数为 7 次。如果采用因素替代法对影响周转次数的构成因素进行结构分析，其结果如下。

①计划周转数 = 8 000 ÷ 1 000

= 8（次）

②销售量增加使周转次数增加情况：

8 400 ÷ 1 000 = 8.4（次）

8.4 - 8 = 0.4（次）

③存货平均余额增加，使周转次数减少情况：

8 400 ÷ 1 200 = 7（次）

7 - 8.4 = -1.4（次）

④销售量增加和存货平均余额增加两项因素共同影响的结果为：

0.4 + （-1.4） = -1（次）

可以看出，存货周转次数实际比计划减少一次的原因是：销售增加使周转次数增加0.4次，而存货平均余额增加又使周转次数减少1.4次。

（2）对财务报表项目的构成因素的分析

财务报表项目通常受多项构成因素的影响，对财务报表项目构成因素的分析，就是要确定这些因素对财务报表项目总结果的影响程度。

【例2】某企业2012年度的A商品销售额计划数为1 000万元，实际数为1 200万元；计划销售量为100 000件，预期平均售价为100元；实际销售量为125 000件，实际平均售价为96元。如果采用因素替代法对影响销售增加200万元的销售后价格因素进行结构分析，其结果如下。

①计划销售额：100 000 × 100 = 10 000 000（元）

②由于销售量增加而增加的销售额为：

125 000 × 100 = 12 500 000（元）

12 500 000 - 10 000 000 = 2 500 000（元）

③由于平均售价下降而减少的销售额为：

125 000 × 96 = 12 000 000（元）

12 000 000 - 12 500 000 = -500 000（元）

④两项因素共同影响的结果为：

2 500 000 + （-500 000） = 2 000 000（元）

可以看出，A商品销售实际超计划200万元的原因是：销售量增加使销售额增加250万元，平均销售单价降低使销售额下降50万元。

➤ 4. 单一分析法

单一分析法是根据报告期的数值，判断企业经营及财务状况好坏的一种方法。单一分析法也要有判断标准，这些标准一般来自分析者的经验和财务分析基本知识，如通过资金结构的合理性、流动比率等指标来判断。

➤ 5. 比较分析法

比较分析法是通过主要项目或指标数值的变化对比，确定出差异，分析和判断企业的经营及财务状况；通过比较，发现差距，寻找产生差异的原因，进一步判定企业的经营成绩和财务状况；通过比较，要确定企业生产经营活动的收益性和企业资金投向的安全性，说明企业是否在健康地向前发展；通过比较，既要看到企业的不足，也要看到企业的潜力。比较的对象一般有计划数、上一期数、历史最好水平、国内外先进行业水平、主要竞争对手情况等。

➤ 6. 框图分析法

框图分析法是将企业的实际完成情况和历史水平、计划数等用框图的形式直观地反映出来，来说明变化情况的一种方法。由于框图既可以反映绝对值，又可以反映比例和相对值，而且简明、直观，目前这种分析方法越来越受到重视。

➤ 7. 假设分析法

假设分析法是在比较分析的基础上确定某项指标的最高水平数值，然后假设在该项指标达到最高水平的情况下，企业的经营及财务状况将会发生什么变化。在这种情况下，其他各影响因素又要达到什么水平才能较充分地发挥企业潜力。因此，这种分析方法主要用于对企业挖潜能力的预测分析。

➤ 8. 趋势分析法

财务报表的趋势分析法，是根据企业连续几年的财务报表，比较有关项目的数额，以求出其金额和百分比增减变化的方向和幅度，并通过进一步分析，预测企业的财务状况和经营成果的变动趋势，这是财务报表分析的一种比较重要的分析方法。趋势分析法的主要目的如下：了解引起变动的主要项目；判断变动趋势的性质是有利或不利；预测未来的发展趋势。

➤ 9. 水平分析法

水平分析法是指仅就同一会计期间的有关数据资料所做的财务分析，其作用在于客观评价当期的财务状况、经营成果以及现金流量的变动情况。但这种分析所依据的资料和所得的结论并不能说明企业各项业务的成绩、能力和发展变化情况。

➤ 10. 垂直分析法

垂直分析法是指将当期的有关会计资料和上述水平分析中所得的数据，与本企业过去时期的同类数据资料进行对比，以分析企业各项业务、绩效的成长及发展趋势。通过垂直分析可以了解企业的经营是否有发展进步及其发展进步的程度和速度。因此，必须把上述的水平分析与垂直分析结合起来，才能充分发挥财务分析的积极作用。

➤ 11. 具体分析指标

具体分析指标，是分析比较的基础，可归纳为以下三大类。

（1）绝对值指标

绝对值指标是指通过数值绝对值变化就能说明问题的指标，如企业净资产、实现利润等指标。绝对值指标主要反映指标的增减变化。

（2）百分比指标

百分比指标一般反映指标绝对值增减变化的幅度或所占的比重，例如固定资产增长率、流动资产率等指标。

（3）比率指标

比率指标一般揭示各项目之间的对比关系，例如流动比率、经营安全系数等指标。

第八章　企业偿债能力比率分析

8.1　正确计算流动比率

　　管理者、债权人和投资者关心公司履行到期义务的能力、管理财务风险的能力和有效运用财务杠杆的能力。财务报表分析将负债划分为流动负债和非流动负债，并披露每年到期的债务是确定公司负债状况如何的第一步。营运资本是指流动资产超过流动负债的部分。由于财务报表分析希望确定近期对资产的求索权以及能够满足该求索权的资产的价值，因此正确地对资产负债表中的流动资产进行分类显得尤为重要。

　　变现能力是企业产生现金的能力，它取决于可以在近期转变为现金的流动资产的多少。反映变现能力的财务比率主要有流动比率和速动比率。

　　传统财务报表分析中用到流动比率，也称营运资金比率，是衡量公司短期偿债能力最通用的指标。是流动资产与流动负债的比率，它表明企业每一元流动负债有多少流动资产作为偿还的保证，能够使我们洞察企业的负债情况，反映企业用可在短期内转变为现金的流动资产偿还到期流动负债的能力。它反映公司流动资产对流动负债的保障程度。计算公式如下：

流动比率＝流动资产÷流动负债

　　流动比率是衡量企业短期偿债能力的一个重要财务指标，这个比率越高，说明企业偿还流动负债的能力越强，流动负债得到偿还的保障越大，债权人的权益越有保证，并表明公司有充足的营运资金。反之，说明公司的短期偿债能力不强，营运资金不充足。流动比率高，不仅反映企业拥有的营运资金多，可用以抵偿债务，而且表明企业可以变现的资产数额大，债权人遭受损失的风险小。一般财务健全的公司，其流动资产应远高于流动负债，起码不得低于1:1，经验表明，流动比率在2:1左右比较合适，表明企业财务状况稳定可靠，除了满足日常生产经营的流动资金需要外，还有足够的财力偿付到期短期债务。如果比例过低，则表示企业可能捉襟见肘，难以如期偿还债务。生产企业合理的最低流动比率是2，这是因为流动资产中变现能力最差的存货金额约占流动资产总额的一半，剩下的流动性较大的流动资产至少要等于流动负债，企业的短期偿债能力才会有保证。流动资产与流动负债构成如图8-1所示。

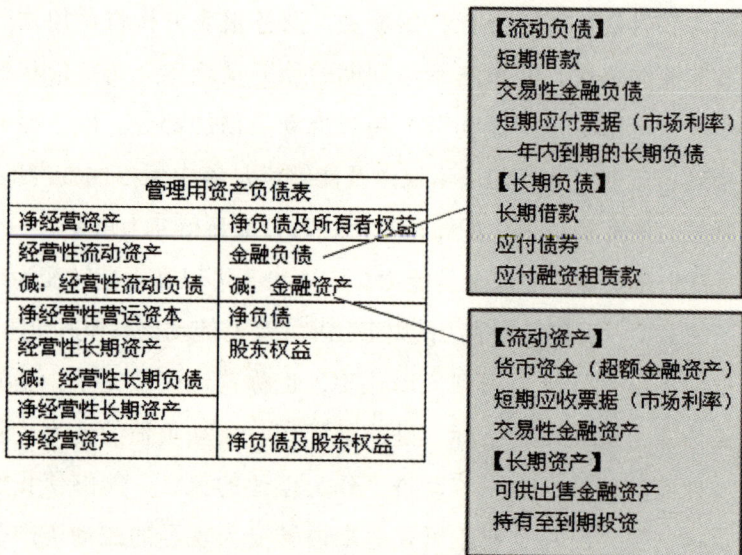

图8-1 流动资产与流动负债构成

但是，对于公司和股东而言，并不是这一比率越高越好。流动比率过大，并不一定表示财务状况良好，因为流动比率越高，可能是企业滞留在流动资产上的资金过多，未能有效加以利用，尤其是由于应收账款占用过多，在产品、产成品呆滞、积压而引起的流动比率过大，可能会影响资金的使用效率和企业的获利能力。因此，分析流动比率还需注意流动资产的结构、流动资产的周转情况、流动负债的数量与结构等情况。但是，对流动比率的分析应该结合不同的行业特点和企业流动资产结构等因素。有的行业流动比率较高，有的较低，不应该用统一的标准来评价各企业流动比率合理与否。计算出来的流动比率，只有和同行业平均流动比率、本企业历史的流动比率进行比较，才能知道这个比率是高还是低。如"中国建筑"与"建筑行业平均数"流动比率对比如图8-2所示。

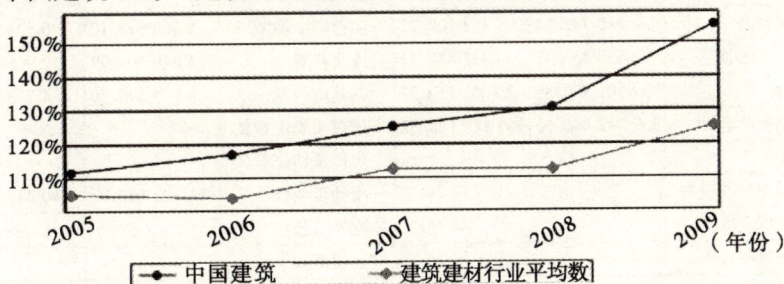

图8-2 流动比率对比

一般情况下，营业周期、流动资产中的应收账款和存货的周转速度是影响流动比率的主要因素。如果某一公司虽然流动比率很高，但其存货规模大，周转速度慢，有可能造成存货变现能力弱，变现价值低，那么，该公司的实际短期偿债能力就要比指标反映的弱。一般认为这一比率超过5:1，则意味着公司的资产未得到充分利用，没有更好地利用大量的闲置流动资产。如果将流动比率与营运资金结合起来分析，有助于观察公司未来的偿债能力。

【例1】A股份有限公司流动比率达210%，反映了较强的偿债能力，但该公司存货期末余额高达1.19亿元，存货周转率为1.5次，这表明了该公司存货周转速度慢，变现能力相对较弱，会影响其变现价值，导致公司的实际短期偿债能力变弱，偿债风险增大。

【例2】B股份有限公司资产负债表如表8-1所示，计算流动比率行业间对比如表8-2所示。

表 8－1　合并资产负债表

单位：元

项目	期末余额	年初余额	项目	期末余额	年初余额
流动资产：	—	—	流动负债：	—	—
货币资金	200 444 174.18	264 449 989.82	短期借款		
应收票据	44 345 373.00	18 035 750.71	交易性金融负债		
应收账款	49 940 036.74	34401244.59	应付票据		13 674 390.07
预付款项	33 265 781.15	24 143 934.50	应付账款	21 690 668.00	15 227 389.18
应收保费			预收款项	7 173 536.18	670 405.80
应收利息	110 742.25	153 102.22	应付职工薪酬	8 864 312.10	3 121 907.73
其他应收款	2 539 450.45	423 452.91	应交税费	6 846 401.99	2 915 657.31
存货	39 101 888.83	26 002 710.57	其他应付款	6 747 879.10	4 775 168.32
流动资产合计	369 747 446.60	367 610 185.32	代理买卖证券款		
非流动资产：	—	—	代理承销证券款		
持有至到期投资			流动负债合计	51 322 797.37	40 384 918.41
长期应收款			非流动负债：	—	—
长期股权投资			长期借款		
固定资产	98 090 768.87	74 540 708.33	长期应付款		
在建工程	37 209 517.61	11 794 036.53	专项应付款		
生产性生物资产			其他非流动负债	6 011 523.46	8 997 018.42
油气资产			非流动负债合计	6 011 523.46	8 997 018.42
无形资产	16 182 581.64	14 241 150.58	负债合计	57 334 320.83	49 381 936.83
开发支出			所有者权益（或股东权益）：	—	—
商誉	8 258 003.85		股本	102 000 000.00	102 000 000.00
长期待摊费用			资本公积	236 418 160.8	236 111 172.8
递延所得税资产	1 812 168.40	770 880.91	减：库存股		
其中，特准储备物资			盈余公积	14 648 862.84	9 622 385.18
非流动资产合计	161 553 040.37	101 346 776.35	一般风险准备		
			未分配利润	101 801 492.71	71 841 466.82
			归属于母公司所有者权益合计	454 868 516.31	419 575 024.84
			少数股东权益	19 097 649.83	
所有者权益合计	473 966 166.14	419 575 024.84			
资产总计	531 300 486.97	468 956 961.67	负债及所有者权益总计	531 300 486.97	468 956 961.67

2010 年流动比率 = 367 610 185. 32 ÷ 40 384 918. 41 = 9. 10

2011 年流动比率 = 369 747 446. 60 ÷ 51 322 797. 37 = 7. 20

表 8 - 2   行业间对比

报告期	2011 - 12 - 31		
主要指标	公司	行业	沪深 300
流动比率	7. 20	3. 04	2. 59

该股份公司 2011 年流动比率 7. 20，比率超过 5：1，远高于同行业平均流动比率 3. 04，也远高于沪深 300 平均流动比率 2. 59，表明公司短期偿债能力很强，但也意味着公司的货币资金未得到充分利用。比率太大表明流动资产占用较多，会影响经营资金周转效率和获利能力；2011 年流动比率比 2010 年下降 1. 90% 主要系该公司 2011 年资金投入募集项目建设。

B 股份有限公司偿债能力年度期间对如表 8 - 3 所示。

表 8 - 3   B 股份有限公司偿债能力年度期间对比表

流动比率（倍）				
期间	第 1 季	中期	前 3 季	年度合计
2012	9. 02	—	—	—
2011	9. 33	7. 92	8. 50	7. 20
2010	16. 30	12. 37	7. 84	9. 10
2009	—	1. 20	1. 42	11. 82

B 股份有限公司流动比率最近四期对比如表 8 - 4 所示。

表 8 - 4   B 股份有限公司流动比率最近四期对比表

报告期	2012 - 3 - 31			2011 - 12 - 31			2011 - 9 - 30			2011 - 6 - 30		
偿债指标	公司	沪深300	行业	公司	沪深300	行业	公司	沪深300	行业	公司	沪深300	行业
流动比率	9. 02	2. 38	3. 05	7. 20	2. 59	3. 04	8. 50	2. 22	3. 30	7. 92	2. 11	3. 17

8.2 正确理解流动比率同营运资金密切的联系

流动比率的高低同营运资金的多少有着密切的联系。流动比率是流动资产对于流动负债的比率，而营运资金（又称流动资金净额）则是流动资产减去流动负债后的净额。营运资金数额的多少，一般能反映企业短期偿担能力的强弱。至于营运资金的增减情况，还需结合企业生产经营规模的改变、流动资产结构的调整、反映短期偿债能力的其他指标等，来作出合理的评价。计算公式如下：

营运资金 = 流动资产 - 流动负债

流动负债是指企业在一年内或者超过一年的一个营业周期内应当偿还的债务，包括短期借款、应付票据、应付账款、应付职工薪酬、应付利润、应缴税费、其他应付款等。这些短期负债项目，有的是因为短期借入和商业信用而形成的，有的则是因为结算程序的原因而形成的。作为借入资金，企业要按期还本付息，商业信用也必须按期偿付，这些都是首先要用易于变现的流动资产来保证偿还的。至于由于法定结算程序的原因，使得一部分应付款形成在先，支付在后，而占用其他单位或个人的资金，也必须遵守结算纪律，按规定要求支付，否则也会影响企业的信誉。

【例3】甲企业 2010 年流动资产 55 000 000 元，其中存货 25 000 000 元，流动负债 34 000 000 元，甲企业 2011 年流动资产 53 000 000 元，其中存货 26 000 000 元，流动负债 40 000 000 元，该企业的营运资金可计算如下。

2010 年营运资金 = 流动资产 - 流动负债

= 55 000 000 - 34 000 000

= 21 000 000（元）

$$2011 年营运资金 = 流动资产 - 流动负债$$
$$= 53\ 000\ 000 - 40\ 000\ 000$$
$$= 13\ 000\ 000(元)$$

【例 4】B 股份有限公司 2010 年流动资产 367 610 185.32 元, 流动负债 40 384 918.41 元, B 股份有限公司 2011 年流动资产 369 747 446.60 元, 流动负债 51 322 797.37 元, 该企业的营运资金计算如表 8-5 所示。

表 8-5 营运资金表

2011 年 12 月 31 日 单位: 元

项目	期末余额	年初余额	项目	期末余额	年初余额
流动资产:	—	—	流动负债:	—	—
货币资金	200 444 174.18	264 449 989.82	短期借款		
应收票据	44 345 373.00	18 035 750.71	交易性金融负债		
应收账款	49 940 036.74	34 401 244.59	应付票据		13 674 390.07
预付款项	33 265 781.15	24 143 934.50	应付账款	21 690 668.00	15 227 389.18
应收保费			预收款项	7 173 536.18	670 405.80
应收利息	110 742.25	153 102.22	应付职工薪酬	8 864 312.10	3 121 907.73
其他应收款	2 539 450.45	423 452.91	应交税费	6 846 401.99	2 915 657.31
存货	39 101 888.83	26 002 710.57	其他应付款	6 747 879.10	4 775 168.32
流动资产合计	369 747 446.60	367 610 185.32	流动负债合计	51 322 797.37	40 384 918.41

$$2010 年营运资金 = 流动资产 - 流动负债$$
$$= 367\ 610\ 185.32 - 40\ 384\ 918.41$$
$$= 327\ 225\ 266.91\ (元)$$
$$2011 年营运资金 = 流动资产 - 流动负债$$
$$= 369\ 747\ 446.60 - 51\ 322\ 797.37$$
$$= 318\ 424\ 649.23\ (元)$$

B 股份有限公司营运资金额度大, 资金充裕, 主要还是消化募集来的资本金, 偿债能力强。

8.3 正确计算速动比率

在流动比率的基础上，从分子中扣除流动性最差的存货后计算速动比率。速动比率也被称为酸性测试比率，表示每 1 元流动负债有多少速动资产作为偿还的保证，进一步反映流动负债的保障程度。速动比率是企业速动资产与流动负债的比率，是用以衡量公司到期清算能力的指标。流动比率在评价企业短期偿债能力时，存在一定的局限性，如果流动比率较高，但流动资产的流动性较差，则企业的短期偿债能力仍然不强。在流动资产中，存货需经过销售，才能转变为现金，若存货滞销，则其变现就成问题。速动比率的计算公式为：

速动比率 = 速动资产 ÷ 流动负债 = （流动资产 - 存货）÷ 流动负债

速动比率企业设置的标准值为1。

计算速动资产时，要扣除存货，因为存货是流动资产中变现较慢的部分，它通常要经过产品的售出和账款的收回两个过程才能变为现金，存货中还可能包括不适销对路从而难以变现的产品。由于预付账款、其他流动资产等指标的变现能力差或无法变现，所以，如果这些指标规模过大，那么在运用流动比率和速动比率分析公司短期偿债能力时，还应扣除这些项目的影响。投资者通过分析速动比率，可以测知公司在极短时间内取得现金偿还短期债务的能力。速动比率可用作流动比率的辅助指标。有时企业流动比率虽然较高，但流动资产中易于变现、可用于立即支付的资产很少，则企业的短期偿债能力仍然较差。因此，速动比率能更准确地反映企业的短期偿债能力。通常认为正常的速动比率为1，低于1的速动比率被认为是短期偿债能力偏低。但如速动比率过高，则又说明企业因拥有过多的货币性资产，而可能失去一些有利的投资和获利机会。行业不同速动比率会有很大差别，没有统一标准的速动比率。例如，采用大量现金销售的商店，几乎没有应收账款，大大低于1的速动比率则是很正常的。相反，一些应收账款较多的企业，速动比率可能要大于1。

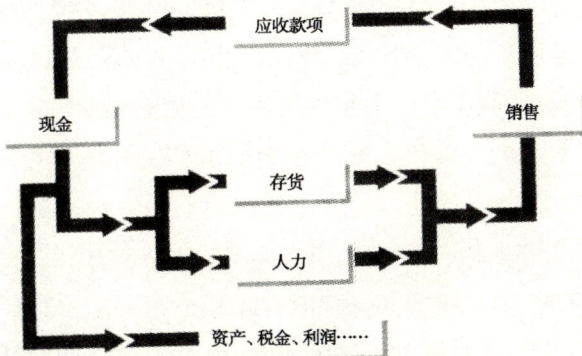

图8-3　资产循环过程

影响速动比率可信性的重要因素是应收账款的变现能力。账面上的应收账款不一定都能变成现金，实际坏账可能比计提的准备要多；季节性的变化，可能使报表的应收账款数额不能反映平均水平。因此，在运用速动比率分析公司短期偿债能力时，应结合应收账款的规模、周转速度和其他应收款的规模，以及它们的变现能力进行综合分析。如果某公司速动比率虽然很高，但应收账款周转速度慢，且它与其他应收款的规模大，变现能力差，那么该公司较为真实的短期偿债能力要比该指标反映的差。如图8-3，资金循环过程。由于各行业之间的差别，在计算速动比率时，除扣除存货以外，还可以从流动资产中去掉其他一些可能与当期现金流量无关的项目，其计算公式如下：

保守速动比率 =（现金 + 可变现金融资产 + 应收票据 + 应收账款净额）÷流动负债

保守速动比率企业设置的标准值为0.8。

【例5】甲企业2010年流动资产55 000 000元，其中存货25 000 000元，流动负债34 000 000元，甲企业2011年流动资产53 000 000元，其中存货26 000 000元，流动负债40 000 000元，该企业的速动比率可计算如下。

2010 年流动比率 = 55 000 000 ÷ 34 000 000 = 1.618

2011 年流动比率 = 53 000 000 ÷ 40 000 000 = 1.325

2010 年速动比率 =（55 000 000 − 25 000 000）÷ 34 000 000 = 0.882

2011 年速动比率 =（53 000 000 − 26 000 000）÷ 40 000 000 = 0.675

该企业连续两年的速动比率均未达到公认标准，2011 年的速动比率比 2010 年更低，这就说明该企业虽然两年的流动比率较高，但流动资产结构中存货比重过大。以致实际的短期偿债能力并不理想，需采取措施加以扭转。

【例6】B 股份有限公司 2010 年流动资产 367 610 185.32 元，其中存货 26 002 710.57 元，流动负债 40 384 918.41 元，2011 年流动资产 369 747 446.60元，流动负债 51 322 797.37 元，该企业的速动比率计算如表 8 − 6，表 8 − 7、表 8 − 8所示。

表 8 − 6　速动比率计算表

单位：元

项目	期末余额	年初余额	项目	期末余额	年初余额
流动资产：	—	—	流动负债：	—	—
货币资金	200 444 174.18	264 449 989.82	短期借款		
应收票据	44 345 373.00	18 035 750.71	交易性金融负债		
应收账款	49 940 036.74	34 401 244.59	应付票据		13 674 390.07
预付款项	33 265 781.15	24 143 934.50	应付账款	21 690 668.00	15 227 389.18
应收保费			预收款项	7 173 536.18	670 405.80
应收利息	110 742.25	153 102.22	应付职工薪酬	8 864 312.10	3 121 907.73
其他应收款	2 539 450.45	423 452.91	应交税费	6 846 401.99	2 915 657.31
存货	39 101 888.83	26 002 710.57	其他应付款	6 747 879.10	4 775 168.32
流动资产合计	369 747 446.60	367 610 185.32	流动负债合计	51 322 797.37	40 384 918.41

2010 年速动比率 =（367 610 185.32 − 26 002 710.57）÷ 40 384 918.41

= 8.46

2011 年速动比率 =（369 747 446.60 − 39 101 888.83）÷ 51 322 797.37

= 6.44

该企业连续两年的速动比率均远高于公认标准，2011 年的速动比率 6.44 比 2010 年 8.46，下降 2.02，主要系该公司 2011 年资金投入募集项目建设。该企业两年来速动比率较高，资金充裕，偿债能力强。2011 年速动比率比同行业标准 2.51 高 3.93，比沪深 300 平均数 2.06 高 4.38。

表 8-7　B 股份有限公司偿债能力速动比率期间对比

速动比率（倍）				
期间	第 1 季	中期	前 3 季	年度
2012	7.77	—	—	—
2011	8.09	6.95	7.33	6.44
2010	15.08	11.49	7.27	8.46
2009	—	0.99	1.2	11.37

表 8-8　B 股份有限公司偿债能力速动比率最近四期对比

报告期	2012-3-31			2011-12-31			2011-9-30			2011-6-30		
偿债指标	公司	沪深300	行业	公司	沪深300	行业	公司	沪深300	行业	公司	沪深300	行业
速动比率	7.77	1.87	2.49	6.44	2.06	2.51	7.33	1.71	2.76	6.95	1.62	2.65

8.4　正确计算现金比率

在财务分析中，"现金"有四种概念：现金 = 库存现金；现金 = 货币资金；现金 = 货币资金 + 交易性金融资产；现金 = 货币资金 + 交易性金融资产 + 应收票据。由于应收票据可以贴现，可以背书转让，应收票据实际上就是"库存现金"。

▶ 1. 现金项目

（1）"货币资金"项目：反映企业库存现金、银行结算户存款、外埠存款、银行汇票存款、银行本票存款、信用卡存款、信用证保证金存款等的合计数。该项目应根据"库存现金"、"银行存款"、"其他货币资金"科目的期末余额合计填列。

（2）"交易性金融资产"项目：反映企业以公允价值计量且其变动计入当期损益的金融资产，包括交易性金融资产和指定为以公允价值计量且其变动计入当期损益的金融资产。

（3）"应收票据"项目：反映企业持有的商业汇票的票面金额，减去已计提的坏账准备后的净额。该项目应根据"应收票据"科目的期末余额，减去"坏账准备"科目中有关应收票据计提的坏账准备期末余额后的金额填列。

➤ 2. 现金管理的目标

企业现金管理的目标，就是要在现金的流动性和盈利能力之间作出抉择，以使利润最大化或企业价值最大化。即在保证企业的经营效率和效益的前提下，尽可能减少在现金上的投资。现金比率是企业现金类资产与流动负债的比率，表示每 1 元流动负债有多少现金及现金等价物作为偿还的保证，反映公司可用现金及现金等价物变现方式清偿流动负债的能力。现金类资产包括企业所拥有的货币资金和持有的有价证券（指易于变为现金的有价证券）。它是速动资产扣除应收账款后的余额，由于应收账款存在着发生坏账损失的可能，某些到期的账款也不一定能按时收回，因此速动资产扣除应收账款后计算出来的金额，最能反映企业直接偿付流动负债的能力。现金比率的计算公式为：

$$现金比率 = 现金类资产 \div 流动负债$$

$$= （货币资金 + 有价证券） \div 流动负债$$

$$= （速动资产 - 应收账款） \div 流动负债$$

虽然现金比率最能反映企业直接偿付流动负债的能力，这个比率越高，说明企业偿债能力越强。但是，如果企业停留过多的现金类资产，现金比率过高，就意味着企业流动负债未能合理地运用，经常以获利能力低的现金类资产保持着，这会导致企业机会成本的增加。通常现金比率保持在 30% 左右为宜。

【例 7】甲股份有限公司现金比率为 24%，不算很好。但流动比率和速动比率分别为 210% 和 155%，且应收账款周转率和存货周转率分别为 11.98 次和 10.99 次，说明该公司流动资产变现性较好，总体的短期偿债能力较强。

【例 8】乙股份有限公司 2010 年货币资金 8 000 000 元，有价证券 10 000 000 元，存货 25 000 000 元，流动资产 55 000 000 元，流动负债 34 000 000 元，2011 年货币资金 9 000 000 元，有价证券 5 000 000 元，存货 26 000 000，流动资产 53 000 000 元，流动负债 40 000 000 元，该企业的现金比率可计算如下。

2010 年现金比率 = (8 000 000 + 10 000 000) ÷ 34 000 000 = 0.529

2011 年现金比率 = (9 000 000 + 5 000 000) ÷ 40 000 000 = 0.350

该企业两年的现金比率都比较高，2010 年竟超过 50%，2011 年有些改进这说明企业还需进一步有效地运用现金类资产，合理安排资产的结构、提高资金的使用效益。

【例 9】B 股份有限公司 2010 年年末货币资金 264 449 989.82 元，存货 26 002 710.57 元，流动资产 367 610 185.32 元，流动负债 40 384 918.41 元，2011 年末货币资金 200 444 174.18 元，存货 39 101 888.83，流动资产 369 747 446.60 元，流动负债 51 322 797.37 元，该公司现金比率计算如表 8-9 所示。

表 8-9 现金比率表

2011 年 12 月 31 日 单位：元

项目	期末余额	期初余额	项目	期末余额	期初余额
流动资产：	369 747 446.60	367 610 185.32	流动负债：	51 322 797.37	40 384 918.41
货币资金	200 444 174.18	264 449 989.82			
应收票据	44 345 373.00	18 035 750.71			
存货	39 101 888.83	26 002 710.57			

2010 年现金比率 = 264 449 989.82 ÷ 40 384 918.41 = 6.55

2011 年现金比率 = 200 444 174.18 ÷ 51 322 797.37 = 3.91

该企业连续两年的现金比率过高，2011 年的现金比率比 2010 年略有下降，这就说明资金充裕，偿债能力强。但也表明公司资金没有得到合理利用。

8.5 正确计算现金负债比率

"现金"分析主要是结构分析，即将企业"现金"占总资产的比例与同行业其他企业的情况加以比较。当"现金"占总资产的比例显著超过同行业的一般水平，则说明现金过多，企业需要为超额储备的现金找一个出路，以优化企业的资产结构。当"现金"占总资产的比例显著低于同行业的一般水平，则说明企业现金存量不足，没有足够的支付能力，企业面临巨大的财务风险。企业资金周期如图 8-4 所示。

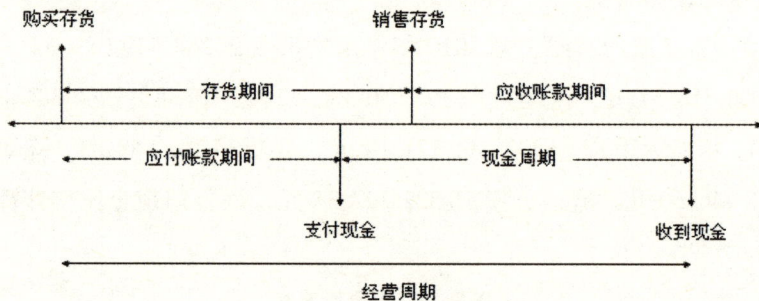

图 8-4 资金周期

最佳现金余额 = （企业年现金需求总额 ÷ 360）× 现金周期

现金负债比率是企业现金类资产与负债合计的比率，表示每 1 元负债有多少现金及现金等价物作为偿还的保证，反映公司可用现金及现金等价物清偿负债的能力。现金类资产包括企业所拥有的货币资金和持有的易于变为现金的有价证券。现金负债比率的计算公式为：

$$现金负债比率 = 现金类资产 \div 负债合计$$

$$= （货币资金 + 有价证券） \div 负债合计$$

虽然现金负债比率最能反映企业直接偿付负债的能力，这个比率越高，说明企业偿债能力越强。但是，如果企业停留过多的现金类资产，现金负债比率过高，就意味着企业负债未能合理地运用，经常以获利能力低的现金类资产保持着，这会导致企业机会成本的增加。

【例10】B股份有限公司2009年、2010年、2011年年末货币资金，存货，流动资产，流动负债，负债合计如表8-10所示，该公司偿债能力现金负债比率对比如表8-11所示：

表8-10 现金负债比率表

单位：元

项目	2011年年末余额	2010年年末余额	2009年年末余额
货币资金	200 444 174.18	264 449 989.82	278 716 627.32
交易性金融资产			
流动负债合计	8 258 003.85	40 384 918.41	28 107 430.17
非流动负债合计	6 011 523.46	8 997 018.42	6 322 513.38
负债合计	57 334 320.83	49 381 936.83	34 429 43.55
现金负债比率表	349.61%	535.52%	809.52%

该公司现金负债比率计算如下：

$$现金负债比率 = 现金类资产 \div 负债合计$$

2009年现金负债比率 = 278 716 627.32 ÷ 34 429 943.55 × 100%
= 809.52%

2010年现金负债比率 = 264 449 989.82 ÷ 49 381 936.83 × 100%
= 535.52%

2011年现金负债比率 = 200 444 174.18 ÷ 57 334 320.83 × 100%
= 349.61%

表 8-11　B 股份有限公司偿债能力现金负债比率对比表

现金负债比率（%）				
期间	第 1 季	中期	前 3 季	年度
2012	389.73	—	—	—
2011	477.21	411.14	377.05	349.61
2010	1003.33	773.02	497.13	535.52
2009	—	23.13	18.78	809.52

　　该企业连续三年的现金比率过高，2011 年的现金比率 349.61% 比 2010 年 535.52%、2009 年 809.52% 有所下降，该企业三年来逐渐调整财务结构，目前企业资金充裕，偿债能力强。

8.6　正确计算流动资产构成比率

　　流动资产构成比率是每一项流动资产在流动资产总额中所占的比重。分析流动资产构成比率的作用在于，了解每一项流动资产所占用的投资额，弥补流动比率的不足，达到检测流动资产构成内容的目的。其计算公式为：

流动资产构成比率 = 每一项流动资产 ÷ 流动资产总额

　　【例 11】甲股份公司 2010 年货币资金 8 000 000 元，有价证券 10 000 000 元，存货 25 000 000 元，应收款项 12 000 000 元，流动资产 55 000 000 元，流动负债 34 000 000 元，甲企业 2011 年货币资金 9 000 000 元，有价证券 5 000 000 元，存货 26 000 000，应收款项 16 000 000 元，流动资产 53 000 000 元，流动负债 40 000 000 元，该企业的流动比率、速动比率、现金比率、流动资产构成比率四种比率可计算如下。

　　2010 年流动比率 = 55 000 000 ÷ 34 000 000 = 1.618

　　2011 年流动比率 = 53 000 000 ÷ 40 000 000 = 1.325

　　2010 年速动比率 = （55 000 000 - 25 000 000）÷ 34 000 000 = 0.882

　　2011 年速动比率 = （53 000 000 - 26 000 000）÷ 40 000 000 = 0.675

2010 年现金比率 = （8 000 000 + 10 000 000）÷ 34 000 000 = 0.529

2011 年现金比率 = （9 000 000 + 5 000 000）÷ 40 000 000 = 0.350

2010 流动资产构成比率如下。

货币资金占流动资产比率 = 8 000 000 ÷ 55 000 000 = 0.1455

有价证券占流动资产比率 = 10 000 000 ÷ 55 000 000 = 0.1818

存货占流动资产比率 = 25 000 000 ÷ 55 000 000 = 0.4545

应收款项占流动资产比率 = 12 000 000 ÷ 55 000 000 = 0.2182

2011 流动资产构成比率如下。

货币资金占流动资产比率 = 9 000 000 ÷ 53 000 000 = 0.1698

有价证券占流动资产比率 = 5 000 000 ÷ 53 000 000 = 0.0943

存货占流动资产比率 = 23 000 000 ÷ 53 000 000 = 0.4340

应收款项占流动资产比率 = 1 6 000 000 ÷ 53 000 000 = 0.3019

【例 12】B 股份有限公司 2010 年、2011 年流动资产构成比率如表 8 – 12 所示。

表 8 – 12　流动资产构成比率表

单位：元

项目	2011 年 12 月 31 日	占资产 总额比例%	2010 年 12 月 31 日	占资产 总额比例%	同比 增减额	同比 变动%
货币资金	200 444 174.18	37.73	264 449 989.82	56.39	– 64 005 815.64	– 24.20
应收票据	44 345 373.00	8.35	18 035 750.71	3.85	26 309 622.29	145.87
应收账款	49 940 036.74	9.40	34401244.59	7.34	15 538 792.15	45.17
预付款项	33 265 781.15	6.26	24 143 934.50	5.15	9 121 846.65	37.78
应收利息	110 742.25	0.02	153 102.22	0.03	– 42 359.97	– 27.67
其他 应收款	2 539 450.45	0.48	423 452.91	0.09	2 115 997.54	499.70
存货	39 101 888.83	7.36	26 002 710.57	5.54	13 099 178.26	50.38
流动资产 合计	369 747 446.60	69.59	367 610 185.32	78.39	2 137 261.28	0.58
非流动资 产合计	161 553 040.37	30.41	101 346 776.35	21.61	60 206 264.02	59.41
资产总计	531 300 486.97	100.00	468 956 961.67	100.00	62 343 525.3	13.29

该公司 2011 年年末、2010 年年末货币资金占流动资产比例超过 50%，表明该企业货币资金充裕，企业资产流动性好。流动资产 2011 年占资产总额 69.59%，2010 年占资产总额 78.39%，流动资产比重较高，短期偿债能力强。应收账款、应收票据、货币资金占资产总额比重变化较大，需要逐项分析。

（1）货币资金 2011 年年末数较 2011 年年初数减少 64 005 815.64 元，降低 24.20%，主要系该公司 2011 年度进行募投项目建设，增大资金支出所致。

（2）应收票据 2011 年年末数较 2011 年年初数增加 26 309 622.29 元，增长 145.87%，主要系 2011 年度该公司客户以承兑汇票方式结算货款增加以及本期增资收购 C 有机硅新材料有限公司股权，2011 年年末合并其财务报表增加应收票据所致。

（3）应收账款 2011 年年末数较 2011 年年初数增加 15 538 792.15 元，增长 45.17%，主要系该公司 2011 年销售收入增加以及本期增资收购 C 有机硅新材料有限公司股权，年末合并其财务报表增加应收账款所致。

（4）预付款项 2011 年年末数较 2011 年年初数增加 9 121 846.65 元，增长 37.78%，主要系该公司全资子公司 B 新材料有限公司 2011 年预付土地款以及本期增资收购 C 有机硅新材料有限公司股权，年末合并其财务报表增加预付账款所致。

（5）其他应收款 2011 年年末数较 2011 年年初数增加 2 115 997.54 元，增长 499.70%，主要系该公司 2011 年增资收购 C 有机硅新材料有限公司股权，2011 年年末合并其财务报表增加其他应收款所致。

（6）存货 2011 年年末数较 2011 年年初数增加 13 099 178.26 元，增长 50.38%，主要系 2011 年生产扩大相应的存货增加以及 2011 年增资收购 C 有机硅新材料有限公司股权，年末合并其财务报表增加存货所致。

8.7 正确计算负债比率

从长期看，公司盈利的历史状况通常能够更好地体现公司偿还长期负债的能力。因此衡量公司流动性的另一个指标是负债比率或负债与总资产的比率。负债比率又称资产负债率、举债经营比率，是企业负债总额对资产总额的比率。该比率体现了公司有多少资产是通过外部筹资获得的。它表明企业资产总额中，债权人提供资金所占的比重，以及企业资产对债权人权益的保障程度。表明的是债务和资产、净资产的关系，它反映企业偿付债务本金和支付债务利息的能力。这一比率越小，表明企业的长期偿债能力越强。其计算公式如下：

负债比率 = 负债平均总额 ÷ 资产平均总额 × 100%

负债比率 = 负债总额 ÷ 资产总额 × 100%

公式中的负债总额包括长期负债和短期负债。资产总额是扣除累计折旧后的净额。

负债比率企业设置的标准值为 0.7。

负债比率也表示企业对债权人资金的利用程度。如果此项比率较大，从企业所有者来说，利用较少的自有资本投资，形成较多的生产经营用资产，不仅扩大了生产经营规模，而且在经营状况良好的情况下，还可以利用财务杠杆的原理，得到较多的投资利润。但如果这一比率过大，则表明企业的债务负担重，企业的资金实力不强，遇有风吹草动，企业的偿债能力就缺乏保证，对债权人不利。企业资产负债率过高，债权人的权益就有风险，一旦资产负债率超过 1，则说明企业资不抵债，净资产出现负值，有濒临倒闭的危险，债权人将受损失。

债权人认为资产负债率越低越好，该比率越低，债权人越有保障，贷款风险越小；从股东的角度看，如果能够保证全部资本利润率大于借债利率，则希望该指标越大越好，否则反之；从经营者角度看，负债过高，企业难以继续筹资，负债过低，说明企业经营缺乏活力；因此从财务管理的角度，企业要在盈利与风险之间作出权衡，确定合理的资本结构。该指标越低，表明企业偿债能力越强。但资产负债率也并非是越低越好。资产负债率在60%－70%，比较合理、稳健；达到85%及以上时，应视为发出预警信号，企业应提起足够的注意。

【例13】甲企业2010年负债平均总额54 000 000元，资产平均总额200 000 000元，甲企业2011年负债平均总额65 000 000元，资产平均总额230 000 000元，可计算该企业负债比率如下。

2010年负债比率 = 54 000 000 ÷ 200 000 000 × 100% = 27%

2011年负债比率 = 65 000 000 ÷ 230 000 000 × 100% = 28.26%

该企业连续两年的负债比率均不高。说明企业长期偿债能力较强债权人每一元债权有3元以上的资产作为抵偿的后盾。这种比率有利于增强债权人对企业出借资金的信心。负债比率较低还表明企业可在资本利润率、负债利息率、增加负债所增加的风险之间进行权衡，适当增加对债权人资金的利用，提高企业的盈利水平。负债比率指标的分析情况如下。

比率升高或较高时优点主要有：企业生产经营资金增多，企业资金来源增大；企业利用外部资金水平提高，自有资金潜力得到进一步发挥。缺点主要有：资金成本提高，长期负债增大，利息支出提高；企业风险增大，一旦企业陷入经营困境，如货款收不回，流动资金不足等情况，长期负债就变成了企业的包袱。

比率降低或较低时优点主要有：企业独立性强；企业长期资金稳定性好。缺点主要有：企业产品利润率高，企业自有资金利润率大于银行利率，而企业没有充分利用外部资金为企业创利。

运用这一比率可以测知公司扩展经营的能力大小并分析股东权益的

运用程度。比率越高公司扩展经营的能力越大，股东权益也能得到充分运用。但是，举债经营要承担一定的风险。如果经营顺利，这一比率高的公司虽然承担较大风险，但也有机会获得更大的利润，为股东带来更多的收益；反之，如果经营不佳，则借贷的利息将由股东权益补偿，当负债太多以至于无法支付利息或本金时，可能被债权人强迫清算或改组，对股东不利。可见，公司在进行举债经营决策时，必须在预期利润的增加和风险的增加这两点上权衡利弊，均应以市场状况、经营状况的顺利与否为转移。在高新技术企业中，这一比率一般均达到80%以上。

【例14】B股份有限公司2010年年末负债总额49 381 936.83元，资产总额468 956 961.67元，2011年年末负债总额57 334 320.83元，资产总额531 300 486.97元，计算该企业负债比率如表8-13所示。

2010年负债比率 = 49 381 936.83 ÷ 468 956 961.67 × 100% = 10.53%

2011年负债比率 = 57 334 320.83 ÷ 531 300 486.97 × 100% = 10.79%

表8-13 负债比率

单位：元

项目	2011年年末余额	负债比率	2010年年末余额	负债比率
负债合计：	57 334 320.83		49 381 936.83	
资产总计合计	531 300 486.97	0.1079	468 956 961.67	0.1053

B股份有限公司2010年、2011年负债比率均不足11%，表明企业自有资金充足，企业独立性强，企业长期资金稳定性好。但是也表明企业资金没有得到充分利用，在企业自有资金利润率大于银行利率，而企业没有充分利用外部资金为企业创利。该公司总资产与负债对比如图8-5所示、B股份有限公司报告期偿债能力负债比率对比分析如表8-14所示及B股份有限公司最近四期资产、负债、股东权益对比分析如表8-15所示。

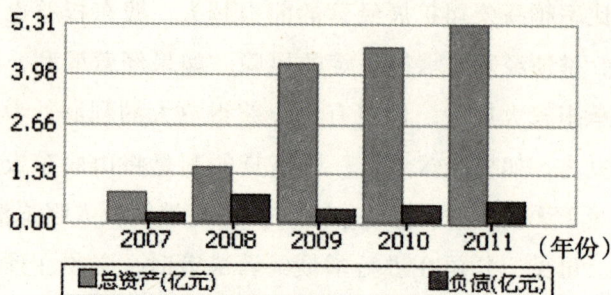

图 8-5　总资产与负债对比

表 8-14　B 股份有限公司报告期偿债能力负债比率对比分析表

资产负债率（%）				
期间	第 1 季	中期	前 3 季	年度
2012	8.81	—		—
2011	9.89	10.49	9.72	10.79
2010	6.33	7.8	11.38	10.53
2009	—	41.38	36.99	8.17

表 8-15　B 股份有限公司最近四期资产、负债、股东权益对比分析表

单位：亿元

报告期	2012-3-31	行业排名	2011-12-31	行业排名	2011-9-30	行业排名	2011-6-30	行业排名
资产合计	5.27	235	5.31	237	5.12	231	4.97	229
负债合计	0.46	241	0.57	238	0.5	237	0.52	240
股东者权益合计	4.81	209	4.74	209	4.62	208	4.45	206
归属母公司股东的权益	4.62	207	4.55	208	4.43	204	4.25	205

8.8　正确计算股东权益比率和权益总资产率

　　股东权益比率是所有者权益同资产总额的比率。该比率反映企业资

产中有多少是所有者投入的。可以用下列公式表示。

$$股东权益比率 = 所有者权益 \div 资产总额 \times 100\%$$

式中所有者权益和资产总额可以按期末数计算，也可以按本期平均数计算。

【例15】甲企业2009年年末所有者权益为130 000 000元，2010年年末所有者权益为146 000 000元，2009年年末资产总额为190 000 000元，2010年年末资产总额为200 000 000元，甲企业2010年年末所有者权益为146 000 000元，2011年年末所有者权益为165 000 000元，2010年年末资产总额为200 000 000元，2011年年末资产总额为230 000 000元，该企业的股东权益比率可计算如下：

$$
\begin{aligned}
2010年股东权益比率 = & [(130\,000\,000 + 146\,000\,000) \div 2] \div \\
& [(190\,000\,000 + 200\,000\,000) \div 2] \times \\
& 100\% = 70.77\%
\end{aligned}
$$

$$
\begin{aligned}
2011年股东权益比率 = & [(165\,000\,000 + 146\,000\,000) \div 2] \div \\
& [(230\,000\,000 + 200\,000\,000) \div 2] \\
= & 72.33\%
\end{aligned}
$$

股东股益比率与负债比率之和按同口径计算应等于1。股东权益比率越大，负债比率就越小企业的财务风险也就越少。股东权益比率是从另一个侧面来反映企业长期财务状况和长期偿债能力的。股东权益比率的倒数，称为权益总资产率，又称权益乘数，说明企业资产总额是股东权益的多少倍。该项比率越大，表明股东投入的资本在资产总额中所占的比重越小，对负债经营利用得越充分。可用下列公式表示：

$$权益总资产率 = 资产平均总额 \div 平均所有者权益 \times 100\%$$

【例16】甲企业2009年年末所有者权益为130 000 000元，2010年年末所有者权益为146 000 000元，2009年年末资产总额为190 000 000元，2010年年末资产总额为200 000 000元，甲企业2010年年末所有者权益为146 000 000元，2011年年末所有者权益为165 000 000元，2010年年末资产总额为 200 000 000 元，2011 年年末资产总额为 230 000 000 元，该企业的总资产和净权益比率可计算如下。

2010 年权益总资产率 = $[(190\,000\,000 + 200\,000\,000) \div 2]$

$\div [(130\,000\,000 + 146\,000\,000) \div 2]$

$\times 100\% = 141.30\%$

2011 年权益总资产率 = $[(230\,000\,000 + 200\,000\,000) \div 2]$

$\div [(165\,000\,000 + 146\,000\,000) \div 2]$

$\times 100\% = 138.26\%$

【例 17】B 股份有限公司 2009 年、2010 年、2011 年股东权益比率如表 8 – 16 所示。

表 8 – 16　股东权益比率

单位：元

项目	2011 年年末余额	2010 年年末余额	2009 年年末余额
归属于母公司所有者权益合计	454 868 516.31	419 575 024.84	386 960 353.50
少数股东权益	19 097 649.83		
所有者权益合计:	473 966 166.14	419 575 024.84	386 960 353.50
资产总计合计	531 300 486.97	468 956 961.67	421 390 297.05
股东权益比率	0.8561	0.8947	0.9183

股东权益比率 = 归属于母公司所有者权益合计 ÷ 资产总额

2009 年股东权益比率 = 386 960 353.50 ÷ 421 390 297.05 × 100%
= 91.83%

2010 年股东权益比率 = 419 575 024.84 ÷ 468 956 961.67 × 100%
= 89.47%

2011 年股东权益比率 = 454 868 516.31 ÷ 531 300 486.97 × 100%
= 85.61%

B 股份有限公司 2009 年、2010 年、2011 年股东权益比率均高达 85% 以上，表明企业资产基本上都是由自有资金形成。但是也表明企业资金没有得到充分利用，在企业自有资金利润率大于银行利率，而企业没有充分利用外部资金为企业创利。该公司股东权益与未分配利润对比如图8-6所示、B股份有限公司报告期偿债能力股东权益比率对比分析如表8-17所示及该公司最近四期资产、负债、股东权益对比分析如表8-18所示。

表8-17　B股份有限公司报告期偿债能力股东权益比率对比分析表（%）

年份	第1季	中期	前3季	年度
—	2012	87.55	—	—
2011	87.24	85.5	86.45	85.61
2010	93.67	92.2	88.62	89.47
2009	—	58.62	63.01	91.83

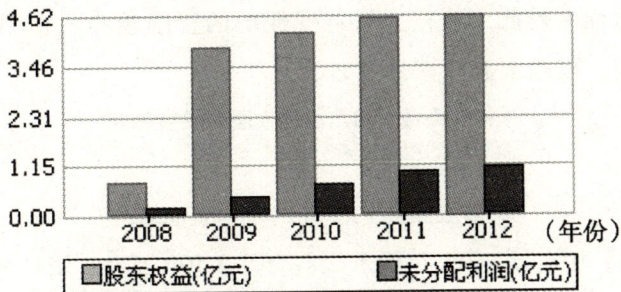

图8-6　股东权益与未分配利润对比

表8-18　B股份有限公司最近四期资产、负债、股东权益对比分析表

单位：亿元

报告期	2012-3-31	行业排名	2011-12-31	行业排名	2011-9-30	行业排名	2011-6-30	行业排名
资产合计	5.27	235	5.31	237	5.12	231	4.97	229
负债合计	0.46	241	0.57	238	0.5	237	0.52	240
股东者权益合计	4.81	209	4.74	209	4.62	208	4.45	206
归属母公司股东的权益	4.62	207	4.55	208	4.43	204	4.25	205

8.9 正确计算权益乘数

普通杠杆率是指普通股股东杠杆率，即通过向普通股股东融资所获得的资产与全部资产的比例，因此也有人称之为权益乘数又称股本乘数、权益倍数。表示资产总额相当于股东权益的倍数。权益乘数越大表明所有者投入企业的资本占全部资产的比重越小，企业负债的程度越高；反之，该比率越小，表明所有者投入企业的资本占全部资产的比重越大，企业的负债程度越低，债权人权益受保护的程度越高。它用来衡量企业的财务风险。权益乘数计算公式如下：

$$权益乘数 = 资产总额 \div 股东权益总额$$

即

$$权益乘数 = 1 \div (1 - 资产负债率)$$

【例18】甲公司 2011 年股东权益合计 2 500 万元，资产总计 5 000 万元，计算 2011 年末的权益乘数。权益报酬率是净利润与平均净资产的百分比，也叫净值报酬率或净资产收益率。公式：

$$净资产收益率 = 净利润 \div 平均净资产 \times 100\%$$

其中，

$$平均净资产 = (年初净资产 + 年末净资产) \div 2$$

$$权益乘数 = 资产总额 \div 所有者权益总额 = 1 \div (1 - 资产负债率)$$

权益乘数 = 5 000 ÷ 2 500 = 2.00

权益乘数较大，表明企业负债较多，一般会导致企业财务杠杆率较高，财务风险较大，在企业管理中就必须寻求一个最优资本结构，实现企业价值最大化。当借入资本成本率小于企业的资产报酬率时，借入资金首先会产生避税效应（债务利息税前扣除），提高权益乘数，同时杠杆扩大，使企业价值随债务增加而增加。但杠杆扩大也使企业的破产可能性上升，而破产风险又会使企业价值下降等等。但是，若公司营运状况刚好处于向上趋势中，较高的权益乘数反而可以创造更高的公司获利，透过提高公司的股东权益报酬率，对公司的股票价值产生正面激励效果。

【例19】B 股份有限公司 2009 年、2010 年、2011 年权益乘数如表 8-19 所示，最近四期权益乘数对比如表 8-20 所示。

表 8-19　权益乘数

单位：元

项目	2011 年年末余额	2010 年年末余额	2009 年年末余额
归属于母公司所有者权益合计	454 868 516.31	419 575 024.84	386 960 353.50
少数股东权益	19 097, 649.83		
所有者权益合计：	473 966 166.14	419 575 024.84	386 960 353.50
资产总计合计	531 300 486.97	468 956 961.67	421 390 297.05
权益乘数	1.121	1.1177	1.089

权益乘数 = 资产总额 ÷ 所有者权益总额 = 1 ÷ (1 - 资产负债率)

2009 年权益乘数 = 421 390 297.05 ÷ 386 960 353.50 = 1.0890

2010 年权益乘数 = 468 956 961.67 ÷ 419 575 024.84 = 1.1177

2011 年权益乘数 = 531 300 486.97 ÷ 473 966 166.14 = 1.1210

表 8-20　最近四期权益乘数对比表

报告期	2012-3-31			2011-12-31			2011-9-30			2011-6-30		
偿债指标	公司	沪深300	行业	公司	沪深300	行业	公司	沪深300	行业	公司	沪深300	行业
权益乘数	1.1	3.31	2.38	1.12	3.31	1.96	1.11	3.31	0.61	1.12	3.36	3.31

8.10　正确计算负债与股东权益比率

负债与股东权益比率又称产权比率，是负债总额与所有者权益之间的比率，是为评估资金结构合理性的一种指标。它反映企业投资者权益对债权人权益的保障程度。这一比率越低，表明企业的长期偿债能力越强，债权人权益的保障程度越高，承担的风险越小，债权人就愿意向企业增加借款。其计算公式如下：

$$负债与股东权益比率 = 负债总额 \div 所有者权益$$

$$产权比率 = （负债总额 \div 股东权益）\times 100\%$$

负债与股东权益比率企业设置的标准值为1.2。

（1）产权比率用来表明由债权人提供的和由投资者提供的资金来源的相对关系，反映企业基本财务结构是否稳定。

一般来说，股东资本大于借入资本较好，产权比率高是高风险、高报酬的财务结构，产权比率低，是低风险、低报酬的财务结构。从股东来看，在通货膨胀加剧时期，企业多借债可以把损失和风险转嫁给债权人；在经济繁荣时期，多借债可以获得额外的利润；在经济萎缩时期，少借债可以减少利息负担和财务风险。

（2）该指标同时也表明债权人投入的资本受到股东权益保障的程度，或者说是企业清算时对债权人利益的保障程度。

国家规定债权人的索偿权优先于股东。产权比率不仅反映了由债权人提供的债务与所有者提供的资本的相对关系，而且反映了企业自有资金偿还全部债务的能力，因此它又是衡量企业负债经营是否安全有利的重要指标。一般认为这一比率为1:1，即100%以下时，应该是有偿债能力的，但还应该结合企业的具体情况加以分析。当企业的资产收益率大于负债成本率时，负债经营有利于提高资金收益率，获得额外的利润，这时的产权比率可适当高些。

【例20】甲企业2010年年末负债总额54 000 000元，所有者权益总额146 000 000元，2011年年末负债总额65 000 000元，所有者权益总额165 000 000元，该企业的负债与股东权益比率可计算如下：

2010年负债与股东权益比率 = 54 000 000 ÷ 146 000 000 × 100%

= 36.99%

2011 年负债与股东权益比率 = 65 000 000 ÷ 165 000 000 × 100%
$$= 39.39\%$$

该企业两年负债与股东权益比率都不高。同负债比率的计算结果可相互印证，表明企业的长期偿债能力较强，债权人的保障程度较高。

负债与股东权益比率与负债比率的计算，都以负债总额为分子，对比的分母，负债比率是资产总额，负债与股东权益比率的分母是资产总额与负债总额之差。它们分别从不同的角度表示对债权的保障程度和企业长期偿债能力。因此，两者的经济意义是相同的，具有相互补充的作用。

一般来说，产权比率可反映股东所持股权是否过多，或者是尚不够充分等情况，从另一个侧面表明企业借款经营的程度。这一比率是衡量企业长期偿债能力的指标之一。它是企业财务结构稳健与否的重要标志。该指标表明由债权人提供的和由投资者提供的资金来源的相对关系，反映企业基本财务结构是否稳定。产权比率越低表明企业自有资本占总资产的比重越大，从而其资产结构越合理，长期偿债能力越强。

【例 21】乙公司 2011 年年初流动负债 11 000 000 元，长期负债 29 000 000 元，年初股东权益 44 000 000 元，2011 年年末流动负债 15 000 000 元，长期负债 38 000 000 元，年末股东权益 47 000 000 元。乙公司的产权比率如下。

年初产权比率 = （11 000 000 + 29 000 000）÷ 44 000 000 × 100%
$$= 90.91\%$$

年末产权比率 = （15 000 000 + 38 000 000）÷ 47 000 000 × 100% = 112.77%

由计算可知，乙公司年初的产权比率不是很高，而年末的产权比率偏高，表明年末该公司举债经营程度偏高，财务结构不很稳定。产权比率与资产负债率对评价偿债能力的作用基本一致，只是资产负债率侧重于分析债务偿付安全性的物质保障程度，产权比率则侧重于揭示财务结构的稳健程度以及自有资金对偿债风险的承受能力。

【例 22】B 股份有限公司 2011 年年初流动负债 40 384 918.41 元，长期负债 8 997 018.42 元，年初股东权益 419 575 024.84 元，2011 年年末流动负债 51 322 797.37 元，长期负债 6 011 523.46 元，年末股东权益 473 966 166.14 元。公司的产权比率如下。

2010 年年末产权比率 = 49 381 936.83 ÷ 419 575 024.84 × 100%
= 11.77%

2011 年年末产权比率 = 57 334 320.83 ÷ 473 966 166.14 × 100%
= 12.10%

B 股份有限公司 2010 年、2011 年股东权益比率如表 8-21 所示。

表 8-21　股东权益比率

单位：元

项目	2011 年年末余额	产权比率	2010 年年末余额	产权比率
所有者权益合计：	473 966 166.14		419 575 024.84	
负债合计	57 334 320.83	0.1177	49 381 936.83	0.121

B 股份有限公司 2010 年、2011 年产权比率均低于 13%，表明企业资产主要由自有资金形成。

8.11　正确进行有形净值债务率分析

有形净值债务率是企业负债总额与有形净值的百分比。有形净值是所有者权益减去无形资产净值后的净值，即所有者具有所有权的有形资产净值。有形净值债务率用于揭示企业的长期偿债能力，表明债权人在企业破产时的被保护程度。有形净值债务率指标实质上是产权比率指标的延伸，是更为谨慎、保守地反映在企业清算时债权人投入的资本受到股东权益的保障程度。从长期偿债能力来讲，比率越低越好。其计算公式如下：

有形净值债务率 = ［负债总额 ÷ （股东权益 − 无形资产净值）］ ×100%

有形净值债务率企业设置的标准值为 1.5。

无形资产包括商誉、商标、专利权以及非专利技术等。由于这些无形资产都不一定能用来还债，为谨慎起见，一律视其为不能偿还债务的资产而将其从股东权益中扣除，这样有利于更切实际地衡量公司的偿债能力。有形净值债务率主要是用于衡量企业的风险程度和对债务的偿还能力。这个指标越大，表明风险越大；反之，则越小。同理，该指标越小，表明企业长期偿债能力越强，反之，则越弱。

对有形净值债务率的分析，可以从以下几个方面进行。

第一，有形净值债务率揭示了负债总额与有形资产净值之间的关系，能够计量债权人在企业处于破产清算时能获得多少有形财产保障。从长期偿债能力来讲，指标越低越好。

第二，有形净值债务率指标最大的特点是在可用于偿还债务的净资产中扣除了无形资产，这主要是由于无形资产的计量缺乏可靠的基础，不可能作为偿还债务的资产。

第三，有形净值债务率指标的分析与产权比率分析相同，负债总额与有形资产净值应维持1:1的比例。

第四，在使用产权比率时，应该结合有形净值债务率指标，做进一步分析。

这项指标也是资产负债率的延伸，是一项更为客观地评价企业偿债能力的指标。这项指标的作用及其分析方法与资产负债率基本相同。在资产总额中如果长期待摊费用的金额较大，在计算该指标时也应从资产总额中扣除。

【例23】甲企业 2010 年负债平均总额 54 000 000 元，股东权益平均146 000 000 元，资产平均总额 200 000 000 元，其中：无形资产平均12 000 000 元，长期待摊费用平均 8 000 000 元，甲企业 2011 年负债平均总额 65 000 000 元，股东权益平均 165 000 000 元，资产平均总额

230 000 000元，无形资产平均 13 000 000 元，长期待摊费用平均
7 000 000元，可计算该企业负债比率、有形净值债务率如下。

2010 年负债比率 = 54 000 000 ÷ 200 000 000 × 100% = 27%

2010 年有形净值债务率 = [54 000 000 ÷ (146 000 000 − 12 000 000 −

8 000 000)] × 100% = 42.86%

2011 年负债比率 = 65 000 000 ÷ 230 000 000 × 100% = 28.26%

2011 年有形净值债务率 = [65 000 000 ÷ (165 000 000 − 13 000 000 −

7 000 000)] × 100% = 44.83%

【例24】B 股份有限公司有形净值债务率计算过程如表 8 - 22 所示，
该公司有形净值债务率对比分析如表 8 - 23 所示。

表 8 - 22　有形净值债务率

单位：元

项目	2011 年年末余额	2010 年年末余额	2009 年年末余额
所有者权益合计：	473 966 166.14	419 575 024.84	386 960 353.50
无形资产	16 182 581.64	14 241 150.58	14 444 357.87
商誉	8 258 003.85		
资产总计	531 300 486.97	468 956 961.67	421 390 297.05
负债合计	57 334 320.83	49 381 936.83	34 429 943.55
有形净值债务率	12.75%	12.18%	9.24%

2009 年有形净值债务率 = [34 429 943.55 ÷ (386 960 353.50

− 14 444 357.87)] × 100% = 9.24%

2010 年有形净值债务率 = [49 381 936.83 ÷ (419 575 024.84

− 14 241 150.58)] × 100% = 12.18%

2011 年有形净值债务率 = [57 334 320.83 ÷ (473 966 166.14 − 16 182 581.64

− 8 258 003.85)] × 100% = 12.75%

表 8 - 23　有形净值债务率对比分析

会计年度	2012 - 3 - 31	2011 - 12 - 31	2010 - 12 - 31	2009 - 12 - 31	2008 - 12 - 31
有形净值债务率	0.10	0.13	0.12	0.09	1.24

8.12 正确计算资本周转率

资本周转率，表示可变现的流动资产与长期负债的比例，反映公司清偿长期债务的能力。计算公式如下：

资本周转率 =（货币资金 + 交易性金融资产 + 应收票据）÷ 长期负债合计

该指标值越大，表明公司近期的长期偿债能力越强，债权的安全性越好。由于长期负债的偿还期限长，所以，在运用该指标分析公司的长期偿债能力时，还应充分考虑公司未来的现金流入量，经营获利能力和盈利规模的大小。如果公司的资本周转率很高，但未来的发展前景不乐观，即未来可能的现金流入量少，经营获利能力弱，且盈利规模小，那么，公司实际的长期偿债能力将变弱。资本周期如图 8 - 7 所示。

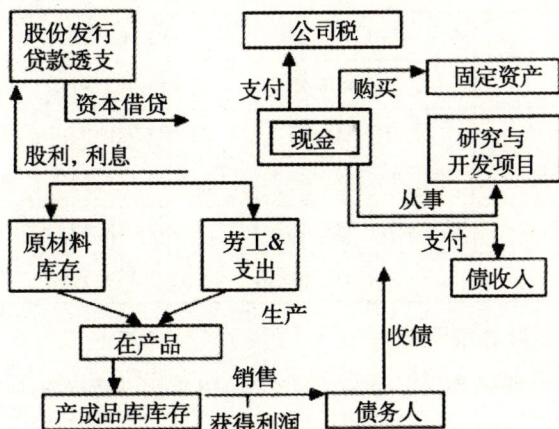

图 8 - 7　资本周期

【例 25】甲股份有限公司资本周转率为 40%，与同行业公司平均水平比较，指标值很小，而且该公司长期负债期末余额达到 55 000 万元，规模较大，说明该公司长期偿债压力较大，但是该公司资产周转情况良好，连续三年总资产周转率达 30% 以上，而且获利能力和积累能力较强，连续三年净资产增长率为 10% 以上，连续三年的净利润增长率和总资产利润率分别达 15% 以上和 10% 以上，从而在一定程度减轻了长期偿债压力。

【例 26】B 股份有限公司 2011 年资本周转率计算资料如表 8-24 所示。

表 8-24　资本周转率

单位：元

项目	2011 年年末余额	2010 年年末余额	2009 年年末余额
货币资金	200 444 174.18	264 449 989.82	278 716 627.32
结算备付金			
拆出资金			
交易性金融资产			
应收票据	44 345 373.00	18 035 750.71	7 116 504.01
应收账款	49 940 036.74	34 401 244.59	29 985 456.49
预付款项	33 265 781.15	24 143 934.50	3 788 840.68
应收利息	110 742.25	153 102.22	
其他应收款	2 539 450.45	423 452.91	66 500.00
存货	39 101 888.83	26 002 710.57	12 430 579.49
流动资产合计	36 9747 446.60	367 610 185.32	332 104 507.99
非流动负债合计	6 011 523.46	8 997 018.42	6 322 513.38
资本周转率	4 071.01%	3 139.77%	4 520.88%

资本周转率计算如下。

2011 年资本周转率 = [（200 444 174.18 + 44 345 373.00）÷
　　　　　　6 011 523.46]×100% = 4 071.01%

2010 年资本周转率 = [（264 449 989.82 + 18 035 750.71）÷
　　　　　　8 997 018.42]×100% = 3 139.77%

2009 年资本周转率 = [（278 716 627.32 + 7 116 504.01）÷
　　　　　　6 322 513.38]×100% = 4 520.88%

B 股份有限公司 2011 年资本周转率为 4 071.01%，2010 年资本周转率为 3 139.77%，2009 年资本周转率 4 520.88%，与同行业公司平均水平比较，指标值很大，而且该公司长期负债 2011 年期末余额只有 6 011 523.46 元，规模较小，说明该公司融资方式主要是 A 股市场发行股票募集资金，该公司资本周转率明显远高于同行业企业，连续三年高达 3 000% 以上。

8.13 正确计算清算价值比率

清算价值比率，表示企业有形资产与负债的比例，反映公司清偿全部债务的能力。公式如下：

清算价值比率 =（资产总计 – 无形及递延资产合计）÷负债合计

该指标值越大，表明公司的综合偿债能力越强。由于有形资产的变现能力和变现价值受外部环境的影响较大且很难确定，所以运用该指标分析公司的综合偿债能力时，还需充分考虑有形资产的质量及市场需求情况。如果公司有形资产的变现能力差，变现价值低，那么公司的综合偿债能力就会受到影响。

【例 27】甲股份有限公司清算价值比率为 90%，与同行业公司平均水平比较，指标值偏低，而且该公司负债合计期末余额达到 80 000 万元，无形资产及递延资产合计 28 000 万元，资产总额 100 000 万元，企业负债规模较大，说明该公司长期偿债压力较大，需要公司加快资产周转率，合理利用专有技术，提升企业获利能力，减少利润分配，从而在一定程度减轻长期偿债压力。

【例 28】B 股份有限公司 2011 年清算价值比率计算资料如表 8 – 25 所示。

表 8 – 25　清算价值比率

单位：元

项目	2011 年年末余额	2010 年年末余额	2009 年年末余额
流动资产合计	36 9747 446.60	367 610 185.32	332 104 507.99
固定资产	98 090 768.87	74 540 708.33	69 993 133.43
在建工程	37 209 517.61	11 794 036.53	3 615 657.24
无形资产	16 182 581.64	14 241 150.58	14 444 357.87
开发支出			
商誉	8 258 003.85		
长期待摊费用			
递延所得税资产	1 812 168.40	770 880.91	1 232 640.52
其他非流动资产			
其中，特准储备物资			
非流动资产合计	161 553 040.37	101 346 776.35	89 285 789.06
资产总计	531 300 486.97	468 956 961.67	421 390 297.05
负债合计	57 334 320.83	49 381 936.83	34 429 943.55
清算价值比率	884.04%	920.81%	1 181.95%

清算价值比率计算如下。

2011 年清算价值比率 = [（531 300 486.97 – 16 182 581.64 –

8 258 003.85）÷57 334 320.83] ×

100% = 884.04%

2010 年清算价值比率 = [（468 956 961.67 – 14 241 150.58）÷

49 381 936.83] ×100% =920.81%

2009 年清算价值比率 = [（421 390 297.05 – 14 444 357.87）÷

34 429 943.55] ×100% =1 181.95%

B 股份有限公司 2011 年清算价值比率为 884.04%，2010 年清算价值比率为 920.81%，2009 年清算价值比率为 1 181.95% 与同行业公司平均水平比较，指标值较高，而且该公司 2011 年负债合计期末余额达到

57 334 320.83元，2010年负债合计期末余额达到49 381 936.83元，2009年负债合计期末余额达到34 429 943.55元，负债合计逐年增长，无形资产及递延资产2011年合计24 440 585.49元，无形资产及递延资产2010年合计14 241 150.58元，无形资产及递延资产2009年合计14 444 357.87元，2011年资产总额531 300 486.97元，2010年资产总额468 956 961.67元，2009年资产总额421 390 297.05元，三年来企业负债规模较小，说明该公司长期偿债压力较小，公司资产周转率较好。

8.14 正确计算利息支付倍数

利息支付倍数（利息保障倍数又称已获利息倍数），是指企业生产经营所获得的息税前利润与利息费用的比率，反映公司负债经营的财务风险程度。它是衡量企业偿付负债利息能力的指标。企业生产经营所获得的息税前利润对于利息费用的倍数越多，说明企业支付利息费用的能力越强。债权人要分析利息保障倍数指标，来衡量债权的安全程度。企业利润总额加利息费用为息税前利润。利息保障倍数可按以下公式进行计算：

利息支付倍数 =（利润总额 + 利息费用）÷ 利息费用

已获利息倍数 = 息税前利润 ÷ 利息费用

=（利润总额 + 财务费用）÷（财务费用中的利息支出 + 资本化利息）

通常也可用近似公式：已获利息倍数 =（利润总额 + 财务费用）÷ 财务费用

已获利息倍数企业设置的标准值为2.5。

该指标值越大，表明公司偿付借款利息的能力越强，负债经营的财务风险就小。由于财务费用包括利息收支、汇兑损益、手续费等项目，且还存在资本化利息，所以在运用该指标分析利息偿付能力时，最好将财务费用调整为真实的利息净支出，这样反映公司的偿付利息能力最准确。该比率高不仅说明利润水平高，而且说明负债水平低。该指标的一个变形是用经营活动的现金流量代替分子中的净利润。无论哪个指标，都可以体现公司利用经营结果偿还债务的能力。利息费用是企业很大的费用支出，在企业理财活动中是一个十分重要的因素，利息及利率对企业总资产报酬率、权益利润率、资产负债率等主要财务指标均有很强的影响力。企业只有在盈利条件下，才可以适当多一点负债，这对提高总资产报酬有好处；而在亏损条件下，负债越多，企业的效益越差。事实上，利率×利息保证倍数其经济含义为负债利润率，只有当负债利润率越高时，资产负债率的提高才是有益的。资产负债率与销售利润率、总资产周转率成正比，与利率及要求的利息保证倍数成反比。换言之，如果企业的销售利润率越高，总资产周转速度越快，则资产负债率可适度提高，反之销售利润率及总资产周转率一定时，利率越高，要求的利息保证倍数越高，则资产负债率应适当降低。

究竟企业已获息税前利润应是利息费用的多少倍。才算偿付利息能力强，这要根据往年经验结合行业特点来判断。根据稳健原则考虑，应以倍数较低的年度为评价依据。

【例29】甲股份公司 2010 年利润总额 40 000 000 元，利息费用 2 000 000 元，2011 年利润总额 42 000 000 元，利息费用 3 000 000 元，该企业已获利息倍数可计算如下。

2010 年利息保障倍数 =（40 000 000 + 2 000 000）÷ 2 000 000
= 21（倍）

2011 年利息保障倍数 =（42 000 000 + 3 000 000）÷ 3 000 000
= 15（倍）

从以上计算来看，应当说企业的利息保障倍数都较高，有较强的偿付负债利息的能力。进一步还需结合企业往年的情况和行业的特点进行判断。

【例30】B 股份有限公司 2011 年利润总额、2010 年利润总额、2009

年利润总额，2011 年利息费用、2010 年利息费用、2009 年利息费用如表 8-26 所示，该企业已获利息倍数可计算如下。

表 8-26　利息保障倍数

单位：元

项目	2011 年年末余额	2010 年年末余额	2009 年年末余额
利润总额	58 674 226.66	49 695 673.45	41 383 022.07
利息费用	452 106.86		1 667 970.00
已获利息倍数	130.78		25.81

2009 年利息保障倍数 = (41 383 022.07 + 1 667 970.00) ÷ 1 667 970.00 = 25.81（倍）

2010 年利息保障倍数 = ∝

2011 年利息保障倍数 = (58 674 226.66 + 452 106.86) ÷ 452 106.86 = 130.78（倍）

从以上计算来看，应当说企业的利息保障倍数都很高，有很强的偿付负债利息的能力，2010 年企业没有发生利息支出。企业目前基本使用募集资金开展经营活动，对外借款较少。

8.15　正确计算股东权益对负债比率

公司偿还长期债务能力的比率主要有流动比率、速动比率、流动资产构成比率、股东权益对负债比率、负债比率、举债经营比率、产权比率、固定比率、固定资产对长期负债比率和利息保障倍数。股东权益对负债比率是股东权益与负债总额之间的比率，用以表示公司的每百元负债中，有多少自有资本抵债，即自有资本占负债的比例。其计算公式为：

股东权益对负债比率 = 股东权益 ÷ 负债总额 × 100%

这一比率表示公司每 100 元负债中，有多少自有资本抵偿，即自有资本占负债的比例。

股东权益对负债比率就显示两种资金的相对比重高低。该比率越大，表明公司自有资本越雄厚，负债总额越小，债权人的债权就越有保障；该比率越小，则意味着公司负债越重，财务结构不够健全，一旦遭遇不景气时，企业就有偿债困难，债权人的利益受到较小的保障。

【例31】甲股份公司 2011 年 12 月 31 日股东权益合计 400 000 000 元，流动负债 600 000 000 元，长期负债 400 000 000 元，该企业股东权益对负债比率可计算如下。

$$2011 年股东权益对负债比率 = [400\,000\,000 \div (600\,000\,000 + 400\,000\,000)] \times 100\% = 40\%$$

从以上计算来看，公司负债较重，财务结构中负债总额大于股东权益，短期偿债压力较大，一旦遭遇经济环境恶化时，企业就有偿债困难，债权人的利益受到较小的保障。

【例32】B 股份有限公司 2011 年股东权益、2010 年股东权益、2009 年股东权益，2011 年负债总额、2010 年负债总额、2009 年负债总额如表 8 - 27 所示。

表 8 - 27 股东权益对负债比率

单位：元

项目	2011 年年末余额	2010 年年末余额	2009 年年末余额
股东权益	473 966 166.14	419 575 024.84	386 960 353.50
负债总额	57 334 320.83	49 381 936.83	34 429 943.55
股东权益对负债比率	826.67%	849.65%	1 123.91%

该企业股东权益对负债比率可计算如下。

$$2009 年股东权益对负债比率 = 386\,960\,353.50 \div 34\,429\,943.55 \times 100\%$$
$$= 1\,123.91\%$$

$$2010 年股东权益对负债比率 = 419\,575\,024.84 \div 49\,381\,936.83 \times 100\%$$
$$= 849.65\%$$

2011 年股东权益对负债比率 = 473 966 166. 14 ÷ 57 334 320. 83 × 100%

= 826. 67%

从以上计算来看，公司负债很低，财务结构中负债总额远小于股东权益，无偿债压力，债权人的利益能够充分保障，近三年股东权益对负债比率呈现逐年下降趋势。

8.16 正确计算固定比率

固定比率是企业的固定资产净值与所有者权益的比率。表示企业固定资产中究竟有多少是用自有资本购置的，并用于检测企业固定资产是否过度扩充，过度膨胀。其计算公式为：

固定比率 = 固定资产 ÷ 股东权益 × 100%

这一比率反映了企业的投资规模，也反映了偿债能力。固定资产应该用企业的自有资金来购置，因为固定资产的回收期较长，如果企业借入资金，特别是用流动负债来购置，流动负债到期了，投入到固定资产的资金却没收回，必然削弱企业偿还债务的能力。

固定比率越低，说明企业财务结构越健全，固定比率在 100% 以下为好。若高于此比率，则表明企业要么是资本不足，要么是固定资产过度膨胀。资本不足会影响企业的长期偿债能力，固定资产的过度膨胀，势必使资产的流动性减弱，从而也会影响企业未来的偿债能力。

长期以来，企业缺少资金管理控制计划，盲目投资、重复建设的现象相当严重，造成现有的生产能力利用率很低。闲置的固定资产是不会产生价值的，还要支付一定的维护保养费用。如果剔除闲置的固定资产价值，资产负债率将有所提高。随着市场经济机制完善，投资失误、生产能力利用率不高的企业必将被优势企业兼并、收购，或宣布破产。

【例33】甲股份公司 2011 年 12 月 31 日股东权益合计 400 000 000 元，固定资产净值 500 000 000 元，该企业固定比率可计算如下。

2011 年固定比率 = 500 000 000 ÷ 400 000 000 × 100% = 125%

从以上计算来看，公司负债较重，固定资产过度膨胀，使资产的流动性减少，影响企业未来的偿债能力。

【例34】B 股份有限公司 2011 年 12 月 31 日股东权益合计，固定资产净值，2010 年 12 月 31 日股东权益合计，固定资产净值，2009 年 12 月 31 日股东权益合计，固定资产净值，如表 8 - 28 所示。

表 8 - 28　固定比率

单位：元

项目	2011 年年末余额	2010 年年末余额	2009 年年末余额
股东权益	473 966 166.14	419 575 024.84	386 960 353.50
固定资产	98 090 768.87	74 540 708.33	69 993 133.43
固定比率	20.70%	17.77%	18.09%

该企业固定比率可计算如下。

2009 年固定比率 = 69 993 133.43 ÷ 386 960 353.50 × 100% = 18.09%

2010 年固定比率 = 74 540 708.33 ÷ 419 575 024.84 × 100% = 17.77%

2011 年固定比率 = 98 090 768.87 ÷ 473 966 166.14 × 100% = 20.70%

从以上计算来看，公司负债很少，固定资产规模较小，资产流动性很强，企业未来的偿债能力强，负债融资潜力很大。

8.17　正确计算固定资产对长期负债比率

固定资产对长期负债比率是指企业的固定资产（净值）与其长期负债之间的比率关系。这一比率既可表明公司有多少固定资产可供长期借贷的抵押担保，也可表明长期债权人权益安全保障的程度。就一般公司而言，固定资产尤其是已作为抵押担保的，应与长期负债维持一定的比例，以作为负债安全的保证。其计算公式为：

固定资产对长期负债比率 = 固定资产 ÷ 长期负债 × 100%

该指标应在 100% 以上，否则，债权人的权益就难于保证。以商业企业为例，该指标以大于 1 为妥。这表明企业的固定资产净值足够用来担保其长期债务，商业企业贷款风险较小。固定资产对长期负债比率越大则越能保障长期债权人的权益。否则，则表明公司财务呈现不健全状况，同时亦表明公司财产抵押已达到最大限度，必须另辟融资渠道。

【例35】甲轮胎股份公司 2011 年 12 月 31 日固定资产净值 500 000 000元，长期负债 400 000 000 元，该企业固定资产对长期负债比率可计算如下。

2011 年固定资产对长期负债比率 = 500 000 000 ÷ 400 000 000 × 100%
= 125%

【例36】B 股份有限公司 2011 年 12 月 31 日固定资产净值、长期负债；2010 年 12 月 31 日固定资产净值、长期负债；2009 年 12 月 31 日固定资产净值，长期负债如表 8 - 29 所示，该企业固定资产对长期负债比率可计算如下。

表 8 - 29　固定资产对长期负债比率

单位：元

项目	2011 年年末余额	2010 年年末余额	2009 年年末余额
长期负债	6 011 523.46	8 997 018.42	6 322 513.38
固定资产	98 090 768.87	74 540 708.33	69 993 133.43
固定资产对长期负债比率	1 631.71%	828.50%	1 107.05%

2009 年固定资产对长期负债比率 = 69 993 133.43 ÷ 6 322 513.38 × 100%
= 1 107.05%

2010 年固定资产对长期负债比率 = 74 540 708.33 ÷ 8 997 018.42 × 100%
= 828.50%

2011 年固定资产对长期负债比率 = 98 090 768.87 ÷ 6 011 523.46 × 100%

= 1 631.71%

从以上计算来看，公司负债很少，固定资产规模较小，使资产的流动性很强，企业未来的偿债能力很强，负债融资潜力很大。

该公司偿债能力综合分析指标如表 8 – 30 所示。

表 8 – 30　偿债能力综合分析指标表

期间	2012 年第 1 季度	2011 年	2010 年
速动比率（倍）	7.77	6.44	8.09
流动比率（倍）	9.02	7.2	9.33
现金负债比率（%）	389.73	349.61	477.21
股东权益比率（%）	87.55	85.61	87.24
资产负债率（%）	8.81	10.79	9.89

8.18　正确计算长期资产适合率

长期资产适合率是企业所有者权益和长期负债之和与固定资产与长期投资之和的比率。该比率从企业资源配置结构方面反映了企业的偿债能力。计算公式如下：

长期资产适合率 =（所有者权益总额 + 长期负债总额）÷

（固定资产总额 + 长期投资总额）× 100%

注：长期投资总额包括持有至到期投资、可供出售金融资产、长期股权投资等。

其中，①所有者权益是所有者权益总额的年末数；②长期负债指偿还期在一年或超过一年的一个营业周期以上的债务，对于编制合并财务报表的企业，少数股东权益也包括在本项目中；③固定资产是企业固定资产总额的年末数；④长期投资是指投资期限在一年或者超过一年的一个营业周期以上的投资。

长期资产适合率的作用如下。

（1）长期资产适合率从企业长期资产与长期资本的平衡性与协调性的角度出发，反映了企业财务结构的稳定程度和财务风险的大小。

（2）该指标在充分反映企业偿债能力的同时，也反映了企业资金使用的合理性，分析企业是否存在盲目投资、长期资产挤占流动资金、或者负债使用不充分等问题，有利于加强企业的内部管理和外部监督。

（3）从维护企业财务结构稳定和长期安全性角度出发，该指标数值较高比较好，但过高也会带来融资成本增加的问题，理论上认为该指标≥100%较好，因此，该指标究竟多高合适，应根据企业的具体情况，参照行业平均水平确定。

【例37】B 股份有限公司 2009 年末、2010 年末、2011 年末负债总额，资产总额，固定资产总额、长期投资总额、长期负债总额如表8－31所示，可计算该企业长期资产适合率如下。

表 8－31　长期资产适合率

单位：元

项目	2011 年年末余额	2010 年年末余额	2009 年年末
长期投资总额			
固定资产总额	98 090 768.87	74 540 708.33	69 993 133.43
长期负债总额	6 011 523.46	8 997 018.42	6 322 513.38
归属于母公司所有者权益合计	454 868 516.31	419 575 024.84	386 960 353.50
少数股东权益	19 097 649.83		
所有者权益总额	473 966 166.14	419 575 024.84	386 960 353.50
长期资产适合率	489.32%	574.95%	561.89%

$$2011 \text{年长期资产适合率} = (473\ 966\ 166.14 + 6\ 011\ 523.46) \div$$
$$98\ 090\ 768.87 \times 100\% = 489.32\%$$

$$2010 \text{年长期资产适合率} = (419\ 575\ 024.84 + 8\ 997\ 018.42) \div$$
$$74\ 540\ 708.33 \times 100\% = 574.95\%$$

$$2009 \text{年长期资产适合率} = (386\ 960\ 353.50 + 6\ 322\ 513.38) \div$$
$$69\ 993\ 133.43 \times 100\% = 561.89\%$$

8.19 正确计算资本化比率

资本化比率也称作长期资本负债率，反映企业长期资本结构，即公司负债的资本化（或长期化）程度。其计算公式为：

资本化比率 = 长期负债合计 ÷ （长期负债合计 + 所有者权益合计）× 100%

该指标值越小，表明公司负债的资本化程度低，长期偿债压力小；反之，则表明公司负债的资本化程度高，长期偿债压力大。该比率越高，外部债权人对公司资源的求索权越大，或者说公司的财务杠杆越大。然而如果认为这些比率为 0 时对公司最有利则是错误的，在某种程度上可以说公司拥有一定数额的负债，或者说运用财务杠杆，有利于提高所有者的报酬率。由于债权人的求索权优于所有者，而且公司支付的利息可以在税前扣除，而支付的股利不能在税前扣除，因此负债的成本往往低于向所有者筹资的成本。当公司投资产生的利润率（例如 12%）高于筹集债务资金的税后成本时，能够提高所有者的利润率。该指标不宜过高，一般应在 20% 以下。由于流动负债的金额经常变化，资本结构管理大多使用长期资本结构。

【例38】B 股份有限公司 2009 年末、2010 年末、2011 年末负债总额，资产总额，固定资产总额、长期投资总额、长期负债总额如表8－32所示，可计算该企业资本化比率如下。

表 8-32　资本化比率

单位：元

项目	2011 年年末余额	2010 年年末余额	2009 年年末
长期负债总额	6 011 523.46	8 997 018.42	6 322 513.38
归属于母公司所有者权益合计	454 868 516.31	419 575 024.84	386 960 353.50
少数股东权益	19 097 649.83		
所有者权益总额	473 966 166.14	419 575 024.84	386 960 353.50
资本化比率	1.25%	2.10%	1.61%

2011 年资本化比率 = 6 011 523.46 ÷ (473 966 166.14 + 6 011 523.46) × 100% = 1.25%

2010 年资本化比率 = 8 997 018.42 ÷ (419 575 024.84 + 8 997 018.42) × 100% = 2.10%

2009 年资本化比率 = 6 322 513.38 ÷ (386 960 353.50 + 6 322 513.38) × 100% = 1.61%

8.20　正确计算资本固定化比率

资本固定化比率，即被固化的资产占所有者权益的比重。被固化的资产指固定资产净值、在建工程、无形资产及递延资产等项目。指企业占用的机器设备等固定资产占自有资金的比重。资本固定化比率反映公司自有资本的固定化程度。其计算公式为：

资本固定化比率 = （资产总计 - 流动资产合计）÷ 所有者权益平均余额 × 100%

其中，

所有者权益平均余额 = （所有者权益年初数 + 所有者权益年末数）÷ 2

公式也可以简化为：

资本固定化比率 =（资产总计 – 流动资产合计）÷ 所有者权益合计 × 100%

该指标值越低，表明公司自有资本用于长期资产的数额相对较少；反之，则表明公司自有资本用于长期资产的数额相对较多，公司日常经营所需资金需靠借款筹集。该指标越小越好，但在分析时，应根据公司的性质而定。生产企业最好在 70% 以下，房地产企业一般在 20%。我国部分上市公司该项指标远超过 100%，说明固定资产资金投入超过自身能力，已动用了部分流动资金借款，而日常营运资金必然因过于短缺而依赖贷款，从而造成财务状况恶化。其中，若企业有对外长期投资，在计算资本固定化比率时可以考虑将对外长期投资扣除，因为对外长期投资所占有的资金不直接用于企业自身的生产与发展。

【例 39】B 股份有限公司 2009 年末、2010 年末、2011 年末流动资产总额、资产总计，股东权益总额如表 8 – 33 所示，可计算该企业资本固定化比率如下。

表 8 – 33　资本固定化比率

单位：元

项目	2011 年年末余额	2010 年年末余额	2009 年年末
流动资产合计	369 747 446.60	367 610 185.32	332 104 507.99
资产总计	531 300 486.97	468 956 961.67	421 390 297.05
归属于母公司所有者权益合计	454 868 516.31	419 575 024.84	386 960 353.50
少数股东权益	19 097 649.83		
所有者权益总额	473 966 166.14	419 575 024.84	386 960 353.50
资本固定化比率	35.52%	24.15%	23.07%

该公司采用如下公式计算资本固定化比率：

资本固定化比率 =（资产总计 – 流动资产合计）÷

归属于母公司所有者权益合计 × 100%

2011 年资本固定化比率 =（531 300 486.97 – 369 747 446.60）÷

454 868 516.31 × 100% = 35.52%

2010 年资本固定化比率 = (468 956 961.67 - 367 610 185.32) ÷

419 575 024.84 × 100% = 24.15%

2009 年资本固定化比率 = (421 390 297.05 - 332 104 507.99) ÷

386 960 353.50 × 100% = 23.07%

该公司资本固定化比率历年对比如表 8 - 34 所示。

表 8 - 34　资本固定化比率历年对比

会计年度	2012 - 3 - 31	2011 - 12 - 31	2010 - 12 - 31	2009 - 12 - 31	2008 - 12 - 31
资本固定化比率	0.35	0.36	0.24	0.23	1.12

8.21　正确计算固定资产净值率

固定资产净值率是指企业固定资产净值与固定资产原值的比率，是反映固定资产的新旧程度的一种指标。计算公式如下：

固定资产净值率 = 固定资产净值 ÷ 固定资产原值 × 100%

该指标值越大，表明公司的经营条件相对较好；反之，则表明公司固定资产较旧，须投资进行维护和更新，经营条件相对较差。

【例 40】B 股份有限公司 2009 年末、2010 年末、2011 年末固定资产原值，固定资产净值如表 8 - 35 所示，可计算该企业固定资产净值率如下。

表 8 - 35　固定资产净值率

单位：元

项目	2011 年年末余额	2010 年年末余额	2009 年年末
固定资产原值	114 780 604.31	85 035 736.03	76 654 563.13
固定资产净值	98 090 768.87	74 540 708.33	69 993 133.43
固定资产净值率	85.46%	87.66%	91.31%

2011 年固定资产净值率 = 98 090 768.87 ÷ 114 780 604.31 × 100%

= 85.46%

2010 年固定资产净值率 = 74 540 708.33 ÷ 85 035 736.03 × 100%

= 87.66%

2009 年固定资产净值率 = 69 993 133.43 ÷ 76 654 563.13 × 100%

= 91.31%

8.22 正确计算长期负债比率

长期负债比率又称"资本化比率"，是从总体上判断企业债务状况的一个指标，它是长期负债与资产总额的比率。资产总额是负债与股东权益之和。用公式表示如下：

长期负债比率 =（长期负债÷资产总额）×100%

该指标值越小，表明公司负债的资本化程度低，长期偿债压力小；反之，则表明公司负债的资本化程度高，长期偿债压力大。该指标主要用来反映企业需要偿还的及有息长期负债占整个长期营运资金的比重，因而该指标不宜过高，一般应在 20% 以下。

一般来看，对长期负债比率的分析要把握以下两点。

（1）与流动负债相比，长期负债比较稳定，要在将来几个会计年度之后才偿还，所以公司不会面临很大的流动性不足风险，短期内偿债压力不大。公司可以把长期负债筹得的资金用于增加固定资产，扩大经营规模。

（2）与所有者权益相比，长期负债又是有固定偿还期、固定利息支出的资金来源，其稳定性不如所有者权益。如果长期负债比率过高，必然意味着股东权益比率较低，公司的资本结构风险较大，稳定性较差，在经济衰退时期会给公司带来额外风险。

【例41】B 股份有限公司 2009 年末、2010 年末、2011 年末长期负债，资产总额如表 8 - 36 所示，可计算该企业长期负债比率如下。

表 8 - 36　长期负债比率

单位：元

项目	2011 年年末余额	2010 年年末余额	2009 年年末
非流动负债合计	6 011 523.46	8 997 018.42	6 322 513.38
资产总额	531 300 486.97	468 956 961.67	421 390 297.05
长期负债比率	1.13%	1.92%	1.50%

2011 年长期负债比率 = 6 011 523.46 ÷ 531 300 486.97 × 100%

　　　　　　　　　 = 1.13%

2010 年长期负债比率 = 8 997 018.42 ÷ 468 956 961.67 × 100%

　　　　　　　　　 = 1.92%

2009 年长期负债比率 = 6 322 513.38 ÷ 421 390 297.05 × 100%

　　　　　　　　　 = 1.50%

表 8 - 37　长期负债比率历年对比表

会计年度	2012 - 3 - 31	2011 - 12 - 31	2010 - 12 - 31	2009 - 12 - 31	2008 - 12 - 31
长期负债比率	0.01	0.01	0.02	0.02	0.02

8.23　正确计算负债结构比率

　　负债结构是指企业负债中各种负债数量比例关系，各种负债业务（如吸收存款、借款、发行证券等）之间的结构。其中最主要的是短期负债与长期负债的比例关系。因此，负债结构问题，实际上是短期负债在全部负债中所占的比例关系问题。计算公式如下：

负债结构比率 = 流动负债 ÷ 长期负债

　　负债结构比率反映企业的负债构成，企业应该用长期负债进行长期投资项目，而短期负债通常用来维持日常资金营运的需要。这一指标的分析需要结合企业的具体情况。如果多为长期项目投资，该指标过高则说明企业在以短期资金应对长期的资金需要，而没有充分的运用长期负债融通资金。企业将因此经常面临举借新债的困境，一旦企业没有及时筹集到新的债务资金，可能导致资金周转困难，从而陷入财务危机。该指标过低则表明企业采用保守的财务政策，用长期债务来应对日常需要。虽然这种财务政策风险比较小，筹资成本可能高于短期负债的成本。

➤ 1. 负债结构的影响因素

（1）销售状况

如果企业销售稳定增长，便会提供稳定的现金流量，以便用于偿还到期债务。反之，如果企业销售处于萎缩状态或者波动的幅度比较大，则大量借入短期债务就要承担较大风险。因此，销售稳定增长的企业可以较多地利用短期负债，而销售大幅度波动的企业，应少利用短期负债。

（2）资产结构

资产结构对负债结构会产生重要影响。长期资产的比重较大的企业应少利用短期负债，多利用长期负债或发行股票筹资；反之，流动资产所占比重较大的企业，则可更多地利用流动负债来筹集资金。

（3）行业特点

各行业的经营特点不同，企业负债结构存在较大差异。利用流动负债筹集的资金主要用于存货和应收账款，这两项流动资产的占用水平主要取决于企业所处的行业。

（4）企业规模

经营规模对企业负债结构有重要影响，大企业因其规模大、信誉好，可以采用发行债券的方式，在金融市场上以较低的成本筹集长期资金，因而，利用流动负债较少。

（5）利率状况

当长期负债的利率和短期负债的利率相差较少时，企业一般较多地利用长期负债,较少使用流动负债;反之,当长期负债的利率远远高于短期负债利率时,则会促使企业较多地利用流动负债,以便降低资金成本。

➢ 2. 充分考虑现金流量的作用,合理确定企业的负债结构

企业的短期负债最终由企业经营中产生的现金流量来偿还,以现金流量为基础来确定企业的流动负债水平是合理的。在确定企业负债结构时,只要使企业在一个年度内需要归还的负债小于或等于该期间企业的营业净现金流量,即使在该年度内企业发生筹资困难,也能保证用营业产生的现金流量来归还到期债务,即能够保证有足够的偿债能力。这种以企业营业净现金流量为基础来保证企业短期偿债能力的方法,是从动态上保证企业的短期偿债能力,比以流动资产、速动资产等从静态上来保证更客观、更可信。

【例42】B 股份有限公司 2009 年末、2010 年末、2011 年末流动负债,长期负债如表8 - 38、表8 - 39 所示,可计算该企业负债结构比率如下。

表8 - 38 负债结构比率(一)

单位:元

项目	2011 年年末余额	2010 年年末余额	2009 年年末
流动负债合计	51 322 797.37	40 384 918.41	28 107 430.17
非流动负债合计	6 011 523.46	8 997 018.42	6 322 513.38
负债结构比率	853.74%	448.87%	444.56%

2011 年负债结构比率 = 51 322 797.37 ÷ 6 011 523.46 × 100%
= 853.74%

2010 年负债结构比率 = 40 384 918.41 ÷ 8 997 018.42 × 100%
= 448.87%

2009 年负债结构比率 = 28 107 430.17 ÷ 6 322 513.38 × 100%
= 444.56%

表8 - 39 负债结构比率(二)

会计年度	2012 - 3 - 31	2011 - 12 - 31	2010 - 12 - 31	2009 - 12 - 31	2008 - 12 - 31
负债结构比率	6.78	8.54	4.49	4.45	28.32

第九章　企业营运能力比率分析

正确计算应收账款周转率

　　在进行财务报表分析时要关注公司拥有什么样的资产，而不是只关注利润的高低。分析企业盈利能力和股东财富的变化时，报表使用者更多地关注利润表，而关注资产负债表较少。会计利润的大小容易被公司管理者操纵，因为许多会计技巧的使用都可轻而易举地改变会计利润，使利润数字本身的价值受到贬损。所以，不论是分析企业的财务状况，还是考核企业业绩，报表使用者都需要更多地关注资产负债表各项目的构成和变动。如果上市公司一方面有较高的利润，另一方面却呈现存货，特别是产成品、半成品增加，应收账款余额大量增加趋势，表明虚高的利润是以出现大量的不良资产为代价。存货太多，应收账款回收过慢，导致公司不得不通过借贷、委托理财、变卖资产等方式来增加日常运营所需资金，公司持续发展能力存在问题。运营效率比率又称资产管理比率，是用来衡量公司在资产管理方面的效率的财务比率。资产管理比率包括：营业周期、存货周转率、应收账款周转率、流动资产周转率、总资产周转率。

　　营运能力是指通过企业生产经营资金周转速度的有关指标所反映出来的企业资金利用的效率，它表明企业管理人员经营管理、运用资金的能力。企业生产经营资金周转的速度越快，表明企业资金利用的效果越好效率越高，企业管理人员的经营能力越强。营运能力分析包括流动资产周转情况分析、固定资产周转情况分析和总资产周转情况分析。周转能力比率亦称活动能力比率是分析公司经营效应的指标，其分子通常为销售收入或销售成本，分母则以某一资产科目构成。反映流动资产周转情况的指标主要有应收账款周转率，存货周转率和流动资产周转率。应收账款周转率是反映应收账款周转速度的指标，它是一定时期内销售收入与应收账款平均余额的比率。其计算公式为：

应收账款周转率＝销售收入÷[（期初应收账款＋期末应收账款）÷2]

＝销售收入÷平均应收账款

公式中的"销售收入"数据来自利润表，是指扣除折扣和折让后的销售净额。

应收账款周转率企业设置的标准值为3。

由于应收账款是指未取得现金的销售收入，所以用这一比率可以测知公司应收账款金额是否合理以及收款效率高低。这一比率是应收账款每年的周转次数。如果用一年的天数即365天除以应收账款周转率，便求出应收账款每周转一次需多少天，即应收账款转为现金平均所需要的时间。其算法为：

应收账款变现平均所需时间＝一年天数÷应收账款年周转次数

应收账款周转天数＝360÷应收账款周转率

应收账款变现平均所需时间企业设置的标准值为100。

应收账款周转率越高，平均收现期越短，每周转一次所需天数越短，表明公司收账越快，应收账款中包含旧账及无法收回的账项越小。反之，周转率太小，每周转一次所需天数太长，则表明公司应收账款的变现过于缓慢以及应收账款的管理缺乏效率，企业的营运资金会过多地呆滞在应收账款上，影响资金的正常周转。应收账款周转率，要与企业的经营方式结合考虑。影响该指标正确计算的因素有：季节性经营的企业使用这个指标时不能反映实际情况；大量使用分期收款结算方式；大量使用现金结算的销售；年末销售大量增加或年末销售大幅度下降。这些因素都会对该指标计算结果产生较大的影响。

通过以上方式计算的应收账款周转速度，不仅反映企业的营运能力而且由于应收账款是企业流动资产的重要组成部分。其变现速度和变现程度是企业流动比率的重要补充，它也反映着企业的短期偿债能力，通过应收账款账龄指标，与原定的始销期限进行对比，还可借以评价购买单位的信用程度，以及企业原订的信用条件是否恰当。

【例1】甲企业2010年和2011年度销售收入中赊销部分均占30%，则该两年应收账款周转率可计算如表9-1所示。

表9-1 应收账款周转率

单位：万元

项目	2009 年	2010 年	2011 年
1. 赊销收入净额		6 000	9 000
2. 应收账款年末余额	1 100	1 300	1 700
3. 应收账款平均余额		1 200	1 500
4. 应收账款周转次数①/③		5	6
5. 应收账款周转天数360/④		72	60

以上计算结果表明，该企业2011年应收账款周转率比2010年有所改善，周转次数由5次提高为6次，周转天数由72天缩短为60天，这不仅说明企业的营运能力有所增强，而且对流动资产的变现能力和周转速度也会起到促进作用。

【例2】B股份有限公司2011年、2010年、2009年度利润表如表9-2所示，2011年、2010年应收账款周转率如表9-3所示，该企业应收账款周转率与同行对比如表9-4所示。

表9-2 利润表

单位：元

项目	2011 年数	2010 年数	2009 年数
一、营业总收入	339 568 025.18	202 629 126.11	169 619 532.67

（续表）

项目	2011 年数	2010 年数	2009 年数
其中，营业收入	339 568 025. 18	202 629 126. 11	169 619 532. 67
二、营业总成本	285 289 723. 84	160 709 040. 55	132 672 942. 2
其中，营业成本	234 033 779. 83	128 725 232. 57	98 238 045. 07
营业税金及附加	1 622 685. 68	1 378 285. 70	1 413 576. 38
销售费用	25 678 848. 19	15 090 191. 88	11 660 354. 99
管理费用	29 218 775. 04	18 295 492. 88	19 696 572. 29
财务费用	− 5 941 486. 19	− 3 201 765. 14	1 223 969. 22
资产减值损失	677 121. 29	421 602. 66	440 424. 22
投资收益（损失以"−"号填列）	− 15 457. 68		
三、营业利润（亏损以"−"号填列）	54 262 843. 66	41 920 085. 56	36 946 590. 50
加：营业外收入	4 709 519. 96	7 877 587. 89	4 774 023. 61
减：营业外支出	298 136. 96	102 000. 00	337 592. 04
其中，非流动资产处置损失	6 726. 04		118 684. 63
四、利润总额（亏损总额以"−"号填列）	58 674 226. 66	49 695 673. 45	41 383 022. 07
减：所得税费用	8 286 965. 43	6 881 002. 11	5 990 850. 66
五、净利润（净亏损以"−"号填列）	50 387 261. 23	42 814 671. 34	35 392 171. 41
归属于母公司所有者的净利润	50 286 503. 55	42 814 671. 34	35 392 171. 41
少数股东损益	100 757. 68		
六、每股收益			
（一）基本每股收益	0. 49	0. 42	0. 44
（二）稀释每股收益	0. 49	0. 42	0. 44
七、其他综合收益	306 987. 92	—	

（续表）

项目	2011 年数	2010 年数	2009 年数
八、综合收益总额	50 694 249.15	42 814 671.34	35 392 171.41
归属于母公司所有者的综合收益	50 593 491.47	42 814 671.34	35 392 171.41
归属于少数股东的综合收益总计	100 757.68		

表 9 - 3　应收账款周转率

单位：元

项目	2011 年	2010 年	2009 年
销售收入	339 568 025.18	202 629 126.11	169 619 532.67
应收账款	49 940 036.74	34 401 244.59	29 985 456.49
应收账款周转率（次）	8.05	6.29	
应收账款周转天数（天）	44.72	57.23	

2011 年应收账款周转率 = 339 568 025.18 ÷ [（49 940 036.74 + 34 401 244.59）÷2] = 8.05

2010 年应收账款周转率 = 202 629 126.11 ÷ [（34 401 244.59 + 29 985 456.49）÷2] = 6.29

2010 年应收账款周转天数 = 360 ÷ 6.29 = 57.23（天）

2011 年应收账款周转天数 = 360 ÷ 8.05 = 44.72（天）

表 9 - 4　应收账款周转率与同行业对比

报告期	2011 - 12 - 31		
主要指标	公司	行业	沪深300
应收账款周转率	8.05	207.97	131.04

以上计算结果表明，该企业应收账款周转率较好，2011 年应收账款周转率比 2010 年更好，周转次数由 6.29 次提高为 8.05 次，周转天数由 57.23 天缩短为 44.72 天，这说明企业的营运能力较强，对流动资产的变现能力和周转速度起到了促进作用，企业应收账款回收及时，形成坏账

风险较小。

B 股份有限公司应收账款周转率最近周期对比如表 9 – 5 所示。

表 9 – 5　应收账款周转率最近四期对比表

报告期	2012 – 3 – 31			2011 – 12 – 31			2011 – 9 – 30			2011 – 6 – 30		
周转率	公司	沪深300	行业	公司	沪深300	行业	公司	沪深300	行业	公司	沪深300	行业
应收账款周转率	1.08	28.76	79.7	8.05	131.04	207.97	4.45	76.52	186.76	3.05	54.53	63.38

9.2　正确理解存货周转率

在流动资产中，存货所占比重较大，存货的目的在于销售并实现利润，存货的流动性，将直接影响企业的流动比率，因而公司的存货与销货之间，必须保持合理的比率。存货周转率是一定时期内企业销货成本与存货平均余额间的比率，是衡量和评价公司购入存货、投入生产、销售回款等各环节管理状况的指标，表示出销货能力强弱和存货是否过多或短缺的状况。它是反映企业销售能力和流动资产流动性的一个指标，也是衡量企业生产经营各个环节中存货运营效率的一个综合性指标、其计算公式如下：

存货周转率 = 营业成本 ÷ 存货平均余额

存货周转率企业设置的标准值为 3。

存货平均余额 = （期初存货 + 期末存货）÷ 2

公式中的销售成本数据来自利润表，平均存货来自资产负债表中的"期初存货"与"期末存货"的平均数。

存货周转率越高越好，其比率越高，存货的占用水平越低，说明存货周转速度越快，公司控制存货的能力越强，存货转换为现金、应收账款等的速度越快，则利润率越大，营运资金投资于存货上的金额越小。反之，则表明存货过多，不仅使资金积压，影响资产的流动性，还增加仓储费用与产品损耗、过时。在存货平均水平一定的条件下，存货周转率越高，表明企业的销货成本数额增多，产品销售的数量增长，企业的销售能力加强。反之，则销售能力不强。企业要扩大产品销售数量，增强销售能力，就必须在原材料购进，生产过程中的投入，产品的销售，现金的收回等方面做到协调和衔接。因此，存货周转率不仅可以反映企业的销售能力，而且能用以衡量企业生产经营中的各有关方面运用和管理存货的工作水平。存货周转率还可以衡量存货的储存是否适当，是否能保证生产不间断地进行和产品有秩序的销售。存货既不能储存过少，造成生产中断或销售紧张；又不能储存过多形成呆滞、积压。存货周转率也反映存货结构合理与质量合格的状况。因为只有结构合理，才能保证生产和销售任务正常、顺利地进行。只有质量合格，才能有效地流动，从而达到存货周转率提高的目的。存货是流动资产中最重要的组成部分，往往达到流动资产总额的一半以上。因此，存货的质量和流动性对企业的流动比率具有举足轻重的影响并进而影响企业的短期偿债能力。存货周转率的这些重要作用，使其成为综合评价企业营运能力的一项重要的财务比率。它不仅影响企业的短期偿债能力，也是整个企业管理的重要内容。

存货周转率也可以用周转天数表示，其计算公式如下：

存货周转天数 = 计算期天数 ÷ 存货周转次数

= （存货平均余额 × 计算期天数）÷ 销货成本

存货周转天数企业设置的标准值为120。

【例3】甲企业2010年、2011年存货周转率，可计算如表9-6所示。

表9-6 存货周转率

单位：万元

项目	2009 年	2010 年	2011 年
1. 营业成本		14 000	15 000

（续表）

项目	2009 年	2010 年	2011 年
2. 存货年末余额	3 800	4 200	4 800
3. 存货平均余额		4 000	4 500
4. 存货周转次数①/③		3.50	3.33
5. 存货周转天数 360/④		102.86	108.11

以上计算结果说明，该企业 2011 年存货周转率比 2010 年延缓，周转次数由 3.50 次降为 3.33，周转天数由 102.86 天增为 108.11 天。这反映出该企业 2011 年存货管理效率不如 2010 年，其原因可能与 2011 年存货增长幅度过大有关。

企业管理者和有条件的外部报表使用者，除了分析批量因素、季节性生产的变化等情况外，还应对存货的结构以及影响存货周转速度的重要项目进行分析，在工业企业中，还可以进一步分别按原材料、在产品和产成品计算周转率，考查在供、产、销不同阶段存货运营情况评价各环节的工作业绩。计算公式如下：

原材料周转率 = 原材料耗用成本 ÷ 原材料平均余额

在产品周转率 = 制造成本 ÷ 在产品平均余额

产成品周转率 = 营业成本 ÷ 产成品平均余额

存货周转分析的目的是从不同的角度和环节找出存货管理中的问题，使存货管理在保证生产经营连续性的同时，尽可能少占用经营资金，提高资金的使用效率，增强企业短期偿债能力，促进企业管理水平的提高。

以上所述是对流动资产中比重较大，需要经过一定过程才能变现的应收账款和存货两项资产周转速度所作的分析。通过这种分析可以考察企业资产的营运能力，并作为流动比率的补充，反映企业的短期偿债能力。

【例4】B 股份有限公司 2010 年、2011 年存货周转率如表 9 - 7 所示，存货周转率与同行业对比分析如表9－8所示。

表9－7　存货周转率

单位：元

项　目	2009 年	2010 年	2011 年
1. 营业成本	98 238 045.07	128 725 232.57	234 033 779.83
2. 存货年末余额	12 430 579.49	26 002 710.57	39 101 888.83
3. 存货平均余额		19 216 645.03	32 552 299.70
4. 存货周转次数①／③（次）		6.70	7.19
5. 存货周转天数360／④（天）		53.74	50.07

2010 年存货周转率＝128 725 232.57÷［（12 430 579.49＋26 002 710.57）÷2］＝6.70

2011 年存货周转率＝234 033 779.83÷［（39 101 888.83＋26 002 710.57）÷2］＝7.19

2010 年存货周转天数＝360÷6.70＝53.74

2011 年存货周转天数＝360÷7.19＝50.07

表9－8　存货周转率与同行业对比分析

报告期	2011－12－31		
主要指标	公司	行业	沪深300
存货周转率	7.19	6.98	9.88

　　以上计算结果说明，该企业 2011 年、2010 年存货周转速度较快，2011 年存货周转率比 2010 年更高，周转次数由 6.70 次提高到 7.19，周转天数由 53.74 天减少为 50.07 天。这反映出该企业 2011 年存货管理效率比 2010 年提高，其原因可能与2011 年营业成本增长幅度大于存货增长幅度有关。

　　该 B 股份有限公司存货周转率最近四期对比分析如表9－9所示。

表9-9 存货周转率最近四期对比分析

报告期	2012-3-31			2011-12-31			2011-9-30			2011-6-30		
周转率	公司	沪深300	行业	公司	沪深300	行业	公司	沪深300	行业	公司	沪深300	行业
存货周转率	0.94	2.21	1.47	7.19	9.88	6.98	4.16	7.58	5.16	2.76	5.19	3.34

9.3 正确理解什么是营业周期

营业周期是指从取得存货开始到销售存货并收回现金为止的一段时间。购入原材料是收益性支出。购入固定资产，或者购入建筑材料用于构建厂房属于资本性支出。决定流动比率高低的主要因素是存货周转天数和应收账款周转天数。营业周期计算公式：

营业周期 = 存货周转天数 + 应收账款周转天数

营业周期 = 存货周转天数 + 应收账款周转天数

= {［（期初存货 + 期末存货）÷2］× 360} ÷主营业务成本 +

{［（期初应收账款 + 期末应收账款）÷2］× 360} ÷主营业务收入

营业周期企业设置的标准值为200。

把存货周转天数和应收账款周转天数加在一起计算出来的营业周期，指的是取得的存货需要多长时间能变为现金。一般情况下，营业周期短，说明资金周转速度快；营业周期长，说明资金周转速度慢。这就是营业周期与流动比率的关系。营业周期的长短，不仅体现企业的资产管理水平，还会影响企业的偿债能力和盈利能力。

➤存货周转天数

在流动资产中，存货所占的比重较大。存货的流动性，将直接影响企业的流动比率，因此必须特别重视对存货的分析。存货的流动性，一般用存货的周转速度指标来反映，即存货周转率或存货周转天数。计算公式为：

$$存货周转率 = 销货成本 \div 平均存货$$

$$存货周转天数 = 360 \div 存货周转率 = 360 \div （销货成本 \div 平均存货）$$

$$= （平均存货 \times 360） \div 销货成本$$

公式中的销货成本数据来自损益表，平均存货来自资产负债表中的"期初存货"与"期末存货"的平均数。

➤应收账款周转天数

及时收回应收账款，不仅能增强企业的短期偿债能力，也能反映出企业管理应收账款方面的效率。反映应收账款周转速度的指标是应收账款周转率，用时间表示的周转速度是应收账款周转天数，也叫平均应收账款回收期或平均收现期，其计算公式为：

$$应收账款周转率 = 销售收入 \div 平均应收账款$$

$$应收账款周转天数 = 360 \div 应收账款周转率 = （平均应收账款 \times 360） \div 销售收入$$

【例5】甲企业2010年和2011年度两年应收账款周转率、存货周转率可计算如表9-10所示。

表9-10　应收账款周转率

单位：万元

项　目	2009 年	2010 年	2011 年
1. 销售收入净额		20 000	30 000
2. 应收账款年末余额	1 900	2 100	2 900
3. 应收账款平均余额		2 000	2 500
4. 应收账款周转次数①/③		10.0	12.0
5. 应收账款周转天数360/④		36.00	30.00

甲企业2010年、2011年存货周转率，可计算如表9-11所示。

表 9 – 11　存货周转率

单位：万元

项　　目	2009 年	2010 年	2011 年
1. 销货成本		15 000	21 000
2. 存货年末余额	3 800	4 200	6 800
3. 存货平均余额		4 000	5 500
4. 存货周转次数①/③		3.75	3.82
5. 存货周转天数 360/④		96.00	94.24

甲企业 2010 年营业周期 = 36.00 + 96.00 = 132.00（天）

甲企业 2011 年营业周期 = 30.00 + 94.24 = 124.24（天）

甲企业 2011 年比 2010 年营业周期减少 7.76 天。

【例 6】B 股份有限公司 2010 年、2011 年应收账款周转率如表 9 – 12 所示，存货周转率如表 9 – 13 所示，营业周期计算如下。

表 9 – 12　应收账款周转率

单位：元

项目	2011 年	2010 年	2009 年
销售收入	339 568 025.18	202 629 126.11	169 619 532.67
应收账款	49 940 036.74	34 401 244.59	29 985 456.49
应收账款周转率（次）	8.05	6.29	
应收账款周转天数（天）	44.72	57.23	

表 9 – 13　存货周转率

单位：元

项　　目	2009 年	2010 年	2011 年
1. 营业成本	98 238 045.07	128 725 232.57	234 033 779.83
2. 存货年末余额	12 430 579.49	26 002 710.57	39 101 888.83
3. 存货平均余额		19 216 645.03	32 552 299.70
4. 存货周转次数①/③（次）		6.70	7.19
5. 存货周转天数 360/④（天）		53.74	50.07

2010 年营业周期 = 57.23 + 53.74 = 110.97（天）

2011 年营业周期 = 44.72 + 50.07 = 94.79（天）

B 股份有限公司 2011 年比 2010 年营业周期减少 16.18 天。说明企业资金周转速度快，应收账款、存货经营风险小，资金使用效率高。

9.4 正确理解流动资产周转率

流动资产周转率是反映企业流动资产周转速度的指标。它是流动资产的平均占用额与流动资产在一定时期所完成的周转额之间的比率。是销售收入与全部流动资产的平均余额的比值。流动资产周转率有两种表示的方法。

➤ 1. 一定时期流动资产周转次数

流动资产周转率 = 主营业务收入净额 ÷ 平均流动资产总额

流动资产周转率企业设置的标准值为 1。

➤ 2. 流动资产周转一次所需天数

流动资产周转天数 = 计算期天数 ÷ 流动资产周转率

=（流动资产平均余额 × 计算期天数）÷ 销售收入

在一定时期内，流动资产周转次数越多，表明以相同的流动资产完成的周转额越多，流动资产利用的效果越好。流动资产周转率用周转天数表示时，周转一次所需要的天数越少，表明流动资产在经历生产和销售各阶段时占用的时间越短，周转越快。周转速度快，会相对节约流动资产，等于相对扩大资产投入，增强企业盈利能力；而延缓周转速度，需要补充流动资产参加周转，会形成资金浪费，降低企业盈利能力。生产经营任何一个环节上的工作得到改善，都会反映到周转天数的缩短上来。按天数表示的流动资产周转率能更直接地反映生产经营状况的改善。便于比较不同时期的流动资产周转率，应用较为普遍。流动资产周转率要结合存货、应收账款一并进行分析，和反映盈利能力的指标结合在一起使用，可全面评价企业的盈利能力。

【例7】甲企业 2009 年末流动资产余额为 6 000 万元，可以计算对比企业 2010 年、2011 年流动资产周转情况如表 9 - 14 所示、9 - 15 所示。

表 9 - 14　流动资产周转率计算表（一）

单位：万元

项　目	2009 年	2010 年	2011 年
1. 营业总收入		18 000	20 000
2. 流动资产年末余额	6 000	7 000	8 000
3. 流动资产平均余额		6 500	7 500
4. 流动资产周转次数①/③（次）		2.77	2.67
5. 流动资产周转天数 360/④（天）		129.96	134.83

由此可见，该企业 2011 年流动资产周转天数比 2010 年延缓了 4.87 天。流动资金占用增加，增加占用的数额可计算如下。

（134.83 - 129.96）×（20 000÷360）=97.40（万元）

【例8】B 股份有限公司计算对比企业 2009 年、2010 年、2011 年流动资产周转情况如表 9 - 15 所示。

表 9 - 15　流动资产周转率计算表（二）

单位：元

项　目	2009 年	2010 年	2011 年
1. 营业总收入	169 619 532.67	202 629 126.11	339 568 025.18
2. 流动资产年末余额	332 104 507.99	367 610 185.32	369 747 446.60
3. 流动资产平均余额		349 857 346.66	368 678 815.96
4. 流动资产周转次数①/③（次）		0.5792	0.9210
5. 流动资产周转天数 360/④（天）		621.57	390.86

$$2010 年流动资产周转次数 = 202\ 629\ 126.11 \div [\ (332\ 104\ 507.99 +$$
$$367\ 610\ 185.32)\ \div 2] = 0.5792\ (次)$$

$$2011 年流动资产周转次数 = 339\ 568\ 025.18 \div [\ (369\ 747\ 446.60 +$$
$$367\ 610\ 185.32)\ \div 2] = 0.9210\ (次)$$

$$2010 年流动资产周转天数 = 360 \div 0.5792 = 621.57\ (天)$$

$$2011 年流动资产周转天数 = 360 \div 0.9210 = 390.86\ (天)$$

由此可见，该企业 2011 年、2010 年流动资产周转率很低，低于 1 次，说明该企业存在大量资金没有投入到生产经营活动中，查看该企业财务报表发现 2011 年末存在货币资金 200 444 174.18 元、2010 年末存在货币资金 264 449 989.82 元、2009 年末存在货币资金 278 716 627.32 元。流动资产周转率 2011 年比 2010 年加快了 0.3419 次，流动资产周转天数 2011 年比 2010 年加快了 230.71 天。

B 股份有限公司资产经营主要指标如表 9-16 所示。

表 9-16　B 股份有限公司资产经营主要指标

流动资产周转率（%）			
期间	第 1 季	中期	前 3 季	年度
2012	16.51	—	—	—
2011	12.13	37.76	62.78	92.1
2010	7.48	21.7	40.42	57.92
2009	—	102.48	166.75	85.32

9.5　正确理解什么是固定资产周转情况分析

固定资产周转率，是指企业年销售收入与固定资产平均净值的比率。它是反映企业固定资产周转情况，从而衡量固定资产利用效率的一项指标，其计算公式为：

固定资产周转率 = 销售收入 ÷ 平均固定资产金额

这一比率表示固定资产全年的周转次数，用以测知公司固定资产的利用效率。固定资产周转率高，表明企业固定资产利用充分，同时也能表明企业固定资产投资得当，固定资产结构合理，能够充分发挥效率。反之，如果固定资产周转率不高，则表明固定资产使用效率不高，提供的生产成果不多，企业的营运能力不强。当然，这一比率也不是越高越好，太高则表明固定资产投资较少，过度使用会缩短固定资产的使用寿命。运用固定资产周转率时，需要考虑固定资产净值因计提折旧而逐年减少因更新重置而突然增加的影响；在不同企业间进行分析比较时，还要考虑采用不同折旧方法对净值的影响等。

【例9】计算甲企业2010年、2011年固定资产周转率如表9-17所示。

表9-17　固定资产周转率

单位：万元

项　目	2009 年	2010 年	2011 年
1. 销售收入		36 000	40 000
2. 固定资产年末净值	11 800	12 200	14 000
3. 固定资产平均净值		12 000	13 100
4. 固定资产周转次数①/③		3.00	3.06

以上计算表明，企业2011年固定资产周转率比2010年有所加快，其主要原因是固定资产净值增加幅度，低于销售收入净额增长幅度所引起的。在一般情况下固定资产增长低于销售收入增长是营运能力提高的表现。

【例10】计算B股份有限公司2010年、2011年固定资产周转率如表9-18所示。

表 9-18　固定资产周转率

单位：元

项　目	2009 年	2010 年	2011 年
1. 销售收入	169 619 532.67	202 629 126.11	339 568 025.18
2. 固定资产年末净值	69 993 133.43	74 540 708.33	98 090 768.87
3. 固定资产平均净值		72 266 920.88	86 315 738.60
4. 固定资产周转次数①/③		2.80	3.93

2010 年固定资产周转率 = 202 629 126.11 ÷ ［（69 993 133.43 + 74 540 708.33）÷2］= 2.80

2011 年固定资产周转率 = 339 568 025.18 ÷ ［（98 090 768.87 + 74 540 708.33）÷2］= 3.93

企业 2011 年固定资产周转率比 2010 年有所加快，主要原因是固定资产净值增加幅度，低于销售收入净额增长幅度所引起的。固定资产增长低于销售收入增长使企业营运能力得到提高。

9.6 正确理解什么是总资产周转情况分析

反映总资产周转情况的指标是总资产周转率。资产周转率，是企业销售收入总额与平均资产总额的比率。其计算公式如下：

总资产周转率 = 销售收入净额 ÷ 平均资产总额

其中，

平均资产总额 =（年初资产总额 + 年末资产总额）÷2

总资产周转率企业设置的标准值为 0.8。

这一比率是衡量公司总资产是否得到充分利用的指标。总资产周转速度的快慢，意味着总资产利用效率的高低。周转越快，反映销售能力越强。企业可以通过薄利多销的办法，加速资产的周转，带来利润绝对

271

中
篇
财
务
报
表
分
析
篇

额的增加。如果这个比率较低，则说明企业利用全部资产进行经营的效率较差，最终会影响企业的获利能力。这样，企业就应该采取措施提高各项资产的利用程度从而提高销售收入或处理多余资产。总资产周转指标用于衡量企业运用资产赚取利润的能力。经常和反映盈利能力的指标一起使用，全面评价企业的盈利能力。

【例11】计算甲企业2010年，2011年总资产周转率如表9-19所示。

表9-19 总资产周转率

单位：万元

项 目	2009 年	2010 年	2011 年
1. 销售收入净额		18 000	20 000
2. 全部资产年末余额	19 000	21 000	23 000
3. 全部资产平均于余额		20 000	22 000
4. 全部资产周转次数①/③		0.90	0.91

以上计算表明，企业2011年全部资产的周转率比2010年略有加快，这是因为该企业全部资产平均净值的增长程度（10.00%）略低于销售收入的增长程度（11.11%），总资产的利用效果没有明显提高。

【例12】计算B股份有限公司2010年、2011年总资产周转率如表9-20所示，总资产周转率与同行业对比如表9-21所示，报告期资产经营主要指标如表9-22所示，总资产周转率最近四期对比分析如表9-23所示。

表9-20 总资产周转率

单位：元

项 目	2009 年	2010 年	2011 年
1. 销售收入额	169 619 532.67	202 629 126.11	339 568 025.18
2. 全部资产年末余额	421 390 297.05	468 956 961.67	531 300 486.97
3. 全部资产平均于余额		445 173 629.36	500 128 724.32
4. 全部资产周转次数①/③		0.4552	0.6790

2010 年资产周转率 = 202 629 126.11 ÷ [(421 390 297.05 + 468 956 961.67) ÷ 2]

= 0.4552

$$2011 年资产周转率 = 339\,568\,025.18 \div \left[(531\,300\,486.97 + 468\,956\,961.67) \div 2 \right]$$
$$= 0.6790$$

表9-21　总资产周转率与同行业对比

报告期	2011-12-31		
主要指标	公司	行业	沪深300
总资产周转率	0.68	0.84	0.77

表9-22　B股份有限公司报告期资产经营主要指标

总资产周转率（%）				
期间	第1季	中期	前3季	年度
2012	11.46	—	—	—
2011	9.31	28.64	47.45	67.9
2010	5.88	17.06	31.92	45.52
2009	—	45.18	75.62	59.43

表9-23　总资产周转率最近四期对比分析

报告期	2012-3-31			2011-12-31			2011-9-30			2011-6-30		
周转率	公司	沪深300	行业	公司	沪深300	行业	公司	沪深300	行业	公司	沪深300	行业
总资产周转率	0.11	0.17	0.17	0.68	0.77	0.84	0.47	0.57	0.63	0.29	0.38	0.41

9.7　正确理解资本周转率的分析

资本周转率，又称净值周转率，是企业销售收入总额与股东权益平均金额的比率。可以采取两种方式进行计算。计算公式如下：

资本周转率 = 销售收入 ÷ 股东权益平均金额

运用这一比率，可以分析相对于销售营业额而言，股东所投入的资金是否得到充分利用。比率越高，表明资本周转速度越快，运用效率越高。但如果比率过高则表示公司过分依赖举债经营，即自有资本少。资本周转率越低，则表明公司的资本运用效率越差。

【例13】计算甲企业 2010 年、2011 年资本周转率如表 9 – 24 所示。

表 9 – 24　资本周转率

单位：万元

项　目	2009 年	2010 年	2011 年
1. 销售收入净额		18 000	20 000
2. 股东权益年末余额	7 600	8 400	9 200
3. 股东权益平均于余额		8 000	8 800
4. 资本周转率①/③		2. 25	2. 27

企业 2011 年资本周转率比 2010 年略有加快，这是因为该企业股东权益平均净值的增长程度（10.00%）略低于销售收入的增长程度（11.11%），股东权益的利用效果没有明显提高。

【例14】计算 B 股份有限公司 2010 年、2011 年资本周转率如表 9 – 25所示。

表 9 – 25　资本周转率

单位：元

项　目	2009 年	2010 年	2011 年
1. 销售收入额	169 619 532. 67	202 629 126. 11	339 568 025. 18
2. 股东权益年末余额	386 960 353. 50	419 575 024. 84	473 966 166. 14
3. 股东权益平均于余额		403 267 89. 17	446 770 595. 49
4. 资本周转率①/③		0. 5025	0. 7601

资本周转率 = 销售收入 ÷ 股东权益平均金额

2010 年资本周转率 = 202 629 126. 11 ÷ [（386 960 353. 50 + 419 575 024. 84）÷2] = 0. 5025

2011 年资本周转率 = 339 568 025. 18 ÷ [（473 966 166. 14 + 419 575 024. 84）÷2] = 0. 7601

企业 2011 年资本周转率比 2010 年加快了 0.2576，这是因为该企业股东权益平均净值的增长程度（10.79%）低于销售收入的增长程度（67.58%），股东权益的利用效果得到提高。

第十章　企业盈利能力分析

10.1　正确理解什么是营业利润比重

　　对企业销售活动的获利能力分析是企业盈利能力分析的重点。在企业利润的形成中，营业利润是主要的来源，而营业利润高低关键取决于产品销售的增长幅度。产品销售额的增减变化，直接反映了企业生产经营状况和经济效益的好坏。因此，许多财务分析人员往往比较关注销售额对企业盈利能力的影响，试图只根据销售额的增减变化情况对企业的盈利能力进行分析和评价。然而，影响企业销售利润的因素还有产品成本、产品结构、产品质量等因素，影响企业整体盈利能力的因素还有对外投资情况、资金的来源构成等，所以仅从销售额来评价企业的盈利能力是不够的，有时不能客观地评价企业的盈利能力。营业利润比重是营业利润与利润总额的比值。营业利润比重反映企业盈利结构。营业利润比重的计算公式如下：

$$营业利润比重 = 营业利润 \div 利润总额 \times 100\%$$

　　营业利润比重指标反映主营业务收益在企业整体收益中的比重。指标数值高，说明公司主营业务突出，生产经营相对稳定；反之，则可能存在隐患。当营业利润比重指标低于50%，说明公司的收入大部分来自主营业务之外，经营结构不够合理，营业外收入多，偶然性因素大，企业经营稳定性差。

【例1】计算 B 股份有限公司 2010 年、2011 年营业利润比重如表 10-1所示，营业利润比重历年对比分析如表 10-2 所示。

表 10-1　营业利润比重

单位：元

项　目	2011 年	2010 年	2009 年
1. 营业利润	54 262 843.66	41 920 085.56	36 946 590.50
2. 利润总额	58 674 226.66	49 695 673.45	41 383 022.07
3. 营业利润比重	92.48%	84.35%	89.28%

$$2009 年营业利润比重 = 36\ 946\ 590.50 \div 41\ 383\ 022.07 \times 100\%$$
$$= 89.28\%$$

$$2010 年营业利润比重 = 41\ 920\ 085.56 \div 49\ 695\ 673.45 \times 100\%$$
$$= 84.35\%$$

$$2011 年营业利润比重 = 54\ 262\ 843.66 \div 58\ 674\ 226.66 \times 100\%$$
$$= 92.48\%$$

表 10-2　营业利润比重历年对比分析

会计年度	2012-3-31	2011-12-31	2010-12-31	2009-12-31	2008-12-31
营业利润比重	0.98	0.92	0.84	0.89	0.96

10.2　正确理解销售毛利率

主营业务利润率，是企业一定时期主营业务利润与主营业务收入的比率。其计算公式为：

$$主营业务利润率 = 主营业务利润 \div 主营业务收入 \times 100\%$$

主营业务利润率越高，表明企业市场竞争力越强，发展潜力越大，盈利能力越强。

在实务中，也经常使用销售毛利率、销售净利率等指标来分析企业经营业务的获利水平。销售毛利率是毛利占销售收入的百分比，其中毛利是销售收入与销售成本的差。其计算公式分别如下：

销售毛利率 =（销售收入 - 销售成本）÷ 销售收入 ×100%

销售毛利率企业设置的标准值为 0.15。

销售毛利率表示每一元销售收入扣除销售成本后，有多少钱可以用于各项期间费用和形成盈利。销售毛利率是企业销售净利率的最初基础，没有足够大的毛利率便不能盈利。企业可以按期分析销售毛利率，据以对企业销售收入、销售成本的发生及配比情况作出判断。

销售净利率 = 净利润 ÷ 销售收入 ×100%

销售净利率企业设置的标准值为 0.1。

该指标反映每一元销售收入带来的净利润是多少，表示销售收入的收益水平。企业在增加销售收入的同时，必须要相应获取更多的净利润才能使销售净利率保持不变或有所提高。销售净利率可以分解成为销售毛利率、销售税金率、销售成本率、销售期间费用率等指标进行分析。

【例2】甲企业 2010 年主营业务收入 220 000 000 元，主营业务成本 190 000 000元，2011 年主营业务收入 250 000 000 元，主营业务成本 215 000 000元，该企业销售毛利率可计算如下。

2010 年销售毛利率 =（220 000 000 - 190 000 000）÷ 220 000 000 ×100%

=13.64%

2011 年销售毛利率 =（250 000 000 - 215000 000）÷ 250 000 000 ×100%

=14.00%

该企业销售毛利率，2011 年比 2010 年上升 1.36%。

【例3】B 股份有限公司销售毛利润如表 10-3 所示，销售毛利润与同行业对比如表 10-4 所示。

表 10 - 3　销售毛利率

单位: 元

项　目	2009 年	2010 年	2011 年
1. 营业收入	169 619 532. 67	202 629 126. 11	339 568 025. 18
2. 营业成本	98 238 045. 07	128 725 232. 57	234 033 779. 83
3. 毛利①－②	71 381 487. 60	73 903 893. 54	105 534 245. 35
4. 净利润	35 392 171. 41	42 814 671. 34	50 387 261. 23
5. 销售毛利率③/①	42.08%	36.47%	31.08%
6. 销售净利率④/①	20.87%	21.13%	14.84%

2009 年销售毛利率 = (169 619 532. 67 - 98 238 045. 07) ÷ 169 619 532. 67 ×

100% = 42.08%

2010 年销售毛利率 = (202 629 126. 11 - 128 725 232. 57) ÷ 202 629 126. 11 ×

100% = 36.47%

2011 年销售毛利率 = (339 568 025. 18 - 234 033 779. 83) ÷ 339 568 025. 18 ×

100% = 31.08%

表 10 - 4　销售毛利率与同行业对比

报告期	2011 - 12 - 31		
主要指标	公司	行业	沪深 300
毛利率	31.08%	19.73%	28.94%

该企业销售毛利率, 由于该企业偶联剂毛利率较低的原因, 2011 年比 2010 年下降 5.39%, 2011 年比 2009 年下降 11.00%, 表明该企业主营业务利润率在逐渐下降。

2009 年销售净利率 = 35 392 171. 41 ÷ 169 619 532. 67 × 100%

= 20.87%

2010 年销售净利率 = 42 814 671. 34 ÷ 202 629 126. 11 × 100%

= 21.13%

2011 年销售净利率 = 50 387 261. 23 ÷ 339 568 025. 18 × 100%

= 14.84%

该企业销售净利率，2011 年比 2010 年下降 6.29%，2011 年比 2009 年下降 6.03%，表明虽然该企业净利润在逐年的增长，但是主营业务利润率的逐渐下降，造成了销售净利润率的下降。2011 年度内，该公司人工成本增加，但当期采购成本的降低和工业胶销售领域的突破，使得企业有机硅室温胶的毛利率仍小幅增长 0.66%，维持在 31.08% 的高毛利状态。该公司硅烷偶联剂方面，由于 2011 年受经济大环境的影响，原材料及产成品价格均出现了降价，产品毛利率下降，同时高附加值产品占比较小，故销售利润偏低。

B 股份有限公司销售毛利率最近四期对比如表 10 - 5 所示。

表 10 - 5　销售毛利率最近四期对比

报告期	2012 - 3 - 31			2011 - 12 - 31			2011 - 9 - 30			2011 - 6 - 30		
盈利指标	公司	沪深300	行业	公司	沪深300	行业	公司	沪深300	行业	公司	沪深300	行业
毛利率（%）	30.89	28.49	17.48	31.08	28.94	19.73	30.58	29.85	-46.55	29.63	30.38	20.19

10.2　正确计算销售利润率

销售利润率是企业利润总额与企业销售收入净额的比率。它反映企业销售收入中，实现的税前收益的份额。该项比率越高，表明企业税前收益越多，效益越好，也反映企业在增产的同时，多创造了利润，实现了增产增收。其计算公式为：

销售利润率 = 利润总额 ÷ 销售收入净额 × 100%

税收政策对于企业的发展有很重要的影响，符合国家税收政策的企业能够享受税收优惠，增强企业的盈利能力；不符合国家税收政策的企业，则被要求缴纳高额的税收，从而不利于企业盈利能力的提高。因此，国家的税收政策与企业的盈利能力之间存在一定的关系，评价分析企业的盈利能力，离不开对其面临的税收政策环境的评价。然而，由于税收政策属于影响企业发展的外部影响因素，很多财务人员对企业进行财务分析时往往只注重对影响企业发展的内部因素进行分析，而容易忽视税收政策对企业盈利能力的影响。

【例4】甲企业 2010 年利润总额 40 000 000 元，销售收入净额 180 000 000元，2011 年利润总额 42 000 000 元，销售收入净额 200 000 000 元，该企业销售利润率可计算如下。

2010 年销售利润率 = 40 000 000 ÷ 180 000 000 = 22.22%

2011 年销售利润率 = 42 000 000 ÷ 200 000 000 = 21.00%

该企业销售利润率 2011 年比 2010 年下降 1.22%。

考虑到利润总额的构成比较广泛，其中有些收益同产品销售收入无直接联系，为使计算的口径一致，用产品销售利润更为适宜。

【例5】B 股份有限公司 2009 年、2010 年利润总额，营业总收入额，2011 年利润总额，营业总收入额如表 10 - 6 所示，该企业销售利润率可计算如下。

表 10 - 6 销售利润率

单位：元

项 目	2009 年	2010 年	2011 年
1. 营业收入	169 619 532.67	202 629 126.11	339 568 025.18
2. 营业成本	98 238 045.07	128 725 232.57	234 033 779.83
3. 利润总额	41 383 022.07	49 695 673.45	58 674 226.66
4. 销售利润率③/①	24.40%	24.53%	17.28%

2009 年销售利润率 = 41 383 022.07 ÷ 169 619 532.67 × 100%
　　　　　　　　 = 24.40%

2010 年销售利润率 = 49 695 673.45 ÷ 202 629 126.11 × 100%
　　　　　　　　 = 24.53%

2011 年销售利润率 = 58 674 226.66 ÷ 339 568 025.18 × 100%
　　　　　　　　 = 17.28%

该企业销售利润率，2011 年比 2010 年下降 7.25%，2011 年比 2009 年下降 7.12%。表明虽然该企业利润总额在逐年的增长，但是主营业务利润率的逐渐下降，造成了销售利润率的下降。

10.3 正确计算成本费用利润率

成本费用利润率，是企业一定时期利润总额与成本费用总额的比率。它是反映企业生产经营过程中发生的耗费与获得的收益之间关系的指标、计算公式为：

$$成本费用利润率 = 利润总额 \div 成本费用总额 \times 100\%$$

其中，

$$成本费用总额 = 营业成本 + 销售费用 + 管理费用 + 财务费用$$

成本费用利润率越高，表明企业耗费所取得的收益越高，企业为取得利润而付出的代价越小，成本费用控制得越好，盈利能力越强。这是一个能直接反映增收节支、增产节约效益的指标。企业生产销售的增加和费用开支的节约，都能使这一比率提高。

【例6】甲企业 2010 年利润总额 40 000 000 元，成本 105 000 000 元，管理费用 18 200 000 元，销售费用 8 000 000 元，财务费用 2 000 000 元，2011 年利润总额 42 000 000 元，成本 120 000 000 元，管理费用 19 000 000元，销售费用 12 000 000元，财务费用 3 000 000 元，该企业的成本费用利润率可计算如下。

$$2010 年成本费用利润率 = [40\,000\,000 \div (105\,000\,000 + 18\,200\,000 + 8\,000\,000 + 2\,000\,000)] \times 100\% = 30.03\%$$

$$2011 年成本费用利润率 = [42\,000\,000 \div (120\,000\,000 + 19\,000\,000 + 12\,000\,000 + 3\,000\,000)] \times 100\% = 27.27\%$$

该企业成本费用利润率 2011 年比 2010 年下降 2.76%。成本费用利润率指标下降是导致企业经营指标整体下滑的关键原因。企业应当深入检查导致成本费用上升的因素，改进有关工作，以便扭转效益指标下降的状况。

【例 7】B 股份有限公司 2010 年利润总额、成本、管理费用、销售费用、财务费用，2011 年利润总额、成本、管理费用、销售费用、财务费用如表 10 - 7 所示，该企业的成本费用利润率可计算如下。

表 10 - 7　成本费用利润率

单位：元

项　　目	2009 年	2010 年	2011 年
1. 营业收入	169 619 532.67	202 629 126.11	339 568 025.18
2. 营业成本	98 238 045.07	128 725 232.57	234 033 779.83
3. 利润总额	41 383 022.07	49 695 673.45	58 674 226.66
4. 营业税金及附加	1 413 576.38	1 378 285.70	1 622 685.68
5. 销售费用	11 660 354.99	15 090 191.88	25 678 848.19
6. 管理费用	19 696 572.29	18 295 492.88	29 218 775.04
7. 财务费用	1 223 969.22	- 3 201 765.14	- 5 941 486.19
8. 成本费用总额	130 818 941.57	158 909 152.19	282 989 916.87
9. 成本费用利润率	31.63%	31.27%	20.73%

2009 年成本费用总额 = 98 238 045.07 + 11 660 354.99 + 19 696 572.29 +
1 223 969.22 = 130 818 941.57(元)

2009 年成本费用利润率 = 41 383 022.07 ÷ 130 818 941.57 × 100% = 31.63%

2010 年成本费用总额 = 128 725 232.57 + 15 090 191.88 + 18 295 492.88 +
(- 3 201 765.14) = 158 909 152.19(元)

2010 年成本费用利润率 = 49 695 673.45 ÷ 158 909 152.19 × 100% = 31.27%

2011 年成本费用总额 = 234 033 779.83 + 25 678 848.19 + 29 218 775.04 +
(- 5 941 486.19) = 282 989 916.87(元)

2011 年成本费用利润率 = 58 674 226. 66 ÷ 282 989 916. 87 × 100% = 20. 73%

以上结果表明，该企业成本费用利润率，2011 年比 2010 年下降 10. 54%，2011 年比 2009 年下降 10. 90%。

B 股份有限公司报告期盈利能力主要指标如表 10 - 8 所示。

表 10 - 8　B 股份有限公司报告期盈利能力主要指标

成本费用利润率（%）				
年份	第 1 季	中期	前 3 季	年度
2012	15. 55	—	—	—
2011	17. 8	21. 9	24. 24	20. 73
2010	29. 29	38. 85	38. 66	31. 27
2009	—	39. 72	39. 58	31. 63

10.4　正确计算盈余现金保障倍数

盈余现金保障倍数，是企业一定时期经营现金净流量与净利润的比值，反映了企业当期净利润中现金收益的保障程度，真实反映了企业盈余的质量。当企业当期净利润大于 0 时，盈余现金保障倍数应当大于 1。该指标越大，表明企业经营活动产生的净利润对现金的贡献越大。其计算公式为：

盈余现金保障倍数 = 经营现金净流量 ÷ 净利润

【例 8】甲企业 2010 年净利润 20 000 000 元，经营现金净流入量 240 000 000 元，经营现金净流出量 215 000 000 元，2011 年净利润 21 000 000 元，经营现金净流入量 250 000 000 元，经营现金净流出量 225 000 000 元，该企业的盈余现金保障倍数可计算如下。

2010 年盈余现金保障倍数 = （240 000 000 - 215 000 000）÷ 20 000 000
= 1. 25

2011 年盈余现金保障倍数 = (250 000 000 – 225 000 000) ÷ 21 000 000

= 1. 19

该企业盈余现金保障倍数 2011 年比 2010 年下降 0. 06 倍。

【例 9】B 股份有限公司 2010 年净利润，经营现金净流入量，经营现金净流出量，2011 年净利润，经营现金净流入量，经营现金净流出量如表 10 – 9 所示，该企业的盈余现金保障倍数可计算如下。

表 10 – 9   盈余现金保障倍数

单位：元

项　目	2009 年	2010 年	2011 年
1. 净利润	35 392 171.41	42 814 671.34	50 387 261.23
2. 经营现金净流入量	190 873 291.34	231 696 271.14	237 836 663.47
3. 经营现金净流出量	166 443 491.69	199 388 566.54	226 743 819.09
4. 经营现金净流量	24 429 799.65	32 307 704.6	11 092 844.38
5. 盈余现金保障倍数	0.6903	0.7546	0.2202

2009 年盈余现金保障倍数 = 24 429 799. 65 ÷ 35 392 171. 41 = 0. 6903

2010 年盈余现金保障倍数 = 32 307 704. 60 ÷ 42 814 671. 34 = 0. 7546

2011 年盈余现金保障倍数 = 11 092 844. 38 ÷ 50 387 261. 23 = 0. 2202

该企业盈余现金保障倍数 2011 年比 2010 年下降 0. 5344 倍，2011 年比 2009 年下降 0. 4701 倍。该企业当期净利润 50 387 261. 23 元，2010 年净利润 42 814 671. 34 元和 2009 年净利润 35 392 171. 41 元，盈余现金保障倍数却是小于 1。该指标值表明企业经营活动产生的净利润对现金的贡献小。

10.5 正确计算总资产利润率

总资产报酬率，是企业一定时期内获得的报酬总额与平均资产总额的比率。也就是企业利润总额与企业资产平均总额的比率，即总资产利润率。它是反映企业资产综合利用效果的指标，也是衡量企业利用债权人和所有者权益总额所取得盈利的重要指标。

方式一利润总额与企业资产平均总额的比率。其计算公式为：

$$总资产利润率 = 利润总额 ÷ 资产平均总额 × 100\%$$

资产平均总额为年初资产总额与年末资产总额的平均数。此项比率越高，表明资产利用的效益越好，整个企业获利能力越强，经营管理水平越高。

【例10】甲企业 2010 年利润总额 40 000 000 元，2009 年年末资产总额190 000 000元，2010 年年末资产总额 210 000 000 元，2011 年利润总额 42 000 000 元，2010 年年末资产总额 210 000 000 元，2011 年年末资产总额 230 000 000 元，企业总资产利润率可计算如下。

2010 年总资产利润率 = {40 000 000 ÷ [（190 000 000 + 210 000 000）÷ 2]} × 100% = 20.00%

2011 年总资产利润率 = {42 000 000 ÷ [（230 000 000 + 210 000 000）÷ 2]} × 100% = 19.09%

企业总资产利润率 2011 年不如 2010 年，需要对企业资产的使用情况，增产节约工作开展情况等作进一步分析考察，以便改进管理，提高效益。

【例11】B 股份有限公司 2010 年利润总额，2009 年年末资产总额，2010 年年末资产总额，2011 年利润总额，2010 年年末资产总额，2011 年年末资产总额及总资产利润率计算如表 10 - 10 所示。

表 10 - 10 总资产利润率

单位：元

项　目	2009 年	2010 年	2011 年
1. 利润总额	41 383 022.07	49 695 673.45	58 674 226.66
2. 资产总额	421 390 297.05	468 956 961.67	531 300 486.97
3. 总资产利润率		11.16%	11.73%

2010 年总资产利润率 = {49 695 673.45 ÷ [（421 390 297.05 + 468 956 961.67）÷ 2]} × 100% = 11.16%

$$2011\ 年总资产利润率 = \{58\ 674\ 226.66 \div [\ (468\ 956\ 961.67 +$$
$$531\ 300\ 486.97\ ) \div 2]\} \times 100\% = 11.73\%$$

企业总资产利润率 2011 年比 2010 年略好，需要进一步提高企业资产的使用情况，改进资产管理方式，提高企业效益。

方式二 息税前利润总额与企业资产平均总额的比率。其计算公式为：

总资产报酬率 = 息税前利润总额 ÷ 平均资产总额 × 100%

其中，

息税前利润总额 = 利润总额 + 利息支出

总资产报酬率越高，表明企业的资产利用效益越好，整个企业盈利能力越强。

10.6 正确理解净资产收益率

股东权益报酬率（也称净资产报酬率）是用来衡量公司所有者权益回报率的指标。是企业一定时期净利润与平均净资产的比率，反映了企业自有资金的投资收益水平。具有很强的综合性。是最重要的财务比率。其计算公式为：

净资产收益率 = 净利润 ÷ 平均净资产 × 100%

净资产收益率企业设置的标准值为 0.08。

或者，

股东权益报酬率 = 净收益 ÷ 平均所有者权益总额

其中，加权平均净资产收益率（ROE）的计算公式如下：

$$ROE = P/E_0 + NP \div 2 + E_i \times M_i \div M_0 - E_j \times M_j \div M_0$$

其中，P 为报告期利润；NP 为报告期净利润；E_0 为期初净资产；E_i 为报告期发行新股或债转股等新增净资产；E_j 为报告期回购或现金分红等减少净资产;M_0为报告期月份数;M_i为新增净资产下一月份起至报告期期末的月份数;M_j为减少净资产下一月份起至报告期期末的月份数。

股东权益报酬率对于股东评估可供选择的投资方案很有用。例如,K公司2010年和2011年的股东权益报酬率分别达到了56%和52%。虽然K公司并没有以现金股利的形式体现如此吸引人的报酬率,但它却反映了公司利用所有非债务资金的总报酬。如果仅仅关注普通股股东的权益报酬率,则其计算公式是:

普通股股东的权益报酬率 =(净利润 - 优先股股利)÷平均普通股股东权益

净资产收益率越高,企业自有资本获取收益的能力越强,运营效益越好,对企业投资人、债权人利益的保证程度越高。净资产收益率一直是评判一家公司,尤其是上市公司经营业绩的主要指标。总体上讲,这一指标的设立有三个方面的作用:一是综合作用:由于这一指标表示的是每股收益与每股净资产的比值,而每股收益又直接与市盈率相关,所以它是判断公司股票价值即股东利益最大化的综合性指标之一;二是分析作用:净资产收益率是所有财务分析比率指标中最具有代表性、综合性最强的一个指标;三是标尺作用:在中国证券市场,公司能否发行股票与配股,其资格主要由这一指标来定夺。

虽然净资产收益率在企业投资管理过程中有着极其重要的作用,但我们也需要注意以下问题。

(1)净资产收益率只是着重反映单一时期的状况

举例而言,当一个公司为推行一种新产品而导致费用大量增加时,净资产收益率开始下降,但它下降仅仅是一个时期的状态,并非显示财务业绩状况恶化。因为净资产收益率只包含一年的盈利,它无法反映多重阶段决策所产生的全部影响。

(2)净资产收益率不能反映一家公司在产生净资产收益率时所伴随的风险

例如,石油公司在南海油田开采业务中赚得6%的投资收益率,与5倍的资产权益比率相结合，产生出 30% 的净资产收益率，其间，另一公司投资于政府证券赚得 10% 的投资收益率，在其财务来源中，负债与权益所占的比例相同，从而产生出 20% 的净资产收益率。哪一家公司业绩好呢？从收益与风险的关系来看，答案应是后者。

（3）净资产收益率衡量股东投资的收益，投资数额使用的是股东权益的账面价值，而非市场价值，这个区分很重要

例如，甲公司 2010 年度的净资产收益率是 18.00%，这是其以账面价值 1.60 亿元购买公司的权益而赚取的。但这可能是不现实的，因为甲公司权益的市场价值是 4.80 亿元，照这个价格，它每年的收益将是 6.00%。

杜邦分析体系可以将这一指标分解成相联系的多种因素，进一步剖析影响所有者权益报酬的各个方面。如资产周转率、销售利润率、权益乘数。另外，在使用该指标时，还应结合对"应收账款"、"其他应收款"进行分析。

【例 12】甲企业 2010 年净利润 20 000 000 元，2009 年年末净资产总额 76 000 000 元，2010 年年末资产总额 84 000 000 元，甲企业 2011 年净利润 21 000 000 元，2010 年年末净资产总额 84 000 000 元，2011 年年末资产总额 92 000 000 元，该企业的净资产收益率可计算如下。

$$2010 年净资产收益率 = 20\,000\,000 \div [(76\,000\,000 + 84\,000\,000) \div 2] \times 100\% = 25.00\%$$

$$2011 年净资产收益率 = 21\,000\,000 \div [(92\,000\,000 + 84\,000\,000) \div 2] \times 100\% = 23.86\%$$

该企业净资产收益率 2011 年比 2010 年下降 1.14%，企业经营状况在下滑。

【例 13】B 股份有限公司 2010 年净利润，2009 年年末净资产总额，2010 年年末资产总额，2011 年净利润，2010 年年末净资产总额，2011 年年末资产总额、企业的净资产收益率如表 10 - 11 所示，盈利能力主要指

标如表 10 – 12 所示，净资产多收益率同行业对比如表 10 – 13 所示。

表 10 – 11　净资产收益率

单位：元

项　　目	2009 年	2010 年	2011 年
1. 净利润	35 392 171. 41	42 814 671. 34	50 387 261. 23
2. 归属于母公司所有者的净利润	35 392 171. 41	42 814 671. 34	50 286 503. 55
3. 归属于母公司所有者权益合计	386 960 353. 50	419 575 024. 84	454 868 516. 31
4. 少数股东权益			19 097 649. 83
5. 股东权益合计	386 960 353. 50	419 575 024. 84	473 966 166. 14
6. 资产总额	421 390 297. 05	468 956 961. 67	531 300 486. 97
7. 净资产收益率	9. 15%	10. 20%	11. 06%

表 10 – 12　B 股份有限公司盈利能力主要指标

净资产收益率（％）				
年份	第 1 季	中期	前 3 季	年度
2011	1. 29	4. 89	8. 65	11. 06
2010	1. 19	4. 5	8. 33	10. 2
2009	—	18. 61	28. 64	9. 15
2008	—	—	—	34. 07

该公司采用如下公式计算净资产收益率：

净资产收益率 = 归属于母公司所有者的净利润 ÷ 归属于母公司所有者权益合计 × 100%

2009 年净资产收益率 = 35 392 171. 41 ÷ 386 960 353. 50 × 100% = 9. 15%

2010 年净资产收益率 = 42 814 671. 34 ÷ 419 575 024. 84 × 100% = 10. 20%

2011 年净资产收益率 = 50 286 503. 55 ÷ 454 868 516. 31 × 100% = 11. 06%

表 10 – 13　净资产收益率同行业对比

报告期	2011 – 12 – 31		
主要指标	公司	行业	沪深 300
净资产收益率	11.06%	31.74%	9.94%

该企业净资产收益率 2011 年比 2010 年提高了 0.86%，净资产收益率与同行业相比偏低。

10.7　正确理解资本收益率

资本收益率，是企业一定时期净利润与平均资本（即资本性投入及其资本溢价）的比率，反映企业实际获得投资额的回报水平。其计算公式如下。

$$资本收益率 = 净利润 ÷ 平均资本 × 100\%$$

其中，

$$平均资本 = （实收资本年初数 + 资本公积年初数 + 实收资本年末数 + 资本公积年末数）÷ 2$$

上述资本公积仅指资本溢价（或股本溢价）

【例 14】甲企业 2010 年净利润 20 000 000 元，2009 年年末净资产总额 76 000 000 元，2010 年年末资产总额 84 000 000 元，甲企业 2011 年净利润 21 000 000 元，2010 年年末净资产总额 84 000 000 元，2011 年年末资产总额 92 000 000 元，该企业的资本收益率可计算如表 10 – 14 所示。

表 10 – 14　资本收益率

单位：万元

项　目	2009 年	2010 年	2011 年
1. 净利润		2 000	2 100

项　目	2009 年	2010 年	2011 年
2. 实收资本年末余额	5 000	5 000	5 000
3. 资本公积年末余额	1 000	1 000	1 400
4. 资本平均余额		6 000	6 200
5. 资本收益率①/④		33.33%	33.87%

企业 2011 年资本收益率比 2010 年略有增长，这是因为该企业净利润的增长程度（5.00%）略高于资本平均余额的增长程度（3.33%），股东权益的利用效果没有明显提高。企业实际获得投资额的回报水平较高。

【例 15】B 股份有限公司 2010 年净利润，2009 年末净资产总额，2010 年末资产总额，B 公司 2011 年净利润，2010 年末净资产总额，2011 年末资产总额及资本收益率如表 10 - 15 所示。

表 10 - 15　资本收益率

单位：元

项　目	2009 年	2010 年	2011 年
1. 净利润	35 392 171.41	42 814 671.34	50 387 261.23
2. 实收资本年末余额	51 000 000.00	102 000 000.00	102 000 000.00
3. 资本公积年末余额	287 111 172.84	236 111 172.84	236 418 160.76
4. 资本平均余额		338 111 172.84	338 264 666.80
5. 资本收益率①/④		12.66%	14.90%

2010 年资本收益率 = 42 814 671.34 ÷ 338 111 172.84 × 100%

= 12.66%

2011 年资本收益率 = 50 387 261.23 ÷ 338 264 666.80 × 100%

= 14.90%

企业 2011 年资本收益率比 2010 年增长 2.23%，这是因为该企业净利润的增长程度（17.69%）远高于资本平均余额的增长程度（0.05%），股东权益的利用效果在 2011 年有所提高。

10.8 正确理解资本金利润率

资本金利润率是企业的利润总额与资本金总额的比率，是反映投资者投入企业资本金的获利能力的指标。计算公式为：

资本金利润率 = 利润总额 ÷ 资本金总额 × 100%

这一比率越高，说明企业资本金的利用效果越好，反之，则说明资本金的利用效果不佳。

【例16】甲企业2010年利润总额40 000 000元，资本金120 000 000元，2011年利润总额42 000 000元，资本金120 000 000元，该企业资本金利润率可计算如下。

$$2010\text{年资本金利润率} = (40\,000\,000 \div 120\,000\,000) \times 100\%$$
$$= 33.33\%$$

$$2011\text{年资本金利润率} = (42\,000\,000 \div 120\,000\,000) \times 100\%$$
$$= 35.00\%$$

该企业2011年资本金利润率比2010年上升主要是2011年利润总额略有增长所引起的。

【例17】B股份有限公司2010年利润总额、资本金，2011年利润总额、资本金及资本金利润率如表10-16所示。

表10-16 资本金利润率

单位：元

项　　目	2009年	2010年	2011年
1. 利润总额	41 383 022.07	49 695 673.45	58 674 226.66
2. 股本	51 000 000.00	102 000 000.00	102 000 000.00
3. 资本金利润率①/②	81.14%	48.72%	57.52%

2009 年资本金利润率 = (41 383 022.07 ÷ 51 000 000.00) × 100%

= 81.14%

2010 年资本金利润率 = (49 695 673.45 ÷ 102 000 000.00) × 100%

= 48.72%

2011 年资本金利润率 = (58 674 226.66 ÷ 102 000 000.00) × 100%

= 57.52%

该企业 2011 年资本金利润率比 2010 年上升 8.8%，主要是 2011 年利润总额比 2010 年增长 18.07% 所引起的。2010 年该企业资本公积金转增股本 51 000 000 元。

企业资本金是所有者投入的主权资金，资本金利润率的高低直接关系到投资者的权益，是投资者最关心的问题。当企业以资本金为基础，吸收一部分负债资金进行生产经营时，资本金利润率就会因财务杠杆原理的利用而得到提高，提高的利润部分，虽然不是资本金直接带来的，但也可视为资本金有效利用的结果。它还表明企业经营者精明能干，善于利用他人资金，为本企业增加盈利。反之，如果负债资金利息太高，使资本金利润率降低，则应视为财务杠杆原理利用不善的表现。

10.9　正确计算权益利润率

资本金利润率指标中的资本金是指资产负债表中的实收资本，但是用来作为实现利润的资本总额中还包括资本公积、盈余公积、未分配利润等留用利润（保留盈余），这些也都属于所有者权益。为了反映全部垫支资本的使用效益并满足投资者对盈利信息的关心，更有必要计算权益利润率。权益利润率是企业利润总额与平均股东权益的比率。它是反映股东投资收益水平的指标。计算公式为：

权益利润率 = （利润总额 ÷ 平均股东权益）× 100%

股东权益是股东对企业净资产所拥有的权益。净资产是企业全部资产减去全部负债后的余额。股东权益包括实收资本、资本公积、盈余公积和未分配利润。平均股东权益为年初股东权益额与年末股东权益额的平均数。该项比率越高，表明股东投资的收益水平越高，获利能力越强。反之，则收益水平不高，获利能力不强。

【例18】甲企业 2009 年末所有者权益合计为 130 000 000 元，2010 年末所有者权益合计为 141 000 000 元，利润总额 40 000 000 元，2011 年末所有者权益合计为 162 000 000 元，利润总额 42 000 000 元，则该企业 2010 年和 2011 年股东权益利润率可计算如下。

2010 年股东权益利润率 = {40 000 000 ÷ [（130 000 000 +

141 000 000）÷ 2]} × 100% = 29.52%

2011 年股东权益利润率 = {42 000 000 ÷ [（162 000 000 +

141 000 000）÷ 2]} × 100% = 27.72%

该企业 2011 年股东权益利润率比 2010 年降低了 1.80%。这是因为该企业股东权益增长快于利润总额的增长所致。根据前列资料可以求得，该企业股东权益的增长为 11.81%，而其销售收入的增长仅为 5%。

2011 年股东权益平均余额比 2010 年增长 = {（162 000 000 + 141 000 000）÷ 2} ÷ {（130 000 000 + 141 000 000）÷ 2} − 1 = 11.81%

2011 年利润总额比 2010 年增长 = 42 000 000 ÷ 40 000 000 − 1 = 5%

【例19】B 股份有限公司 2009 年末所有者权益合计、2010 年末所有者权益合计、利润总额、2011 年末所有者权益合计、利润总额及该公司 2010 年和 2011 年股东权益利润率如表 10 − 17 所示。

表 10 − 17　股东权益利润率

单位：元

项　目	2009 年	2010 年	2011 年
1. 利润总额	41 383 022.07	49 695 673.45	58 674 226.66

（续表）

项　目	2009 年	2010 年	2011 年
2. 股本	51 000 000.00	102 000 000.00	102 000 000.00
3. 资本金利润率①/②	81.14%	48.72%	57.52%
4. 资本公积	287 111 172.84	236 111 172.84	236418160.76
5. 盈余公积	5 340 918.05	9 622 385.18	14 648 862.84
6. 未分配利润	43 508 262.61	71 841 466.82	101 801 492.71
7. 归属于母公司所有者权益合计	386 960 353.50	419 575 024.84	454 868 516.31
8. 少数股东权益			19 097 649.83
9. 所有者权益合计	386 960 353.50	419 575 024.84	473 966 166.14
10. 股东权益利润率	10.69%	11.84%	12.38%

该公司采用以下公式计算权益利润率：

权益利润率 =（利润总额÷归属于母公司所有者权益合计）×100%

2009 年股东权益利润率 =（41 383 022.07÷386 960 353.50）×100%

= 10.69%

2010 年股东权益利润率 =（49 695 673.45÷419 575 024.84）×100%

= 11.84%

2011 年股东权益利润率 =（58 674 226.66÷473 966 166.14）×100%

= 12.38%

该企业 2011 年股东权益利润率比 2010 年上升了 0.54%。

10.10　正确理解营业利润率

营业利润率是指企业的营业利润与营业收入的比率。它是衡量企业经营效率的指标，反映了在不考虑非营业成本的情况下，企业管理者通过经营获取利润的能力。其计算公式为：

$$营业利润率 = 营业利润 \div 营业总收入 \times 100\%$$

其中营业利润取自利润表，营业总收入包括主营业务收入（营业收入）和其他业务收入。

营业利润率越高，说明企业商品销售额提供的营业利润越多，企业的盈利能力越强；反之，此比率越低，说明企业盈利能力越弱。

影响营业利润率因素主要有销售数量；单位产品平均售价；单位产品制造成本；控制管理费用的能力；控制营销费用的能力。营业利润计算公式可以展开为：

营业利润 = 营业收入（主营业务收入 + 其他业务收入）- 营业成本（主营业务成本 + 其他业务成本）- 营业税金及附加 - 管理费用 - 销售费用 - 财务费用 - 资产减值损失 + 公允价值变动收益（损失为负）+ 投资收益（损失为负）

【例20】B 股份有限公司 2009 年、2010 年、2011 年主营业务收入、其他业务收入、主营业务成本、其他业务成本、营业税金及附加、管理费用、销售费用、财务费用、资产减值损失、公允价值变动收益（损失为负）、投资收益（损失为负）资料及营业利润率如表 10 - 18 所示。

表 10 - 18 营业利润率

单位：元

项 目	2009 年	2010 年	2011 年
1. 营业收入	169 619 532.67	202 629 126.11	339 568 025.18
2. 营业总成本	132 672 942.17	160 709 040.55	285 289 723.84
其中，营业成本	98 238 045.07	128 725 232.57	234 033 779.83
营业税金及附加	1 413 576.38	1 378 285.70	1 622 685.68
管理费用	19 696 572.29	18 295 492.88	29 218 775.04
销售费用	11 660 354.99	15 090 191.88	25 678 848.19
财务费用	1 223 969.22	- 3 201 765.14	- 5 941 486.19
3. 资产减值损失	440 424.22	421 602.66	677 121.29
4. 公允价值变动收益（损失为负）			

项　目	2009 年	2010 年	2011 年
5. 投资收益（损失为负）			−15 457.68
6. 营业利润	36 946 590.50	41 920 085.56	54 262 843.66
7. 营业利润率	21.78%	20.69%	15.98%

2009 年营业利润率 = 36 946 590.50 ÷ 169 619 532.67 × 100%

= 21.78%

2010 年营业利润率 = 41 920 085.56 ÷ 202 629 126.11 × 100%

= 20.69%

2011 年营业利润率 = 54 262 843.66 ÷ 339 568 025.18 × 100%

= 15.98%

B 股份有限公司营业利润率同行业对比如表 10 − 19 所示。

表 10 − 19　营业利润率同行业对比

报告期	2011 − 12 − 31		
主要指标	公司	行业	沪深 300
营业利润率	15.98%	—	18.27%

该企业 2011 年营业利润率比 2010 年下降了 4.71%，比 2009 年下降了 5.80%。这是因为该企业营业收入增长速度远高于营业利润增长速度所致。但该企业 2011 年营业利润率略低于沪深 300 的 18.27%。

B 股份有限公司盈利能力主要指标及营业利润最近四期对比如表 10 − 20、表 10 − 21 所示。

表 10 − 20　B 股份有限公司盈利能力主要指标

主营业务利润率（%）			
年份	第 1 季	中期	前 3 季	年度
2011	14.62	15.83	18.1	15.98
2010	22.11	24.86	24.85	20.69
2009	—	26.56	25.65	21.78
2008	—	—	—	20.81

表 10 – 21   营业利润率最近四期对比

单位：%

报告期	2012 – 3 – 31			2011 – 12 – 31			2011 – 9 – 30			2011 – 6 – 30		
盈利 指标	公司	沪深 300	行业	公司	沪深 300	行业	公司	沪深 300	行业	公司	沪深 300	行业
营业利润率	12.98	15.78	– 21.47	15.98	18.27	– 54.71	18.10	20.51	– 64.41	15.83	20.91	– 62.18

10.11   正确理解总资产收益率

　　总资产收益率亦称资产净利率（总资产报酬率），是分析公司盈利能力时又一个非常有用的比率。是另一个衡量企业收益能力的指标。在考核企业利润目标的实现情况时，投资者往往关注与投入资产相关的报酬实现效果，并经常结合每股收益及净资产收益率等指标来进行判断。总资产收益率是一个更为有效的指标。总资产收益率的高低直接反映了公司的竞争实力和发展能力，也是决定公司是否应举债经营的重要依据。总资产收益率与净资产收益率一起分析，可以根据两者的差距来说明公司经营的风险程度；对于净资产所剩无几的公司来说，虽然它们的指标数值相对较高，但仍不能说明它们的风险程度较小。而净资产收益率作为配股的必要条件之一，是公司调整利润的重要参考指标。总资产收益率的计算公式如下：

$$总资产收益率 = 净利润 \div 平均资产总额 \times 100\%$$

$$平均资产总额 = （年初资产总额 + 年末资产总额）\div 2$$

$$净资产收益率 = 净利润 \div 平均净资产总额 \times 100\%$$

$$平均净资产总额 = （本年期初净资产 + 本年期末净资产）\div 2$$

杜邦公式（常用）：

$$净资产收益率 = 销售净利率 \times 总资产周转率 \times 权益乘数 \times 100\%$$

$$总资产收益率 = 净利润 \div （平均负债总额 + 平均所有者权益）\times 100\%$$

　　总资产收益率指标集中体现了资产运用效率和资金利用效果之间的关系。在企业资产总额一定的情况下，利用总资产收益率指标可以分析企业盈利的稳定性和持久性，确定企业所面临的风险。总资产收益率指标还可反映企业综合经营管理水平的高低。把企业一定期间的净利润与企业的资产相比较，表明企业资产的综合利用效果。指标越高，表明资产的利用效率越高，说明企业在增加收入和节约资金等方面取得了良好的效果，否则相反。资产净利率是一个综合指标。净利的多少与企业的资产的多少、资产的结构、经营管理水平有着密切的关系。影响资产净利率高低的原因有：产品的价格、单位产品成本的高低、产品的产量和销售的数量、资金占用量的大小。可以结合杜邦财务分析体系来分析经营中存在的问题。

　　【例21】B 股份有限公司 2010 年净利润，2009 年末净资产总额，2010 年末资产总额，2011 年净利润，2010 年末净资产总额，2011 年末资产总额及总资产收益率如表 10 - 22。

表 10 - 22　总资产收益率

单位：元

项　目	2009 年	2010 年	2011 年
1. 净利润	35 392 171.41	42 814 671.34	50 387 261.23
2. 归属于母公司所有者的净利润	35 392 171.41	42 814 671.34	50 286 503.55
3. 归属于母公司所有者权益合计	386 960 353.50	419 575 024.84	454 868 516.31
4. 少数股东权益			19 097 649.83
5. 股东权益合计	386 960 353.50	419 575 024.84	473 966 166.14
6. 资产总额	421 390 297.05	468 956 961.67	531 300 486.97
7. 总资产收益率	8.40%	9.13%	9.46%

　　该公司采用如下公式计算总资产收益率：

总资产收益率 = 归属于母公司所有者的净利润 ÷ 资产总额 × 100%

2009 年总资产收益率 = 35 392 171.41 ÷ 421 390 297.05 × 100%
= 8.40%

2010 年总资产收益率 = 42 814 671.34 ÷ 468 956 961.67 × 100%
= 9.13%

2011 年总资产收益率 = 50 286 503.55 ÷ 531 300 486.97 × 100%
= 9.46%

B 股份有限公司报告期盈利能力主要指标如表 10 – 23、表 10 – 24 所示。

表 10 – 23　B 股份有限公司报告期盈利能力主要指标（一）

总资产收益率（%）			
年份	第 1 季	中期	前 3 季	年度
2012	1.30	—	—	—
2011	1.13	4.18	7.48	9.46
2010	1.11	4.15	7.38	9.13
2009	—	10.91	18.04	8.40
2008	—	—	—	17.09

表 10 – 24　B 股份有限公司报告期盈利能力主要指标（二）

项目	最新 （2012 年第 1 季）	上报告期	去年同期	年度 （2011 年年度）
净资产收益率（%）	1.48	11.06	1.29	11.06
总资产收益率（%）	1.30	9.46	1.13	9.46
主营业务利润率（%）	12.98	15.98	14.62	15.98
成本费用利润率（%）	15.55	20.73	17.80	20.73
每股收益（元）	0.07	0.49	0.05	0.49
每股未分配利润（元）	1.07	1.00	0.76	1.00

10.12 正确理解资本金利润率

资本金收益率，也称为资本金利润率，是指企业净利润与资本金的比率，它反映投入资本金的盈利能力。计算公式：

资本金利润率 = 净利润 ÷ 平均资本金 × 100%

其中，

平均资本金 = （期初资本金 + 期末资本金）÷ 2

【例22】B 股份有限公司 2009 年、2010 年、2011 年利润总额，净利润、股本及资本金利润率如表 10 – 25 所示。

表 10 – 25　资本金利润率

单位：元

项　目	2011 年	2010 年	2009 年
1. 利润总额	58 674 226.66	49 695 673.45	41 383 022.07
2. 净利润	50 387 261.23	42 814 671.34	35 392 171.41
3. 归属于母公司所有者的净利润	50 286 503.55	42 814 671.34	35 392 171.41
4. 股本	102 000 000.00	102 000 000.00	51 000 000.00
5. 资本金利润率	49.30%	41.98%	69.40%

该公司采用如下公式计算资本金利润率：

资本金利润率 = 归属于母公司所有者的净利润 ÷ 股本 × 100%

2011 年资本金利润率 = 50 286 503.55 ÷ 102 000 000 × 100%

= 49.30%

2010 年资本金利润率 = 42 814 671.34 ÷ 102 000 000 × 100%

= 41.98%

2009 年资本金利润率 = 35 392 171. 41 ÷ 51 000 000 × 100% = 69. 40%

B 股份公限公司股本数量（万股）比例如表 10 - 26 所示。

表 10 - 26　股本数量（万股）比例

项目	股本数量（万股）比例
总股本	10 200
流通股	3 360. 69
流通 A 股	3 360. 69
限售流通 A 股	6 839. 31
自然人持股	6 232
员工持股	607. 31
高管持股	607. 31

第十一章　企业现金流量管理分析

11.1　正确理解现金到期债务比与现金债务总额比

现金到期债务比是企业营业现金流量总额与本期到期的当期债务和应付票据总额的比率。它反映了企业可用现金流量偿付到期债务的能力。

现金到期债务比 = 经营活动现金净流量 ÷ 本期到期债务

本期到期债务 = 一年内到期的长期负债 + 应付票据

现金到期债务比企业设置的标准值为 1.5。

通常作为企业到期的长期负债和本期应付票据是不能延期的，到期必须如数偿还。该比率越高，企业资金流动性越好，企业到期偿还债务的能力就越强。若对同业现金到期债务比进行考察，则可以根据该指标的大小判断公司的即期偿债能力。企业能够用来偿还债务的除借新债还旧债外，一般应当是经营活动的现金流入才能还债。

现金债务总额比是经营活动现金净流量总额与债务总额的比率。该指标旨在衡量企业承担债务的能力，是评估企业中长期偿债能力的重要指标，同时它也是预测企业破产的可靠指标。计算结果要与过去比较，与同业比较才能确定高与低。这个比率越高，企业承担债务的能力越强，破产的可能性越小。这一比率越低，企业财务灵活性越差，破产的可能性越大。现金债务总额比计算方式：

现金债务总额比 = 经营活动现金净流量 ÷ 债务总额

现金债务总额比 = 经营活动现金净流量 ÷ 期末负债总额

现金债务总额比企业设置的标准值为 0.25。

【例1】B 股份有限公司 2009 年、2010 年、2011 年经营活动现金净流量、债务总额情况及现金债务总额比如表 11-1 所示。

表 11-1　现金债务总额比

单位：元

项目	2011 年	2010 年	2009 年
1. 经营活动产生的现金流量净额	11 092 844.38	32 307 704.60	24 429 799.65
2. 负债合计	57 334 320.83	49 381 936.83	34 429 943.55
3. 现金债务总额比①／②	0.1935	0.6542	0.7096

2011 年现金债务总额比 = 11 092 844.38 ÷ 57 334 320.83 = 0.1935

2010 年现金债务总额比 = 32 307 704.60 ÷ 49 381 936.83 = 0.6542

2009 年现金债务总额比 = 24 429 799.65 ÷ 34 429 943.55 = 0.7096

11.2 正确理解销售现金比率与每股营业现金净流量

销售现金比率是指经营现金净流入和投入资源的比值。该比率反映每元销售收入得到的现金流量净额，其数值越大，表明企业的收入质量越好，资金利用效果越好。该指标反映企业销售质量的高低，与企业的赊销政策有关。计算结果要与过去比，与同业比才能确定高与低。如果企业有虚假收入，也会使该指标过低。销售现金比率计算公式：

销售现金比率 = 经营现金净流量 ÷ 营业收入

（营业收入包括营业收入和应向购买者收取的增值税销项税额）

销售现金比率 = 经营活动现金净流量 ÷ 销售额

销售现金比率企业设置的标准值为 0.2。

　　每股现金流量是公司营业业务所带来的净现金流量减去优先股股利与流通在外的普通股股数的比率。该指标反映每股经营所得到的净现金，其值越大越好。该指标也是反映企业最大分派现金股利的能力。超过此限，就要借款分红。每股现金流量的计算公式如下：

每股现金流量 =（营业业务所带来的净现金流量 – 优先股股利）

÷流通在外的普通股股数

每股营业现金流量 = 经营活动现金净流量 ÷ 普通股股数

　　【例2】甲企业2011年末营业带来的净现金流量为21 850 000元，优先股股利为1 850 000元，普通股股数为86 000 000股，那么，

　　　　每股现金流量 =（21 850 000 – 1 850 000）÷86 000 000

　　　　　　　　　 = 0.2326（元/股）

　　【例3】B股份有限公司2009年、2010年、2011年经营活动现金净流量、营业收入、流通在外的普通股股数情况及销售现金比率如表11-2所示。

表11-2　销售现金比率

单位：元

项　　　目	2011年	2010年	2009年
1. 经营活动产生的现金流量净额	11 092 844.38	32 307 704.60	24 429 799.65
2. 流通在外的普通股股数	102 000 000.00	102 000 000.00	51 000 000.00
3. 营业总收入	339 568 025.18	202 629 126.11	169 619 532.67
4. 销售现金比率	0.0327	0.1594	0.1440
5. 每股现金流量	0.1088	0.3167	0.4790

　　2011年销售现金比率 = 11 092 844.38 ÷ 339 568 025.18 = 0.0327

　　2010年销售现金比率 = 32 307 704.60 ÷ 202 629 126.11 = 0.1594

　　2009年销售现金比率 = 24 429 799.65 ÷ 169 619 532.67 = 0.1440

　　2011年每股现金流量 = 11 092 844.38 ÷ 102 000 000.00 = 0.1088

　　2010年每股现金流量 = 32 307 704.60 ÷ 102 000 000.00 = 0.3167

　　2009年每股现金流量 = 24 429 799.65 ÷ 51 000 000.00 = 0.4790

11.3 正确理解全部资产现金回收率

资金回收率是衡量某一经济行为发生损失大小的一个指标。回收率越高，说明收回的资金占付出资金的比例高，损失小，回收率低则损失较大。全部资产现金回收率是经营现金净流量与全部资产的比率。该指标旨在考评企业全部资产产生现金的能力，该比值越大越好。比值越大说明资产利用效果越好，利用资产创造的现金流入越多，整个企业获取现金能力越强，经营管理水平越高。反之，则经营管理水平越低，经营者有待提高管理水平，进而提高企业的经济效益。全部资产现金回收率公式：

全部资产现金回收率 = 经营活动现金净流量 ÷ 平均资产总额 × 100%

其中，

平均资产总额 = （期初资产总额 + 期末资产总额）÷ 2

也可以简化公式计算：

全部资产现金回收率 = 经营活动现金净流量 ÷ 期末资产总额 × 100%

全部资产现金回收率企业设置的标准值为 0.06。

把上述公式求倒数，则可以分析全部资产用经营活动现金回收需要的期间长短。因此，这个指标体现了企业资产回收的含义。回收期越短，说明资产获现能力越强。

【例4】甲公司经营活动现金净流量为 58 000 000 元，全部资产总额为 850 000 000 元，则

全部资产现金回收率 = 58 000 000 ÷ 850 000 000 × 100% = 6.82%

如果同行业平均全部资产现金回收率为 7%，说明甲公司资产产生现金的能力较弱。

【例5】B 股份有限公司 2009 年、2010 年、2011 年经营活动现金净流

量、资产总额情况及全部资产现金回收率如表 11 - 3 所示。

表 11 - 3 全部资产现金回收率

单位：元

项目	2011 年	2010 年	2009 年
1. 经营活动产生的现金流量净额	11 092 844.38	32 307 704.60	24 429 799.65
2. 资产总计	531 300 486.97	468 956 961.67	421 390 297.05
3. 全部资产现金回收率	2.09%	6.89%	5.80%

2011 年全部资产现金回收率 = 11 092 844.38 ÷ 531 300 486.97 × 100%
= 2.09%

2010 年全部资产现金回收率 = 32 307 704.60 ÷ 468 956 961.67 × 100%
= 6.89%

2009 年全部资产现金回收率 = 24 429 799.65 ÷ 421 390 297.05 × 100%
= 5.80%

11.4 正确理解净利润现金含量

净利润现金含量，是指生产经营中产生的现金净流量与净利润的比值。该指标也越大越好，表明销售回款能力较强，成本费用低，财务压力小。计算公式如下：

净利润现金含量 = 经营活动现金净流量 ÷ 净利润

现金净流量是根据现金流量计算的，净利润是根据权责发生制计算的，比如一家公司收到大量预付款，没有确认收入，不计算利润，但是收到现金，所以这个比例会提高。如果说能源是工业的血液，那现金就是企业的血液。企业的目的是盈利，但绝不是以资产中流动性最高的资产——现金的流失作为代价的。净利润现金含量是一个比较细微的指标，可以在日常的会计处理中获得有关企业现金的信息。净利润现金含量同时也是一个缺陷比较明显的指标，其宏观上的指示性和警示性比起传统指标稍有不及。

【例6】B 股份有限公司 2009 年、2010 年、2011 年经营活动现金净流量、净利润情况及净利润现金含量如表 11 – 4 所示。

表 11 – 4　净利润现金含量

单位：元

项　目	2011 年	2010 年	2009 年
1. 经营活动产生的现金流量净额	11 092 844.38	32 307 704.60	24 429 799.65
2. 归属于母公司所有者的综合收益	50 593 491.47	42 814 671.34	35 392 171.41
3. 净利润现金含量	0.2193	0.7546	0.6903

2011 年净利润现金含量 = 11 092 844.38 ÷ 50 593 491.47 = 0.2193
2010 年净利润现金含量 = 32 307 704.60 ÷ 42 814 671.34 = 0.7546
2009 年净利润现金含量 = 24 429 799.65 ÷ 35 392 171.41 = 0.6903

11.5　正确理解经营现金净流量对负债的比率

经营现金流量比率是反映企业经营现金净流量与负债的比率，根据负债的构成，该比率可以具体演化为下列 3 个公式：

经营现金流量比率 = 经营现金流量净额 ÷ 流动负债　①
经营现金流量比率 = 经营现金流量净额 ÷ 长期负债　②
经营现金流量比率 = 经营现金流量净额 ÷ 负债总额　③

这 3 个比率分别反映企业经营活动产生的净现金流量偿还短期、长期和全部债务的能力，该比率越高说明偿债能力越强。

经营活动产生的现金净流量与总负债之比。该项比率反映了企业用年度经营活动所产生的现金净流量偿还企业全部债务的能力，体现了企业偿债风险的高低。该比率值越大，说明企业偿债能力越大，相应的风险越小；其值越小，表明偿债能力越小，相应的风险越大。

经营活动现金净流量与偿还债务所支付的现金加偿还利息支付的现金之比。它反映本期经营活动所产生的现金净流量是本期偿付的债务本息的倍数。该比值大于或等于1，说明企业有能力通过经营活动获得的现金偿还到期的债务，而不是收回投资或借新债还旧债；若该比值小于1，说明本期必须筹措资金或出售资产才能偿还债务。

通过该比率分析，可了解维持公司运行、支撑公司发展所需要的大部分现金的来源，从而判别企业财务状况是否良好、公司运行是否健康。公司现金流入以经营活动为主，以收回投资、分得股利取得的现金以及银行借款、发行债券、接受外部投资等取得的现金为辅，是一种比较合理的结构。与主营业务收入利润率指标相类似，当经营现金流量比率低于50%时，财务风险产生。

【例7】B股份有限公司2009年、2010年、2011年经营活动现金净流量、负债情况及经营现金流量比率如表11－5所示。

表11－5　经营现金流量比率

单位：元

项　　目	2011 年	2010 年	2009 年
1. 经营活动产生的现金流量净额	11 092 844. 38	32 307 704. 60	24 429 799. 65
2. 负债合计	57 334 320. 83	49 381 936. 83	34 429 943. 55
3. 经营现金流量比率	0. 1935	0. 6542	0. 7096

2011 年经营现金流量比率 = 11 092 844. 38 ÷ 57 334 320. 83 = 0. 1935

2010 年经营现金流量比率 = 32 307 704. 60 ÷ 49 381 936. 83 = 0. 6542

2009 年经营现金流量比率 = 24 429 799. 65 ÷ 34 429 943. 55 = 0. 7096

B 股份有限公司 2008 年、2009 年、2010 年、2011 年及 2012 年财务比率如表 11 – 6 所示。

表 11 – 6 财务比率

会计年度	2012 – 3 – 31	2011 – 12 – 31	2010 – 12 – 31	2009 – 12 – 31	2008 – 12 – 31
经营现金净流量对负债的比率	—	0.19	0.65	0.71	0.30

11.6 正确理解经营活动产生的现金净流量增长率

经营活动现金净流量是经营现金毛流量扣除经营营运资本增加后企业可提供的现金流量。即：经营活动现金净流量 = 经营税后净收益 + 折旧与摊销。经营活动产生的现金净流量增长率计算公式如下：

经营活动产生的现金净流量增长率 = (本期经营活动产生的现金净流量 – 基期经营活动产生的现金净流量) ÷ 基期经营活动产生的现金净流量 × 100%

现金流量结构十分重要，总量相同的现金流量在经营活动、投资活动、筹资活动之间分布不同，则意味着不同的财务状况。

【例8】B 股份有限公司 2009 年、2010 年、2011 年经营活动现金净流量、负债情况及现金净流量增长率如表 11 – 7 所示。

表 11 – 7 现金净流量增长率

单位：元

项目	2011 年	2010 年	2009 年
1. 经营活动产生的现金流量净额	11 092 844. 38	32 307 704. 60	24 429 799. 65
2. 经营活动产生的现金净流量增长率	– 65. 67%	32. 25%	

经营活动产生的现金净流量增长率 = (本期经营活动产生的现金净流量 – 基期经营活动产生的现金净流量) ÷ 基期经营活动产生的现金净流量 × 100%

2011 年经营活动产生的现金净流量增长率 = (11 092 844.38 – 32 307 704.60) ÷ 32 307 704.60 × 100% = –65.67%

2010 年经营活动产生的现金净流量增长率 = (32 307 704.60 – 24 429 799.65) ÷ 24 429 799.65 × 100% = 32.25%

B 股份有限公司 2008 年、2009 年、2010 年、2011 年及 2012 年财务比率如表 11 – 8 所示。

表 11 – 8　财务比率

会计年度	2012 – 3 – 31	2011 – 12 – 31	2010 – 12 – 31	2009 – 12 – 31	2008 – 12 – 31
经营活动产生的现金净流量增长率	—	– 0.66	0.32	0.10	0.17

11.7　正确理解现金流量结构比率

现金流量结构分析是指同一时期现金流量表中不同项目间的比较与分析，分析企业现金流入的主要来源和现金流出的方向，并评价现金流入流出对净现金流量的影响。现金流量结构分析的计算公式如下：

现金流量结构比率 = 单项现金流入（出）量 ÷ 现金流入量总额

【例9】甲公司本期现金流入量为 2 100 000 元，现金流出量为 1 800 000 元，现金净流量为 300 000 元。在全部现金流入量中，经营活动所得现金占 77.00%，投资活动所得现金占 0.60%，筹资活动所得现金占 22.40%。这意味着维持公司运行、支撑公司发展所需要的大部分现金是在经营过程中产生的，这无疑是企业财务状况良好的一个标志。

而收回投资、分得股利取得的现金以及银行借款、发行债券、接受外部投资取得的现金对公司的运行和发展都起到了辅助性或补充性的融资作用。

在甲公司本期现金流出量中，经营活动所付现金占 75.00%，投资活动所付现金占 5.00%，筹资活动所付现金占 20%。将此与现金流入量分析相结合，可以发现该公司的现金流入与流出主要来自经营活动所得，用于经营活动所费；公司进行固定资产投资，支付投资者利润等现金需要主要来源于外部筹资，特别是举债筹资。从总体上看，该公司的运行是健康的，发展是稳定的。但应特别注意公司以举债筹资扩大投资所带来的财务风险及其偿还能力。

➤ 1. 现金流量结构分析的内容

现金流量结构分析可以分为现金收入结构、支出结构和结余结构分析三个方面。

（1）收入结构分析

现金收入构成是反映企业各项业务活动的现金收入，如经营活动的现金收入、投资活动现金收入、筹资活动现金收入等在全部现金收入中的比重以及各项业务活动现金收入中具体项目的构成情况，明确现金究竟来自何方，要增加现金收入主要依靠什么。

（2）支出结构分析

现金支出结构是指企业的各项现金支出占企业当期全部现金支出的百分比，它具体反映企业的现金用在哪些方面。

（3）余额结构分析

现金余额结构分析是指企业的各项业务活动，其现金的收支净额占全部现金余额的百分比，它反映企业的现金余额是如何构成的。

➤ 2. 现金流量结构分析的作用

（1）根据现金流入的结构，可以了解企业获取现金收入的途径，据以判断企业获取现金能力的大小，评价现金收入的质量。

一是经营活动产生的现金流入体现的是一个企业主营业务创造现金流入的能力，只有主业兴旺，才是获取现金的不竭源泉；二是投资活动产生的现金流入虽然很重要，但对于一般企业，它不应该成为现金增加的主要来源，因为对外投资毕竟只是企业经营活动的延伸而非核心，对外投资资产的所有权虽然在投资公司，但资产的实际控制或经营权却在被投资公司，因此对外投资产生的现金流量具有不确定性和偶然性，它不能代替经营活动成为创造现金流入的主角。至于内部处置长期资产而产生的现金流入则更可能是不得已而为之，即使正常，也不会经常发生；三是筹资活动产生的现金流入，虽然能反映企业从外部获取现金能力的大小，但它所带来的现金流入是否有利，还取决于其使用效果是否带来经营活动和投资活动的现金流入的增加，故筹资活动的现金流入同样不能成为创造现金流入的主角。

（2）根据现金流出的结构，可以了解企业现金支出的去向，据以判断企业的理财水平和理财策略。现金是一项盈利性较差的资产，过多持有现金并非明智之举，因此，现金管理效果的好坏并非在于尽量减少现金支出或者保持较高现金余额，而是应该在保证足够的支付能力的前提下，把现金投放到盈利性更高的资产上。通常现金支出首先应满足生产经营正常交易的需要，如支付货款、发放工资、缴纳税金等等，然后才能用于支付借款利息、分配股息、最后才能考虑对外投资。把现金支出的结构与上期比较，则可以反映出企业的理财策略。

【例10】B股份有限公司2009年、2010年、2011年单项现金流入（出）量、现金流入量总额及现金流量结构比率如表11-9所示。

表 11 – 9　现金流量结构比率

单位：元

项　目	2011 年	2010 年	2009 年
1. 经营活动产生的现金流量净额	11 092 844. 38	32 307 704. 60	24 429 799. 65
2. 现金及现金等价物净增加额	– 64 005 815. 64	– 14 266 637. 50	251 175 410. 87
3. 现金流量结构比率	– 0. 1733	– 2. 2646	0. 0973

2011 年现金流量结构比率 = 11 092 844. 38 ÷ （ – 64 005 815. 64）

$$= -0. 1733$$

2010 年现金流量结构比率 = 32 307 704. 60 ÷ （ – 14 266 637. 50）

$$= -2. 2646$$

2009 年现金流量结构比率 = 24 429 799. 65 ÷ 251 175 410. 87 = 0. 0973

B 股份有限公司 2008 年、2009 年、2010 年、2011 年及 2012 年财务比率如表 11 – 10 所示。

表 11 – 10　财务比率

会计年度	2012 – 3 – 31	2011 – 12 – 31	2010 – 12 – 31	2009 – 12 – 31	2008 – 12 – 31
现金流量结构比率	0. 81	– 0. 17	– 2. 26	0. 10	1. 26

11.8　正确理解销售现金比率

销售现金比率是指经营现金净流入和投入资源的比值，也是企业经营活动现金流量净额与企业销售额的比值。销售现金比率计算公式如下：

销售现金比率 = 经营现金净流量 ÷ 营业收入

其中，营业收入包括营业收入和应向购买者收取的增值税进项税额。

该指标反映企业销售质量的高低，与企业的赊销政策有关。如果企业有虚假收入，也会使该指标过低。该比率反映每元销售收入得到的现金流量净额，其数值越大，表明企业的收入质量越好，资金利用效果越好。

【例11】B股份有限公司2009年、2010年、2011年经营活动产生的现金流量净额、营业收入总额及主营业务现金比率如表11-11所示。

表11-11　主营业务现金比率

单位：元

项　　目	2011 年	2010 年	2009 年
1. 经营活动产生的现金流量净额	11 092 844. 38	32 307 704. 60	24 429 799. 65
2. 营业总收入	339 568 025. 18	202 629 126. 11	169 619 532. 67
3. 销售现金比率	0.0327	0.1594	0.1440

销售现金比率 = 经营现金净流量 ÷ 营业收入

2011 年销售现金比率 = 11 092 844. 38 ÷ 339 568 025. 18 = 0. 0327

2010 年销售现金比率 = 32 307 704. 60 ÷ 202 629 126. 11 = 0. 1594

2009 年销售现金比率 = 24 429 799. 65 ÷ 169 619 532. 67 = 0. 1440

B股份有限公司2008年、2009年、2010年、2011年及2012年财务比率如表11-12所示。

表11-12　财务比率

会计年度	2012 - 3 - 31	2011 - 12 - 31	2010 - 12 - 31	2009 - 12 - 31	2008 - 12 - 31
主营业务现金比率	- 0. 26	0. 03	0. 16	0. 14	0. 16

11.9　正确理解全部资产现金回收率

全部资产现金回收率是经营现金净流量与全部资产的比率。该指标旨在考评企业全部资产产生现金的能力，该比值越大越好。比值越大说明资产利用效果越好，利用资产创造的现金流入越多，整个企业获取现金能力越强，经营管理水平越高。反之，则经营管理水平越低，经营者有待提高管理水平，进而提高企业的经济效益。计算公式如下：

全部资产现金回收率 = 经营活动现金净流量 ÷ 平均资产总额 × 100%

其中，

平均资产总额 = （期初资产总额 + 期末资产总额）÷2

把上述公式求倒数，则可以分析，全部资产用经营活动现金回收，需要的期间长短。因此，这个指标体现了企业资产回收的含义。回收期越短，说明资产获现能力越强。

经营活动的现金净流量与当期资本支出总额的比率。"资本支出总额"是指企业为维持或扩大生产能力而购置固定资产或无形资产而发生的支出。该指标主要反映企业用经营活动所产生的现金净流量维持或扩大生产经营规模的能力，其值越大，说明企业发展能力越强，反之，则越弱。另外，该指标也可用于评价企业的偿债能力，因为当经营活动产生的现金净流量大于维持或扩大生产规模所需的资本支出时，其余部分可用于偿还债务。

【例12】甲公司经营活动现金净流量为 5 500.00 万元，全部资产总额为85 000 万元，则

全部资产现金回收率 = 5 500.00 ÷ 85 000 × 100% = 6.47%

如果同行业平均全部资产现金回收率为7%，说明甲公司资产产生现

金的能力较弱。

【例13】B 股份有限公司 2009 年、2010 年、2011 年经营活动产生的现金流量净额、流通在外的普通股股数及资产的经营现金流量回报率如表 11 – 13 所示。

表 11 – 13　资产的经营现金流量回报率

单位：元

项　目	2011 年	2010 年	2009 年
1. 经营活动产生的现金流量净额	11 092 844.38	32 307 704.60	24 429 799.65
2. 资产总计	531 300 486.97	468 956 961.67	421 390 297.05
3. 资产的经营现金流量回报率	2.09%	6.89%	5.80%

资产的经营现金流量回报率 = 经营活动现金净流量 ÷ 资产总额 × 100%

2011 年资产的经营现金流量回报率 = 11 092 844.38 ÷ 531 300 486.97 × 100% = 2.09%

2010 年资产的经营现金流量回报率 = 32 307 704.60 ÷ 468 956 961.67 × 100% = 6.89%

2009 年资产的经营现金流量回报率 = 24 429 799.65 ÷ 421 390 297.05 × 100% = 5.80%

B 股份有限公司 2008 年、2009 年、2010 年、2011 年及 2012 年财务比率如表 11 – 14 所示。

表 11 – 14　财务比率

会计年度	2012 – 3 – 31	2011 – 12 – 31	2010 – 12 – 31	2009 – 12 – 31	2008 – 12 – 31
资产的经营现金流量回报率（%）	– 0.03	0.02	0.07	0.06	0.15

316

第十二章　企业成长能力分析

12.1　正确理解每股净资产

　　经常用的财务分析指标是每股账面价值。这一指标反映了一旦公司在资产负债表日破产清算，每股股票所能得到的金额。用另一种方式表述的话，每股账面价值就是每股股票所代表的净资产。在进行股东权益分析时应重点关注公司拥有什么样的股东权益，而不是只关注权益总额。股东权益是一个很重要的财务指标。当总资产小于负债时，公司就陷入了资不抵债的境地，这时，公司的股东权益便消失殆尽。如果实施破产清算，股东将一无所得。相反，股东权益金额越大，该公司的实力就越雄厚。但是有些上市公司弄虚作假，在法定资产重估时，不切实际地夸大资产价值，然后把增值的"水分"转增股东权益。因此，如果上市公司中大量资本公积是由于法定资产重估增值所形成的，那么就客观存在着股东权益的虚假现象。

　　每股净资产也叫每股账面价值、每股权益，是股东权益总额减去优先股权益后的余额与发行在外的普通股股数的比值。即股东权益总额与股票发行总股数的比率。是上市公司年末净资产（即股东权益）与年末普通股总数的比值。其计算公式为：

每股账面价值＝股东权益总额÷（优先股数＋普通股数）

每股净资产＝（股东权益总额－优先股权益）÷发行在外的普通股股数

每股净资产 = 年末股东权益 ÷ 年末普通股总数

每股净资产 = 股东权益 ÷ 总股数。

每股账面价值 = 普通股股东权益 ÷ 流通在外的普通股股数。

投资者不愿意购买每股账面价值低于每股市价的公司的股票，除非该公司的每股资产现值大大高于每股市价或者公司有很强的盈利能力。2011年底，Y公司的每股账面价值大约为9.75元，而该年年底每股市价接近55元。这一市价显然是Y公司盈利能力的函数，而不是资产负债表所显示的每股账面价值的函数。因为资产负债表很少反映现值，而账面价值往往比每股的市场价值低得多。这一指标反映发行在外的每股普通股所代表的净资产成本即账面权益、每股股票所拥有的资产现值。每股净资产越高，股东拥有的资产现值越多；每股净资产越少，股东拥有的资产现值越少。通常每股净资产越高越好。

将每股账面价值与每股票面价值相比较，可以看出经营状况的好坏。通常经营状况良好、财务健全的公司，其每股账面价值必定高于每股票面价值；账面价值逐年提高，就表明该公司的资本结构越来越健全。当然，每股账面价值仅是表明公司股东所投入的每股股票价值，而不是表示股东每股股票从公司所能取出的价值。每股账面价值分析反映了发行在外的每股普通股所代表的企业股东权益的价值。在投资人看来，该指标与每股市价的差额是企业的一种潜力。股票市价高于账面价值越多，越是表明投资者认为这个企业有希望、有潜力；否则，说明市场不看好该企业。如果公司的股票价格低于净资产的成本，成本又接近变现价值，说明公司已无存在价值，清算是股东最好的选择。

每股净资产指标反映了在会计期末每一股份在公司账面上到底值多少钱，如在公司性质相同、股票市价相近的条件下，某一公司股票的每股净资产越高，则公司发展潜力与其股票的投资价值越大，投资者所承担的投资风险越小。在投资分析时，只能有限地使用这个指标，因其是用历史成本计量的，既不反映净资产的变现价值，也不反映净资产的产出能力。

【例1】甲企业 2011 年 12 月 31 日净资产为 240 000 000 元，总股本为100 000 000股，它的每股净资产值为 2.4 元（即 240 000 000 元 ÷ 100 000 000股）。

每股净资产值反映了每股股票代表的公司净资产价值，为支撑股票市场价格的重要基础。每股净资产值越大，表明公司每股股票代表的财富越雄厚，通常创造利润的能力和抵御外来因素影响的能力越强。净资产收益率是公司税后利润除以净资产得到的百分比率，用以衡量公司运用自有资本的效率。

【例2】甲企业 2011 年税后利润为 20 000 000 元，净资产为为 240 000 000元，净资产收益率为 8.33%（税后利润 20 000 000 元 ÷ 净资产 240 000 000 元）。

净资产收益率越高，表明股东投入的单位资本所获收益越多。上例 8.33%表明，股东每投入 1 元钱便有 0.0833 元的回报。

从财务报表上看，上市公司的每股净资产主要由股本、资本公积金、盈余公积金和未分配利润组成。根据《公司法》的有关规定，股本、资本公积和盈余公积在公司正常经营期内是不能随便变更的，因此，每股净资产的调整主要是对未分配利润进行调整。

【例3】B 股份有限公司，2009 年、2010 年、2011 年年末股东权益、年末普通股总数及普通股每股净资产如表 12 - 1 所示。

表 12 - 1　每股净资产

单位：元

项　目	2009 年	2010 年	2011 年
1. 归属于母公司所有者权益合计	386 960 353.50	419 575 024.84	454 868 516.31
2. 所有者权益合计	386 960 353.50	419 575 024.84	473 966 166.14
3. 普通股总数	51 000 000.00	102 000 000.00	102 000 000.00
4. 每股净资产	7.59	4.11	4.46

2009 年每股净资产 = 386 960 353. 50 ÷ 51 000 000. 00 = 7. 59

2010 年每股净资产 = 419 575 024. 84 ÷ 102 000 000. 00 = 4. 11

2011 年每股净资产 = 454 868 516. 31 ÷ 102 000 000. 00 = 4. 46

B 股份有限公司 2010 年 4 月 27 日召开的 2009 年年度股东大会暨相关股东大会决议和修改后的章程规定，该公司以截止到 2009 年 12 月 31 日的总股本 5 100. 00 万股为基数，用资本公积金向全体股东转增股本，全体股东按每 10 股转增 10 股，转增后公司总股本为 10 200. 00 万股，注册资本变更为 10 200. 00 万元。扣除此事项的影响，2011 年每股净资产比 2010 年增加 0. 35 元，增长 8. 51%。

B 股份有限公司 2009 年、2010 年、2011 年及 2012 年第 1 季、中期、第 3 季及年度每股净资产报告期市场表现主要指标如表 12 – 2 所示。

表 12 – 2　B 股份有限公司报告期市场表现主要指标

每股净资产（元）			
年份	第 1 季	中期	前 3 季	年度
2012	4. 53	—	—	—
2011	4. 17	4. 17	4. 34	4. 46
2010	7. 68	3. 87	4. 03	4. 11
2009	—	2. 28	2. 6	7. 59

12.2　正确理解每股未分配利润

未分配利润是企业留待以后年度进行分配的结存利润，未分配利润有两个方面的含义：一是留待以后年度分配的利润；二是尚未指定特定用途的利润。资产负债表中的未分配利润项目反映了企业期末在历年结存的尚未分配的利润数额，若为负数则为尚未弥补的亏损。每股未分配利润是指企业当期未分配利润总额与发行在外总股本的比值。其计算公式为：

每股未分配利润＝企业当期未分配利润总额÷总股本

每股未分配利润反映的是公司平均每股所占有的留存于公司内部的未分配利润的多少。每股未分配利润数值越大，说明公司留存越多，可用于股利分配的部分也就越少。

➤ 1. 分析每股未分配利润

（1）每股未分配利润越多，不仅表明该公司盈利能力强，也意味着该公司未来分红、送股的能力强、概率比较大。

（2）如果一个公司的每股未分配利润超过一元，该公司就具有每 10 股送 10 股或每股派现 1 元红利的能力。

（3）每股未分配利润较多的上市公司，往往被各类投资者青睐，因为该类公司盈利和分红能力强，投资回报高。

（4）每股未分配利润较多的上市公司股票，在二级市场上，容易被一些主力特别是长线主力炒作。主力资金可以在一定程度上与上市公司配合，通过多次分红送股的方式，或降低已被炒高的股价，或赚取上市公司的大比例现金分红，从而达到降低炒作成本的目的。

➤ 2. 每股未分配利润的价值

每股未分配利润是公司未来可扩大再生产或是可分配的重要物质基础。与每股净资产一样，它也是一个存量指标。每股未分配利润应该是一个适度的值，并非越高越好。未分配利润长期积累而不分配，也表明公司形成的利润存在很大水分。一家上市公司的"每股未分配利润"很高，但却很少给股东进行现金分红，或是分红水平很低，则表明公司是标准的"铁公鸡"！现金流量状况不好，资金紧张。

【例4】甲上市公司的"每股未分配利润"高达 5 元以上，但它既不扩大再生产，又舍不得给股东分红，这样的公司可能会存在问题，如存货实际库存与账面库存不相符、应收账款数额较大回收存在问题、固定资产折旧额计提不足等。一般地，上市公司在当期分配利润后，如果仍能保持每股未分配利润在0.5元以上，大体应该算是比较正常的。

如果每股未分配利润为零，甚至是负数，则公司的日子肯定不好过，可列为高风险级别。如果每股未分配利润低于-1元，则公司持续经营能力受到重大影响！这样的股票就是所谓的"超级垃圾股票"！由于每股未分配利润反映的是公司历年的盈余或亏损的总积累，因此，它更能真实地反映公司的历年滚存的账面亏损。

【例5】乙公司现在的每股年收益为0.40元，但它的每股未分配利润却是-2元，则以现在的盈利水平计算，该公司至少需要5年左右的时间，才能将这一亏损"黑洞"填平，之后，才有可能给股东提供分红机会。这就是说，该公司在填补这一亏损黑洞的5年中，都是没有资格分红的。

【例6】B股份有限公司2009年、2010年、2011年未分配利润、总股本及每股未分配利润如表12-3。

表12-3　每股未分配利润

单位：元

项　目	2009年	2010年	2011年
1. 未分配利润	43 508 262.61	71 841 466.82	101 801 492.71
2. 普通股总数	51 000 000.00	102 000 000.00	102 000 000.00
3. 每股未分配利润	0.8531	0.7043	0.9981

2009年每股未分配利润 = 43 508 262.61 ÷ 51 000 000.00 = 0.8531

2010年每股未分配利润 = 71 841 466.82 ÷ 102 000 000.00 = 0.7043

2011年每股未分配利润 = 101 801 492.71 ÷ 102 000 000.00 = 0.9981

B股份有限公司2009年每股未分配利润0.8531元，2010年每股未分配利润0.7043元、2011年每股未分配利润0.9981元，表明公司三年来

322

盈余积累维持在一定水平，公司采取稳健的股利支付策略，未来分红、送转存在较大可能性。

B 股份有限公司 2009 年、2010 年、2011 年及 2012 年每股未分配利润对比分析如表 12 - 4 所示。

表 12 - 4　B 股份有限公司每股未分配利润对比分析

每股未分配利润（元）				
年份	第 1 季	中期	前 3 季	年度
2012	1.07	—	—	—
2011	0.76	0.76	0.93	1.00
2010	0.94	0.50	0.66	0.70
2009	—	0.73	1.05	0.85

12.3　正确理解利润留存率

利润留存率，又称留存利润率。指公司税后盈利减去应发现金股利的差额和税后盈利的比率。其计算公式为：

利润留存率 =（税后利润 - 应发股利）÷税后利润

这一比率表明公司的税后利润（盈利）有多少用于发放股利，多少用于留存收益和扩展经营。其比率越高，表明公司越重视发展的后劲，不致因分发股利过多而影响公司未来的发展；比率越低，则表明公司经营不顺利，不得不动用更多的利润去弥补损失，或者分红太多，发展潜力有限。而再投资率又称内部成长性比率，它表明公司用其盈余所得再投资，以支持本公司成长的能力。再投资率越高，公司扩大经营能力越强，反之则越弱。

【例7】甲企业税后利润为 2 100 万元，应发股利 800 万元，利润留存率则为：

利润留存率 = （2 100 - 800）÷2 100 × 100% = 61.90%

【例8】B 股份有限公司2009 年、2010 年、2011 年税后利润、应发股利及利润留存率如表 12 - 5 所示。

表12 - 5　利润留存率

单位：元

项目	2009 年	2010 年	2011 年
1. 普通股现金股利总额	10 200 000.00	15 300 000.00	20 400 000.00
2. 普通股总数	51 000 000.00	102 000 000.00	102 000 000.00
3. 每股股利	0.20	0.15	0.20
4. 普通股每股利润	0.8114	0.4198	0.4930
5. 普通股股利分配率	24.65%	35.73%	40.57%
6. 利润总额	41 383 022.07	49 695 673.45	58 674 226.66
7. 所得税	5 990 850.66	6 881 002.11	8 286 965.43
8. 净利润	35 392 171.41	42 814 671.34	50 387 261.23
9. 归属于母公司所有者的净利润	35 392 171.41	42 814 671.34	50 286 503.55
10. 股本	51 000 000.00	102 000 000.00	102 000 000.00
11. 普通股每股利润	0.8114	0.4198	0.4930
12. 利润留存率（⑨ - ①）÷⑨	71.18%	64.26%	59.43%

2009 年利润留存率 = （35 392 171.41 - 10 200 000.00）÷35 392 171.41
　　　　　　　　　= 71.18%

2010 年利润留存率 = （42 814 671.34 - 15 300 000.00）÷42 814 671.34
　　　　　　　　　= 64.26%

2011 年利润留存率 = （50 286 503.55 - 20 400 000.00）÷50 286 503.55
　　　　　　　　　= 59.43%

12.4 正确理解再投资率

再投资率，又称内部成长性比率。是指企业每年赚取的钱（是指现金流量，而不是会计盈余），有百分之几用于投资支出（例如，净营运资金、固定设备新购、其他资产新购等）。这一比率表明公司用其盈余所得再投资，以支持公司成长的能力。公式中的股东盈利保留率即股东盈利减股息支付的差额与股东盈利的比率。股东盈利则指每股盈利与普通股发行数的乘积，实际上就是普通股的净收益。再投资率越高，公司扩大经营能力越强，反之则越弱。其计算公式如下：

再投资率 =（税后利润÷股东权益）×〔（股东盈利 – 股息支付）÷股东盈利〕
= 资本报酬率×股东盈利保留率

【例9】甲企业2011年税后利润2 100万元，股东权益25 200万元，应发股利800万元，其资本报酬率、股东盈利保留率、再投资率计算如下。

2011年资本报酬率 = 2 100万元÷25 200万元×100% = 8.33%

2011年股东盈利保留率 =（2 100万元 – 800万元）÷2 100万元×100% = 61.90%

2011年再投资率 = 8.33% ×61.90% = 5.16%

【例10】B股份有限公司2009年、2010年、2011年税后利润、应发股利、股东权益及再投资率如表12 – 6所示。

表12 – 6 再投资率

单位：元

项目	2009年	2010年	2011年
1. 普通股现金股利总额	10 200 000.00	15 300 000.00	20 400 000.00

项目	2009 年	2010 年	2011 年
2. 普通股总数	51 000 000.00	102 000 000.00	102 000 000.00
3. 每股股利	0.20	0.15	0.20
4. 普通股每股利润	0.8114	0.4198	0.4930
5. 普通股股利分配率	24.65%	35.73%	40.57%
6. 利润总额	41 383 022.07	49 695 673.45	58 674 226.66
7. 所得税	5 990 850.66	6 881 002.11	8 286 965.43
8. 净利润	35 392 171.41	42 814 671.34	50 387 261.23
9. 归属于母公司所有者的净利润	35 392 171.41	42 814 671.34	50 286 503.55
10. 股本	51 000 000.00	102 000 000.00	102 000 000.00
11. 普通股每股利润	0.8114	0.4198	0.4930
12. 再投资率	6.51%	6.56%	6.33%

2009 年再投资率 =（35 392 171.41÷386 960 353.50）×

[（35 392 171.41 - 10 200 000.00）÷

35 392 171.41] = 6.51%

2010 年再投资率 =（42 814 671.34÷419 575 024.84）×

[（42 814 671.34 - 15 300 000.00）÷

42 814 671.34] = 6.56%

2011 年再投资率 =（50 387 261.23÷473 966 166.14）×

[（50 387 261.23 - 20 400 000.00）÷

50 387 261.23] = 6.33%

B 股份有限公司 2011 年再投资率比 2010 年减少 0.23%，2011 年再投资率比 2009 年减少 0.18%，反映出公司扩大经营能力上没有增强。

12.5 正确理解总资产增长率

总资产增长率，又名总资产扩张率，是企业本年总资产增长额同年初资产总额的比率，反映企业本期资产规模的增长情况。资产是企业用于取得收入的资源，也是企业偿还债务的保障。资产增长是企业发展的一个重要方面，发展性好的企业一般能保持资产的稳定增长。总资产增长率的计算公式如下：

总资产增长率 = 本年总资产增长额 ÷ 年初资产总额 × 100%

其中，

本年总资产增长额 = 年末资产总额 - 年初资产总额

总资产增长率越高，表明企业一定时期内资产经营规模扩张的速度越快。但在分析时，需要关注资产规模扩张的质和量的关系，以及企业的后续发展能力，避免盲目扩张。

三年平均资产增长率指标消除了资产短期波动的影响，反映了企业较长时期内的资产增长情况。

$$三年平均资产增长率 = \left(\sqrt[3]{\frac{年末资产总额}{三年前年末资产总额}} - 1 \right) \times 100\%$$

【例11】B 股份有限公司 2011 年 12 月 31 日、2010 年 12 月 31 日、2009 年 12 月 31 日资产总额及总资产增长率如表 12 - 7 所示。

表 12 - 7 总资产增长率

2011 年 12 月 31 日   单位：元

项　　目	2011 年年末余额	2010 年年末余额	2009 年年末余额
总资产	531 300 486.97	468 956 961.67	421 390 297.05
总资产增长率	13.29%	11.29%	

2011 年总资产增长率 = (531 300 486. 97 - 468 956 961. 67) ÷

468 956 961. 67 × 100% = 13. 29%

2010 年总资产增长率 = (468 956 961. 67 - 421 390 297. 05) ÷

421 390 297. 05 × 100% = 11. 29%

B 股份有限公司 2009 年、2010 年、2011 年及 2012 年，第 1 季、中期、前 3 季及年度成长能力主要指标如表 12 - 8 所示。

表 12 - 8　B 股份有限公司历年成长能力主要指标

总资产扩张率（%）			
年份	第 1 季年化	中期年化	前 3 季年化	年度
2012	8. 23	—	—	—
2011	16. 55	16. 18	10. 38	13. 29
2010	—	190. 05	196. 32	11. 29
2009	—	—		182

B 股份有限公司 2008 年、2009 年、2010 年、2011 年及 2012 年财务比率如表 12 - 9 所示。

表 12 - 9　财务比率对比

会计年度	2012 - 3 - 31	2011 - 12 - 31	2010 - 12 - 31	2009 - 12 - 31	2008 - 12 - 31
总资产扩张率	0. 08	0. 13	0. 11	1. 82	0. 8

12. 6　正确理解主营业务收入增长率

主营业务收入增长率可以用来衡量公司的产品生命周期，判断公司发展所处的阶段。如果主营业务收入增长率超过 10%，说明公司产品处于成长期，将继续保持较好的增长势头，尚未面临产品更新的风险，属于成长型公司。如果主营业务收入增长率在 5% ~ 10%，说明公司产品已进入稳定期，不久将进入衰退期，需要着手开发新产品。如果该比率低于 5%，说明公司产品已进入衰退期，保持市场份额已经很困难，主营业务利润开始滑坡，如果没有已开发好的新产品，将步入衰落。当主营业务收入增长率低于 -30% 时，说明公司主营业务大幅滑坡，公司经营危险产生。另外，当主营业务收入增长率小于应收账款增长率，甚至主营业务收入增长率为负数时，公司极可能存在操纵利润行为，需要进行专项分析。在判断时还需根据应收账款占主营业务收入的比重进行综合分析。主营业务收入增长率计算公式如下：

$$主营业务收入增长率 = (本期主营业务收入 - 上期主营业务收入)$$
$$\div 上期主营业务收入 \times 100\%$$

巴菲特分析财务报表的第一个指标，就是营业总收入。营业总收入的重要性在于它是所有盈利的基础，是分析财务报表的起点。根据 Wind 数据，2011 年 A 股上市公司营业总收入达到 22.24 万亿元，同比增速为 23.49%。与 2010 年 35.4% 的增速相比，略有降低，但仍高于 2009 年的 5.06%。已公布 2012 年一季报的上市公司一季度营业总收入 4.26 万亿元，同比增长 10.67%。上市公司的营业总收入情况除了反映公司盈利能力外，也一定程度反映了相关行业的景气度。

【例 12】B 股份有限公司 2011 年 12 月 31 日、2010 年 12 月 31 日、2009 年 12 月 31 日主营业务收入及主营业务收入增长率如表 12 - 10 所示。

表 12 - 10　主营业务收入增长率

单位：元

项目	2011 年年末余额	2010 年年末余额	2009 年年末余额
主营业务收入	339 568 025.18	202 629 126.11	169 619 532.67
主营业务收入增长率	67.58%	19.46%	

2011 年主营业务收入增长率 = (339 568 025.18 - 202 629 126.11) ÷ 202 629 126.11 × 100% = 67.58%

2010 年主营业务收入增长率 = (202 629 126.11 - 169 619 532.67) ÷ 169 619 532.67 × 100% = 19.46%

B 股份有限公司 2009 年、2010 年、2011 年及 2012 年第 1 季、中期、

前 3 季及年度成长能力指标如表 12 - 11 所示。

表 12 - 11　B 股份有限公司历年成长能力指标

主营业务增长率（%）				
年份	第 1 季	中期	前 3 季	年度
2012	36.32	—	—	—
2011	80.21	90.97	64.74	67.58
2010	—	8.01	22.12	19.46
2009	—	—	—	24.93

B 股份有限公司 2008 年、2009 年、2010 年、2011 年及 2012 年财务比率如表 12 - 12 所示。

表 12 - 12　财务比率

会计年度	2012 - 3 - 31	2011 - 12 - 31	2010 - 12 - 31	2009 - 12 - 31	2008 - 12 - 31
主营业务增长率	0.36	0.68	0.19	0.25	0.39

12.7　正确理解固定资产投资扩张率

固定资产投资扩张率反映了固定资产投资的扩张程度。如果该指标较大，说明企业正在进行较大规模的资产扩张投资项目，表明企业长期的盈利能力能够有所增强。如果过大，也需要注意企业是否盲目投资，导致投资失败。通常来说，处于成长阶段的企业有更强的投资欲望，该指标需要具体分析。固定资产投资扩张率的公式如下：

固定资产投资扩张率 ＝ （本年固定资产总额 - 上一年固定资产总额） ÷
上一年固定资产总额

【例 13】B 股份有限公司 2011 年 12 月 31 日、2010 年 12 月 31 日、2009 年 12 月 31 日固定资产净值及固定资产投资扩张率，如表 12 - 13 所示。

表 12 – 13　固定资产投资扩张率

单位：元

项目	2011 年末余额	2010 年末余额	2009 年末余额
固定资产	98 090 768.87	74 540 708.33	69 993 133.43
固定资产投资扩张率	31.59%	6.50%	

固定资产投资扩张率 = （本年固定资产总额 – 上一年固定资产总额）÷

上一年固定资产总额

2011 年固定资产投资扩张率 = （98 090 768.87 – 74 540 708.33）÷

74 540 708.33 × 100% = 31.59%

2010 年固定资产投资扩张率 = （74 540 708.33 – 69 993 133.43）÷

69 993 133.43 × 100% = 6.50%

B 股份有限公司固定资产明细如表 12 – 14 所示。

表 12 – 14　固定资产明细

单位：元

类别	期初数	本期增加	本期减少	期末数
一、原价合计	85 035 736.03	29 879 389.07	134 520.79	114 780 604.31
其中，房屋建筑物	63 032 387.92	12 131 873.56		75 164 261.48
生产设备	16 239 698.30	16 005 748.01	87 000.00	32 158 446.31
运输设备	1 867 657.09	1 275 904.26		3 143 561.35
办公设备及其他	3 895 992.72	465 863.24	47 520.79	4 314 335.17
二、累计折旧合计	10 495 027.70	6 322 602.49	127 794.75	16 689 835.44
其中：房屋建筑物	3 885 501.33	2 720 679.74		6 606 181.07
生产设备	4 328 581.60	2 722 161.98	82 650.00	6 968 093.58
运输设备	978 257.72	281 714.67		1 259 972.39
办公设备及其他	1 302 687.05	598 046.10	45 144.75	1 855 588.40
三、固定资产减值准备累计金额合计				
其中，房屋建筑物				

（续表）

类别	期初数	本期增加	本期减少	期末数
生产设备				
运输设备				
办公设备及其他				
四、固定资产账面价值合计	74 540 708.33			98 090 768.87
其中，房屋建筑物	59 146 886.59			68 558 080.41
生产设备	11 911 116.70			25 190 352.73
运输设备	889 399.37			1 883 588.96
办公设备及其他	2 593 305.67			2 458 746.77

B 股份有限公司 2009 年、2010 年、2011 年及 2012 年第 1 季、中期、第 3 季及年度成长能力主要指标，如表 12 - 15 所示。

表 12 - 15　B 股份有限公司历年成长能力主要指标

固定资产投资扩张率（%）				
年份	第 1 季	中期	前 3 季	年度
2012	14.99	—	—	—
2011	26.86	34.08	31.17	31.59
2010	—	3.06	5.78	6.5
2009	—	—	—	2.6

B 股份有限公司 2008 年、2009 年、2010 年、2011 年及 2012 年财务比率历年对比如表 12 - 16 所示。

表 12 - 16　财务比率历年对比

会计年度	2012 - 3 - 31	2011 - 12 - 31	2010 - 12 - 31	2009 - 12 - 31	2008 - 12 - 31
固定资产投资扩张率	0.15	0.32	0.06	0.03	12.04

12.8 正确理解每股收益增长率（％）

在判别个股的成长性方面，主要有三个指标：一是每股收益增长率，二是市盈率相对盈利增长比率，三是销售收入增长率，这是检验个股有无成长性的试金石，也是一般机构衡量个股成长性方面的三大核心指标。其中每股收益增长率，反映了每一份公司股权可以分得的利润的增长程度，该指标通常越高越好。每股收益增长率的计算公式如下：

每股收益增长率 =（本期净利润÷本期总股本 – 上年同期净利润÷上年同期总股本）
÷（上年同期净利润÷上年同期总股本）×100%

简化公式如下：

每股收益增长率 =［（本期每股收益 – 上期每股收益）÷ 上期每股收益］×100%

每股收益增长率的使用方法具体是该公司的每股收益增长率和整个市场的每股收益增长率比较；和同一行业其他公司的每股收益增长率比较；和公司本身历史每股收益增长率的比较；以每股收益增长率和销售收入增长率的比较，衡量公司未来的成长潜力。

企业在持续经营状态下，每股收益增长率增长应伴随着营业收入的增长，如果只是因为削减成本、费用或通过非经常性损益、一次性收益等形成，由于这些因素是无法持续的，因此企业发展就缺少坚实的基础。

【例14】B股份有限公司2011年12月31日、2010年12月31日、2009年12月31日每股收益及每股收益增长率，如表12 – 17所示。

表12 – 17　每股收益增长率

单位：元

项目	2011 年末余额	2010 年末余额	2009 年末余额
每股收益	0.493	0.4198	0.694
每股收益增长率	17.45%	– 39.51%	

$$2011 年每股收益增长率 = （0.4930 - 0.4198） \div 0.4198 \times 100\%$$
$$= 17.45\%$$

$$2010 年每股收益增长率 = （0.4198 - 0.6940） \div 0.6940 \times 100\%$$
$$= -39.51\%$$

B 股份有限公司 2009 年、2010 年、2011 年及 2012 年第 1 季、中期、前 3 季及年度成长能力主要指标如表 12 - 18 所示。

表 12 - 18　B 股份有限公司历年成长能力主要指标

每股收益增长率（%）				
年份	第 1 季	中期	前 3 季	年度
2012	25.07	—	—	—
2011	-41.17	17.07	11.78	17.45
2010	—	-58.93	-54.82	-39.51
2009	—	—	37.63	3.27

B 股份有限公司 2008 年、2009 年、2010 年、2011 年及 2012 年财务比率如表 12 - 19 所示。

表 12 - 19　财务比率

会计年度	2012 - 3 - 31	2011 - 12 - 31	2010 - 12 - 31	2009 - 12 - 31	2008 - 12 - 31
每股收益增长率（%）	0.25	0.17	-0.40	0.03	-0.20

12.9　正确理解净利润增长率（%）

净利润是指利润总额减所得税后的余额，是当年实现的可供出资人（股东）分配的净收益，也称为税后利润。它是一个企业经营的最终成果，净利润多，企业的经营效益就好；净利润少，企业的经营效益就差，它是衡量一个企业经营效益的重要指标。净利润的多寡取决于两个因素，一是利润总额，其二就是所得税。企业所得税等于当期应纳税所得额乘以企业所得税税率。我国现行的企业所得税税率为25%，对符合国家政策规定条件的企业，可享受企业所得税优惠，如高科技企业所得税税率为15%。净利润增长率的计算公式为：

$$净利润 = 利润总额 - 所得税$$

$$净利润增长率 = [（当期净利润 - 基期净利润）÷基期净利润] \times 100\%$$

$$净利润增长率 = （本年净利润增长额÷上年净利润）\times 100\%$$

【例15】B股份有限公司2011年12月31日、2010年12月31日、2009年12月31日净利润及净利润增长率，如表12-20所示。

表12-20 净利润增长率

单位：元

项　　目	2011年末余额	2010年末余额	2009年末余额
净利润	50 387 261.23	42 814 671.34	35 392 171.41
归属于母公司所有者的净利润	50 286 503.55	42 814 671.34	35 392 171.41
净利润增长率	17.45%	20.97%	

2011年净利润增长率 =（50 286 503.55 - 42 814 671.34）÷ 42 814 671.34 × 100% = 17.45%

2010年净利润增长率 =（42 814 671.34 - 35 392 171.41）÷ 35 392 171.41 × 100% = 20.97%

B股份有限公司2009年、2010年、2011年及2012年第1季、中期、前3季及年度成长能力主要指标如表12-21所示。

表12-21 B股份有限公司成长能力主要指标

净利润增长率（%）				
年份	第1季	中期	前3季	年度
2012	25.07	—	—	—

净利润增长率（%）			
年份	第1季	中期	前3季	年度
2011	17.65	17.07	11.78	17.45
2010	—	10.24	21.26	20.97
2009	—	—	38.09	38.59

B 股份有限公司 2008 年、2009 年、2010 年、2011 年及 2012 年财务比率如表 12-22 所示。

表 12-22　财务比率

会计年度	2012-3-31	2011-12-31	2010-12-31	2009-12-31	2008-12-31
净利润增长率	0.25	0.17	0.21	0.39	0.52

B 股份有限公司 2011 年及 2012 年相关指标对比如表 12-23 所示。

表 12-23　相关指标对比

相关指标				
项目	最新 （2012 年第 1 季）	上报告期	去年同期	年度 （2011 年年度）
总资产扩张率（%）	8.23	13.29	16.55	13.29
主营业务增长率（%）	36.32	67.58	80.21	67.58
固定资产投资扩张率（%）	14.99	31.59	26.86	31.59
每股收益增长率（%）	25.07	17.45	-41.17	17.45
净利润增长率（%）	25.07	17.45	17.65	17.45

第十三章 股份公司税后利润分析

13.1 正确理解每股收益

上市公司公开披露的财务信息很多，投资人要想通过众多的信息正确把握企业的财务现状和未来，可以正确使用财务比率。其中最重要的财务指标有每股收益、每股净资产、市盈率、每股股利和净资产收益率等。每股收益是上市公司最重要的财务指标，因此受到人们特别的关注，投资者往往将每股收益的高低作为衡量股票优劣的尺度。企业理财目标是企业价值最大化，其核心就是每股收益，因此经理人员同样非常关心公司的每股收益指标。

每股收益也称每股利润或每股盈余，是反映企业普通股股东持有每一股份所能享有企业利润或承担企业亏损的业绩评价指标。是本年净收益与年末普通股份总数的比值。每股收益的计算包括基本每股收益和稀释每股收益。基本每股收益的计算公式为：

基本每股收益＝归属于普通股东的当期净利润÷当期发行在外普通股的加权平均数

其中，当期发行在外普通股的加权平均数＝期初发行在外普通股股数＋当期新发行普通股股数×已发行时间÷报告期时间－当期回购普通股股数×已回购时间÷报告期时间（已发行时间、报告期时间和已回购时间一般按天数计算，在不影响计算结果的前提下，也可以按月份简化计算）。

加权平均发行在外普通股股数 = ∑（发行在外普通股股数 × 发行在外月份数）÷12

"发行在外月份数"是指发行已满一个月的月份数，或者说发行当月不计入"发行在外月份数"。

简化公式为：

每股收益 = 净利润 ÷ 年末普通股份总数

稀释每股收益是在考虑潜在普通股稀释性影响的基础上，对基本每股收益的分子、分母进行调整后再计算的每股收益。每股收益越高，表明公司的获利能力越强。存在优先股的情况下，股份公司中的每股利润是指普通股每股税后利润。该指标中的利润是利润总额扣除应缴所得税的税后利润，如果发行了优先股还要扣除优先股应分的股利，然后除以流通股数，即发行在外的普通股平均股数。其计算公式如下：

普通股每股利润 =（税后利润 − 优先股股利）÷ 流通股数

每股收益 =（净利润 − 优先股股利）÷（年度末股份总数 − 年度末优先股数）

在分析每股收益时，可以进行公司间的比较，已评价该公司的相对盈利能力；可以进行不同时期的比较，了解该公司盈利能力的变化趋势；可以进行经营业绩和盈利预测的比较，掌握该公司的管理能力。

【例1】甲企业普通股平均为 14 000 000 股，优先股股利 2 000 000 元，利润总额 42 000 000 元，所得税税率为 25%，则 2011 年普通股每股利润为：

普通股每股利润 = [42 000 000 ×（1 − 25%）− 2 000 000] ÷

14 000 000 = 2.11（元）

【例2】乙股份公司 2011 年每股收益 2.50 元，总股本 190 000 000.00 元，成为高送转的潜力股。

【例3】B 股份有限公司 2009 年、2010 年及 2011 年普通股股数、优先股股利、利润总额资料及普通股每股利润如表 13 − 1 所示，所得税税率为 15%。

表 13 - 1 普通股每股利润

单位：元

项　目	2009 年	2010 年	2011 年
1. 利润总额	41 383 022.07	49 695 673.45	58 674 226.66
2. 所得税	5 990 850.66	6 881 002.11	8 286 965.43
3. 净利润	35 392 171.41	42 814 671.34	50 387 261.23
4. 归属于母公司所有者的净利润	35 392 171.41	42 814 671.34	50 286 503.55
5. 股本	51 000 000.00	102 000 000.00	102 000 000.00
6. 普通股每股利润	0.6940	0.4198	0.4930

2009 年每股收益 = 35 392 171.41 ÷ 51 000 000.00 = 0.6940

2010 年每股收益 = 42 814 671.34 ÷ 102 000 000.00 = 0.4198

2011 年每股收益 = 50 286 503.55 ÷ 102 000 000.00 = 0.4930

B 股份有限公司 2008 年、2009 年、2010 年、2011 年及 2012 年第 1 季、中期、前 3 季及年度盈利能力主要指标如表 13 - 2 所示。

表 13 - 2 B 股份有限公司盈利能力主要指标

每股收益	第 1 季	中期	前 3 季	年度
2012 年	0.07	—	—	—
2011 年	0.05	0.20	0.38	0.49
2010 年	0.09	0.17	0.34	0.42
2009 年	—	0.42	0.74	0.69
2008 年	—	—	0.54	0.67

13.2　正确理解每股股利

每股股利是企业股利总额与期末普通股股份总数的比率。是上市公司本年发放的普通股现金股利总额与年末普通股总数的比值，反映上市公司当期利润的积累和分配情况。股利总额是用于对普通股分配现金股利的总额，流通股数是企业发行在外的普通股股份平均数。计算公式如下：

每股股利＝股利总额÷流通股数

每股股利＝普通股现金股利总额÷年末普通股总数

每股股利是反映股份公司每一普通股获得股利多少的一个指标。每股股利的高低，一方面取决于企业获利能力的强弱，同时，还受企业股利发放政策与利润分配需要的影响。如果企业为扩大再生产，增强企业的后劲而多留，则每股股利就少，反之，则多。

【例4】甲企业股本 14 000 000 元，2010 年决定发放股利总额为 21 000 000元，则每股股利为：

每股股利＝21 000 000÷14 000 000＝1.50（元）

【例5】B 股份有限公司，2009 年、2010 年、2011 年分配现金股利及普通股每股股利如表 13－3 所示。

表 13－3　普通股每股股利

单位：元

项　目	2009 年	2010 年	2011 年
1．普通股现金股利总额	10 200 000.00	15 300 000.00	20 400 000.00
2．普通股总数	51 000 000.00	102 000 000.00	102 000 000.00
3．每股股利	0.20	0.15	0.20

2009 年每股股利＝10 200 000.00÷51 000 000.00＝0.20（元）

2010 年每股股利＝15 300 000.00÷102 000 000.00＝0.15（元）

2011 年每股股利＝20 400 000.00÷102 000 000.00＝0.20（元）

B 股份有限公司最近三年以现金方式累计分配的利润不少于最近三年实现的年均可分配利润的 30%。

B 股份有限公司 2009 年发行及 2012 年分红情况，如表 13－4 所示。

表 13-4　B 股份有限公司发行与分红情况

发行	2009 年 10 月 13 日发行 1300.00 万股，发行价格 23.00 元，募集资金总计 28118.54 万元，2009 年 10 月 30 日上市，首日开盘价 38.01 元
分红	2012 年 03 月 22 日公告：每 10 股派 2.00 元（未实施）

上市以来，向上市公司股东共募集资金 2.81 亿元，派现 0.26 亿元。

13.3　正确理解市盈率

最常用的显示一个公司投资潜力的指标是市盈率（PE）。市盈率，是上市公司普通股每股市价相当于每股收益的倍数，反映投资者对上市公司每股净利润愿意支付的价格，可以用来估计股票的投资报酬和风险。又称价格—盈余比率是普通股每股市场价格与每股利润的比率。它是反映股票盈利状况的重要指标，也是投资者对从某种股票获得 1 元利润所愿支付的价格。计算公式如下：

市盈率＝普通股每股市场价格÷普通股每股利润

市盈率＝普通股每股市价÷普通股每股收益

因为股票的市价反映了投资者对一家公司发展潜力的信心，因此影响这种信心的因素也同样影响市盈率。这些影响因素包括公司的相对风险、盈利历史和成长潜力等。如果公司经营有效且其他条件相同，那么潜在的投资者更愿意投资于市盈率低的公司，而不是市盈率高的公司。2011 年末 K 公司的市盈率为 31，而 H 司的市盈率为 19，假设两家公司的发展潜力相差无几，那么投资 H 公司也许更为合算。

市盈率是人们普遍关注的指标，是市场对公司的共同期望指标，该项比率越高，表明市场对公司未来越看好，企业获利的潜力越大。反之，则表明企业的前景并不乐观。在市价确定的情况下，每股收益越高，市盈率越低，投资风险越小；反之亦然。在每股收益确定的情况下，市价越高，市盈率越高，风险越大；反之亦然。仅从市盈率高低的横向比较看，高市盈率说明公司能够获得社会信赖，具有良好的前景。因此，股票投资者通过对市盈率的比较，用作投资选择的参考。某种股票的市盈率过高，也意味着这种股票具有较高的投资风险。

【例6】甲企业普通股市场价格5.50元，该股票每股利润2.25元，则该企业的市盈率可计算如下：

市盈率 = 5.50 ÷ 2.25 = 2.44

【例7】B股份有限公司2012年4月13日10时32分普通股市场价格13.48元，该股票2011年度每股利润0.4930元，则该企业的市盈率可计算如下：

市盈率 = 13.48 ÷ 0.4930 = 27.343

B股份有限公司报告期市场表现主要指标如表13-5所示。

表13-5　B股份有限公司报告期市场表现主要指标

市盈率（倍）				
年份	第1季	中期	前3季	年度
2012	26.52	—	—	—
2011	46.87	82.43	35.66	25.12
2010	72.77	105.63	51.4	48.59
2009	—	—	—	59.24

13.4　正确理解普通股利润率

普通股利润率是指普通股每股账面价值与普通股每股市价之间的比率。它是投资者在比较各种投资机会时的一个重要参数。每股利润率越高，公司的品质越好，获利能力越高，该股票对投资者的吸引力越大。其计算公式如下：

普通股利润率＝普通股每股账面价值÷普通股每股市价×100%

普通股每股账面价值是指平均每股普通股拥有的股东权益份额，即每一股份的价值。如果公司只发行普通股，其计算公式如下：

每股账面价值＝股东权益总额÷普通股在外发行股数

如果公司还发行了优先股，则要从股东权益总额中减去优先股的权益。其计算公式如下：

每股账面价值＝（股东权益总额－优先股权益）÷普通股在外发行股数

当投资利润率高于举债利率时，借入资金所得到的投资利润扣除了较低的借款利息后的利润部分，则由企业股东分享，这样便可大大提高企业普通股利润率及每股利润。当然，运用负债筹资有对股东收益不利的一面，若投资利润率跌至举债利率之下，普通股利润率将低于税后投资利润率，股东收益呈下降的态势。如企业资本结构中未安排负债，则不存在上述影响，普通股利润率恒等于税后投资利润率，因运用了负债，根据投资利润率与负债利率的关系不同，导致了普通股利润率高于或低于税后投资利润率。

价格收益率，为普通股利润率的倒数。其计算公式如下：

价格收益率＝普通股每股市价÷普通股每股账面价值

这一比率越小，表明企业获利能力越大，股票质量越好。

【例8】B股份有限公司2012年4月13日10时32分普通股市场价格13.48元，该股票每股账面价值4.46元，普通股利润率如表13－6所示。

表13－6 普通股每股账面价值

单位：元

项　目	2009 年	2010 年	2011 年
1. 归属于母公司所有者权益合计	386 960 353.50	419 575 024.84	454 868 516.31

（续表）

项 目	2009 年	2010 年	2011 年
2. 所有者权益合计	386 960 353.50	419 575 024.84	473 966 166.14
3. 普通股总数	51 000 000.00	102 000 000.00	102 000 000.00
4. 普通股每股账面价值	7.59	4.11	4.46

2009 年每股账面价值 = 386 960 353.50 ÷ 51 000 000.00 = 7.59

2010 年每股账面价值 = 419 575 024.84 ÷ 102 000 000.00 = 4.11

2011 年每股账面价值 = 454 868 516.31 ÷ 102 000 000.00 = 4.46

普通股利润率 = 4.46 ÷ 13.48 × 100% = 33.09%

价格收益率 = 13.48 ÷ 4.46 = 3.02

普通股每股利润率越高，公司的品质越好，获利能力越高，该股票对投资者的吸引力越大。价格收益率这一比率越小，表明企业获利能力越大，股票质量越好。

13.5 正确理解市净率

把每股净资产和每股市价联系起来，可以说明市场对公司资产质量的评价。市净率反映的是每股股价与每股净资产的比率。市净率可用于投资分析，一般来说市净率较低的股票，投资价值较高，相反，则投资价值较低；但在判断投资价值时还要考虑当时的市场环境以及公司经营情况、盈利能力等因素。每股净资产是股票的账面价值，它是用成本计量的；每股市价是这些资产的现在价值，它是证券市场上交易的结果。市净率的计算公式如下：

市净率（倍数）= 每股市价 ÷ 每股净资产

股票净值是公司资本金、资本公积金、盈余公积、未分配利润等项目的合计，它代表全体股东共同享有的权益，也称净资产。净资产的多少是由股份公司经营状况决定的，股份公司的经营业绩越好，其资产增值越快，股票净值就越高，因此股东所拥有的权益也越多。

通过市净率定价法估值时，首先，应根据审核后的净资产计算出发行人的每股净资产；其次，根据二级市场的平均市净率、发行人的行业情况（同类行业公司股票的市净率）、发行人的经营状况及其净资产收益等拟订估值市净率；最后，依据估值市净率与每股净资产的乘积决定估值。市净率特别在评估高风险企业，企业资产大量为实物资产的企业时受到重视。股票净值是决定股票市场价格走向的主要根据。上市公司的每股内含净资产值高而每股市价不高的股票，即市净率越低的股票，其投资价值越高；相反，其投资价值就越小；但在判断投资价值时还要考虑当时的市场环境以及公司经营情况、盈利能力等因素。市净率能够较好地反映出"有所付出，即有回报"，它能够帮助投资者寻求哪个上市公司能以较少的投入得到较高的产出，对于大的投资机构，它能帮助其辨别投资风险。这里要指出的是：市净率不适用于短线炒作，提高获利能力。

投资者认为市价高于账面价值时企业资产的质量较好，有发展潜力，反之则资产质量差，没有发展前景。优质股票的市价都超出每股净资产许多，一般来说，市净率达到3可以树立较好的公司形象。市价低于每股净资产的股票，就像售价低于成本的商品一样，属于"处理品"。当然，"处理品"也不是没有购买价值，问题在于该公司今后是否有转机，或者购入后经过资产重组能否提高获利能力。2005年5月沪深股市最低点时，A股市净率水平在1.8倍左右，当大盘股指冲上历史高位6 124点时市净率达到6.82倍，由此来看市净率水平变化较大。

【例9】B股份有限公司2012年4月13日10时32分普通股市场价格13.48元，该股票每股账面价值4.46元，市净率（倍数）如表13-7所示。

表 13-7　市净率（倍数）

单位：元

项　目	2009 年	2010 年	2011 年
1. 归属于母公司所有者权益合计	386 960 353.50	419 575 024.84	454 868 516.31
2. 所有者权益合计	386 960 353.50	419 575 024.84	473 966 166.14
3. 普通股总数	51 000 000.00	102 000 000.00	102 000 000.00
4. 普通股每股净资产	7.59	4.11	4.46

市净率（倍数）＝每股市价÷每股净资产

市净率＝13.48÷4.46＝3.0224

表 13-8　B 股份有限公司市净率对比分析

市净率（倍）				
年份	第 1 季	中期	前 3 季	年度
2012	3.06	—	—	—
2011	5.21	4.25	3.48	2.9
2010	6.66	5.03	4.62	5.4
2009	—	—	—	22.62

　　B 股份有限公司 2011 年及 2012 年相关指标市场表现比较如表 13-9所示。

表 13-9　市场表现比较

相关指标				
项目	最新 （2012 年第 1 季）	上报告期	去年同期	年度 （2011 年年度）
市净率（倍）	3.06	2.9	5.21	2.9
市盈率（倍）	26.52	25.12	46.87	25.12
每股净资产（元）	4.53	4.46	4.17	4.46

13.6 正确理解每股经营活动产生的现金流量净额

每股经营活动产生的现金流量净额是反映每股发行在外的普通股票所平均占有的现金流量，或者说是反映公司为每一普通股获取的现金流入量的指标。是指用公司经营活动的现金流入（收到的钱）—经营活动的现金流出（花出去的钱）的数值除以总股本。经营活动产生的每股现金流量净额与每股净资产无关，每股经营活动现金流量是每股现金流量的主要组成部分，根据现金流量表中现金来源的不同，每股现金流量又可分为经营活动中、投资活动中和筹资活动中的每股现金流量。每股现金流量是公司营业业务所带来的净现金流量减去优先股股利与流通在外的普通股股数的比率。每股经营活动产生现金流量净额计算公式如下：

每股现金流量 =（营业业务所带来的净现金流量 − 优先股股利）÷

流通在外的普通股股数

每股现金流 = 公司现有的货币资金（现金）÷ 总股本。

每股经营现金流 =（公司经营活动的现金流入 − 经营活动的现金流出）÷ 总股本；

经营活动产生的每股现金流量净额 = 经营活动产生的现金流量净额 ÷ 总股本

即

每股经营活动产生的现金流量净额（每股经营现金流）

= 经营活动产生现金流量净额 ÷ 年度末普通股总股本

也可以表示为：

每股经营活动现金流量净额 = 经营活动产生的现金流量净额 ÷

发行在外普通股加权平均数

每股经营现金流的正负各代表收益与亏损。该指标从现金流量角度反映了每股普通股的产出效率与分配水平的综合指标，由于每股经营活动现金流量的计算不涉及有关会计政策的主观选择，因而具有很强的可比性；同时，在客观评价公司短期支出与股利支付能力等方面，每股经营活动现金流量也显得更为全面、真实。

需要指出的是，单期财务比率是无法充分反映处于动态之中的企业状况的。因此，一方面，要将公司每股经营活动现金流量与同行业的平均每股经营活动现金流量或相似公司的每股经营活动现金流量进行比较；另一方面，还应当将公司各年的每股经营活动现金流量按时间先后进行比较，在一定程度上了解每股经营活动现金流量的变动趋势，掌握每股经营活动现金流量变动的主要原因。同时还应当考虑公司所处的发展阶段，并充分利用报表以外的各种相关资料进行分析，才能更恰当地评价公司的每股经营活动现金流量水平。

每股经营现金流是最具实质的财务指标，其用来反映该公司的经营流入的现金的多少，如果一个公司的每股收益很高或者每股未分配利润也很高，如果现金流差的话，意味该上市公司没有足够的现金来保障分红派息，那只是报表上的数字而已，没有实际的意义。这一指标主要反映平均每股所获得的现金流量，隐含了上市公司在维持期初现金流量情况下，有能力发给股东的最高现金股利金额。公司现金流强劲，很大程度上表明主营业务收入回款力度较大，产品竞争性强，公司信用度高，经营发展前景有潜力。但应该注意的是，经营活动现金净流量并不能完全替代净利润来评价企业的盈利能力，每股现金流量也不能替代每股净利润的作用。上市公司股票价格是由公司未来的每股收益和每股现金流量的净现值来决定的。盈亏已经不是决定股票价值唯一重要因素。单从财务报表所反映的信息来看，现金流量日益取代净利润，成为评价公司股票价值的一个重要标准。

【例10】甲上市公司正处于快速扩张阶段，它需要把卖产品收回来的现金继续投入，而且仅靠自己经营发展得来的现金还不够，还必须利用各种机会融资，筹集资金，抢占市场，扩大经营规模，这就会造成现金流为负的情况，这种情况在特定情况下是良性的，需要加以综合考评。

正常情况下，如果每股现金流为负，则是比较令人担心的了，因为公司的资金链随时会断裂，经营状况随时会恶化，要非常小心。经营活动现金流入占现金总流入比重大的企业，经营状况较好，财务风险较低，现金流入结构较为合理。其次，分别计算经营活动现金支出、投资活动现金支出和筹资活动现金支出占现金总流出的比重，它能具体反映企业的现金用于哪些方面。经营活动现金支出比重大的企业，其生产经营状况正常，现金支出结构较为合理。

【例11】乙公司年末营业带来的净现金流量为 18 876 295 元，优先股股利为零，普通股股数为 86 000 000 股，那么，

每股现金流量 = 18 876 295 元 ÷86 000 000 股 = 0.22（元/股）

从短期来看，每股现金流量比每股盈余更能显示从事资本性支出及支付股利的能力。每股现金流量一般比每股盈余要高，原因是公司正常营业业务所带来的净现金流量还会包括一些从利润中扣除出去，但又不影响现金流出的费用调整项目，比如折旧费等。但每股现金流量也有可能低于每股盈余。现金流量的计算指标主要如下。

➤ 1. 主营业务带来的现金净流量

在生产经营过程中产生充足的现金净流入，公司才有能力扩大生产经营规模，增加市场占有的份额，开发新产品并改变产品结构，培育新的利润增长点。一般讲该指标越大越好。

➤ 2. 净利润现金含量

净利润现金含量是指生产经营中带来的现金净流量与净利润的比值。该指标也越大越好，表明销售回款能力较强，成本费用低，财务压力小。

➤ 3. 主营收入现金含量

主营收入现金含量指销售产品，提供劳务收到的现金与主营业务收

入的比值。该比值越大越好，表明公司的产品、劳务畅销，市场占有率高。

➤ 4. 每股现金流量

每股现金流量指本期现金净流量与股本总额的比值，如该比值为正数且较大时，派发的现金红利的期望值就越大，如果为负值派发的红利的压力就较大。

利用每股营业业务现金流量净额去分析公司的获利能力，比每股盈利更加客观，有其特有的准确性。可以说每股现金流量就是公司获利能力的质量指标。

【例12】B股份有限公司2009年、2010年、2011年经营活动产生现金流量净额、年度末普通股总股本及每股经营活动产生的现金流量净额如表13-10示。

表13-10 每股经营活动产生的现金流量净额

单位：元

项 目	2011年	2010年	2009年
1. 经营活动现金流入小计	237 836 663.47	231 696 271.14	190 873 291.34
2. 经营活动现金流出小计	226 743 819.09	199 388 566.54	166 443 491.69
3. 经营活动产生的现金流量净额	11 092 844.38	32 307 704.60	24 429 799.65
4. 普通股总数	102 000 000.00	102 000 000.00	51 000 000.00
5. 每股经营活动产生的现金流量净额	0.1088	0.3167	0.4790

2011年每股经营活动产生的现金流量净额

$$= 11\,092\,844.38 \div 102\,000\,000.00 = 0.1088$$

2010年每股经营活动产生的现金流量净额

$$= 32\,307\,704.60 \div 102\,000\,000.00 = 0.3167$$

2009 年每股经营活动产生的现金流量净额

$$= 24\ 429\ 799.65 \div 51\ 000\ 000.00 = 0.4790$$

B 股份有限公司 2008 年、2009 年、2010 年、2011 年及 2012 年每股经营活动产生的现金流量净额对比如表 13-11 所示。

表 13-11　每股经营活动产生的现金流量净额对比

会计年度	2012-3-31	2011-12-31	2010-12-31	2009-12-31	2008-12-31
每股经营现金净流量（元）	-0.15	0.11	0.32	0.48	0.58

下 篇

财务报表审查篇

第十四章　财务报表的常见错弊与综合审查

14.1　财务报表检查目的和常用方法

财务报表是将反映在各种账簿中的企业发生的各项经济业务的资料，进行汇总整理，用以反映企业或其他经济组织的财务状况、经营成果、现金流量或预算执行情况及其结果的报告文件。

➤ 1. 财务报表检查的目的

企业的所有者、债权人、联营方以及政府、银行都十分关心企业的财务状况、经营成果和现金流量情况，财务报表是企业在组织经济活动中对外和对内所提供的最全面、最完整、最重要的会计信息，因此财务报表编报的合规性，反映信息的真实性、正确性，就显得非常重要，为了满足报表使用者多方面关系人以及企业自身经营管理的需要，企业提供的财务报表必须真实、可靠、合规。但经营者本身无法证明自己所编制的财务报表是公正、客观的，并且会有可能出于自身利益而粉饰、扭曲企业真实经营状况的可能，在这种企业内部经营者和企业外部信息使用者信息严重不对称的情况下，为了纠错防弊，维护各方合法权益，客观上需要有独立的（独立于企业内、外部利益相关者）、具有专业知识和正直品格的人，对企业的财务报表进行验证，企业财务报表的检查也就应运而生。因此，财务报表的检查增加了财务报表的可信性，已检查的财务报表比未检查的报表有更高的可信性。

➤ 2. 财务报表检查的常用方法

财务报表检查的常用方法有以下四种。

（1）审阅法

审阅法是报表检查中最常采用的方法，是指对报表进行仔细阅读和审视性检查，看其是否存在问题，如各项目是否齐全，其内容是否充分反映，各种勾稽关系是否存在，各项目数据是否正常，文字说明是否准确等，如发现异常之处，则应进一步审查有关资料。

（2）复核法

复核法指对报表中所列有关计算结果进行重新计算检验，是否存在计算错误，尤其是对报表中小计、合计和总计进行复核，对其应有的平衡关系进行复核，如发现错误，判断其产生原因、性质，并要求被查单位及时纠正、调整。

（3）核对法

核对法是指对财务报表有关数据与账簿资料以及报表之间有关数据进行账表核对、表表核对，如有不符，查明原因。

（4）分析性复核法

分析性复核法是指查账人员分析被查单位重要的比率或趋势，包括调查这些比率或趋势的异常变动及其与预期数据和相关信息的差异。

分析性复核方法主要包括简单比较法和比率分析法。简单比较法指本期与上期有关指标绝对数进行对比，以发现是否存在异常，如：比较前后各期及本年度内各个月份主营业务成本总额及单位销售成本，以评价主营业务成本的总体合理性。

比率分析法指将本期相对数指标与企业各期纵向比较或与同行业其他企业横向比较，以发现是否存在异常，如，毛利率是反映盈利能力的主要指标，用以衡量成本控制及销售的变化，其公式为：

毛利率 = （销售收入 – 销售成本）÷销售收入

毛利率的波动可能意味着被查单位存在以下四种情况：

①销售价格发生变动；

②销售产品总体结构发生变动；

③单位产品成本发生变动；

④固定制造费用比重较大时销售数量发生变动。根据发生变动的项目，来进一步追查有关疑点。

14.2 资产负债表检查方法与技巧

资产负债表是反映一定时点企业资产、负债、所有者权益财务状况的财务报表，通过该表可使投资者、债权人等企业内外部相关利益者了解企业的经济资源和结构、经济来源和构成；企业资金的流动性、财务的适应性等。

➤ 1. 资产负债表的审查目的

资产负债表的审查有以下五种目的。

（1）证实企业所编的资产负债表中的各项资产、负债及所有者权益在特定日期均存在，并且各项资产所有权确属企业，各项负债均是企业的义务，即对报表存在性认定的检查。

（2）证实在财务报表中所应列示的业务均已反映在报表中而无遗漏，即对报表完整性认定的检查。

（3）审查各项资产、负债、所有者权益等要素是否按适当的方法进行计价，列入财务报表的金额是否正确，并在报表中已进行适当地分类说明和披露，即对报表估价分摊及表达与披露的审查。

（4）证实投入企业的资本是否得到保值和增值，股东权益是否受到损失。

（5）证实企业的偿债能力、盈利能力、资产营运能力，以表明企业的发展状况、发展前景。

➤ 2. 资产负债表具体项目审查内容和方法

由于资产负债表的编制要遵循一致性、稳健性和重要性原则，所以在审查过程中要注意审查项目会计处理方法是否保持前后一致，即使有必要变更是否在报表附注中予以说明；检查体现谨慎性原则的各项资产减值准备的计提是否合规、合理等。

（1）流动资产的审查

①货币资金项目的审查。库存现金的审查内容和方法：可以进行现金的盘点；抽查大额现金收支原始凭证，确认库存现金收支业务核算的合法性和正确性。

银行存款审查方法：审阅抽查银行存款日记账的收付记录；对一收一付金额相同事项，要进一步审查，确认是否有出租出借银行账户情况。

其他货币资金的审查主要查明其包括的项目内容、数额及业务处理的合法性。

②应收票据的审查。对应收票据的审查主要有以下四个方面：

• 监督、盘点库存票据，核对其有效性和所有权；

• 复核应收票据的利息收入是否计算正确，并且增加"应收票据"的项目数；

• 对已贴现的应收票据，其贴现额与利息额的计算是否正确，会计处理方法是否正确；

• 检查已贴现的商业承兑汇票是否在报表附注中披露；如是上市公司，对已贴现或用作抵押的应收票据情况和原因说明是否在报表附注中披露。

③"应收股利"、"应收利息"审查。审查应收股利、应收利息主要包括以下两项：

• 审查企业收取现金股利的清单及有关投资协议，审查有无将被投资方分配的股票股利也放在本项目中反映；

• 审查企业购入债券的利息计算是否正确，账务处理是否正确。

④"应收账款"和"其他应收款"审查。"应收账款"、"其他应收款"的审查主要包括以下四项：

• 审查大额或往来业务频繁或挂账时间较长的应收账款与其他应收款，确认其账目记录是否正确，并借以发现问题；

• 必要时应向债务人进行函证；

• 编制或索取应收账款、其他应收款账龄分析表，分析了解应收账款的可收回性，着重查明一年以上未收到款项的原因；

• 审查企业提取坏账准备方法、计提比例是否合适，利用分析性复核，查明坏账准备的计提比例是否发生大的波动，有无利用坏账准备的计提调节利润；坏账准备的计提和坏账发生业务处理是否正确。

⑤"预付账款"的审查。预付账款的审查包括以下三项：

• 核对有关凭证和账簿记录，核实预付账款的正确性；

• 检查预付账款是否根据协议合同规定，对于需要进一步查明的大额预付账款，要向收款方取得函证；

• 审查预付账款转为有关资产或费用的情况，确认预付账款的处理是否正确。

⑥存货的审查。审查存货项目应注意以下四个问题：

• 核对存货期初余额与上一期期末存货余额，看是否一致；

• 审查存货采购业务是否合理、合规，存货入账价值是否正确，有关现金的处理是否正确；

• 审查存货发出计价方法选用是否合适，是否遵循一贯性原则，有无随意改变计价方法的情况；材料、商品等的领用或售出有无违反法规

の行为;

●审查存货期末价值是否正确，主要审查存货跌价准备的计提金额和账务处理是否正确，有无利用计提准备金调节利润的情况。

（2）固定资产的审查

对有关固定资产项目审查，应包括以下四项内容。

①对固定资产实地观察以确定其存在性。

②审查固定资产增加和减少的有关手续是否经过批准，是否完备齐全。

③对固定资产累计折旧和修理费进行分析性复核，如用本期计提折旧额除以固定资产总成本，将此比率同上期比较，以发现本期折旧计算的错误；比较本期各月之间、本期与以前各期之间的修理及维护费用，旨在发现资本性支出和收益性支出区分上可能存在的错误。

④租入固定资产是否确属于企业必需或出租的固定资产是否确属企业多余；租金收取是否签订合同，有无多收少收现象。

（3）无形资产、长期待摊费用的审查，应包括以下三项内容。

①检查无形资产的入账基础，核对有关文件、凭证，查明无形资产所包括的内容是否符合有关规定，其计价基础是否正确。

②审查无形资产减值准备的计提是否合规合适，有无以计提准备金来调节利润。

③审查无形资产摊销期的确定及有关摊销的账务处理是否正确。

"长期待摊费用"项目审查应检查所包括的项目内容是否符合规定，查明其摊销方法、摊销期及账务处理是否符合规定以及有无利用该账户人为地调节利润。

（4）流动负债的审查，应包括以下六项内容。

①短期借款的审查。"短期借款"项目应根据"短期借款"科目的期末余额填列。该项目的审查包括以下三项：

●检查借款凭证数额和账簿记录，必要时向借款银行函证；

●检查短期借款增加和减少的有关合同、授权批准、原始凭证；

- 复核借款利息，有无多算、少算利息的情况。

②应付票据的审查。"应付票据"项目直接根据"应付票据"科目期末余额填列，其审查内容有以下四个方面：

- 核对账面金额和应付票据明细表；
- 核对账簿记录和有关凭证；
- 对重要的应付票据向债权人进行函证；
- 复核计算应付票据利息费用的支付情况及欠付情况。

③应付账款和预收账款的审查。其审查包括以下六项：

- 核对有关凭证和账簿记录；
- 对重要的应付和预收账款，向债权人进行函证；
- 分析长期挂账的应付账款，要求被审单位做出解释，判断被查单位是否缺乏偿债能力或利用应付账项隐瞒利润；
- 利用应付账款对存货的比率，应付账款对流动负债的比率，并与以前期间对比分析，评价应付账款整体的合理性；
- 利用存货、主营业务收入和主营业务成本的增减变动幅度，判断应付账款增减变动的合理性；
- 核对到货验收记录与应付账款的记录是否一致以及核对发货记录与预付账款的转销是否一致等。

④应付工资的审查。该项目审查包括以下三项：

- 应检查各月工资费用的发生额是否有异常波动，若有则要求被查单位予以解释；
- 将本期工资费用总额与上期进行比较，要求被查单位解释增减变动原因；
- 检查工资计提是否正确，将计提数与相应成本费用项目核对，是否一致。

⑤长期负债的审查。其审查内容如下。

- 长期借款的审查应包括以下四项：

◆审查年度内增加的长期借款，检查借款合同和授权批准，查明借款利率、偿还期限、限制和担保条件；

◆向银行函证重大的长期借款；

◆对年度内减少的长期借款，应检查相关记录，核实还款数额；

◆复核利息计提是否正确，计算短期借款、长期借款在各个月份的平均余额，计算利息支出总额，并与财务费用相关记录核对，判断被查单位是否高估或低估利息支出，用以调节利润。

•应付债券的审查。本项目应根据"应付债券"账户期末余额扣除将于一年内到期的应付债券数来进行审查：

◆审查债券交易的有关原始凭证及有关债券发行的批准文件；

◆审查应计利息、债券溢（折）价摊销及其会计处理是否正确；

◆函证"应付债券"账户期末余额；

◆验算应付债券利息计算是否正确。

⑥所有者权益的审查。审查内容如下。

•实收资本的审查

◆审阅公司章程实施细则和股东大会、董事会会议记录；

◆检查股东是否按公司章程、合同、协议规定的出资方式出资，各种出资方式之比例是否符合规定，如《公司法》规定的无形资产出资的金额不得超过公司注册资本20%；采用募集方式设立的股份有限公司，发起人认购的股份不得少于公司股份的35%。检查有无吸收投资者的已设立有担保物权及租赁资产的出资；

◆向主要投资者函证实收资本额；

◆审查增减实收资本的有关手续是否齐备，如有关投资内容清单、验资证明及其他凭证，有关减资的审批手续等。

•资本公积和盈余公积的审查

◆检查资本公积和盈余公积增减变动的内容及其依据；

◆审查资本公积、盈余公积计算方法及账务处理是否正确。

● "未分配利润"审查。该项目的审查主要是检查利润分配比例是否符合合同章程以及董事会纪要的规定，查证利润的分配数额及年末未分配数额是否正确。

14.3 利润表检查方法与技巧

利润表是反映企业一定时期经营成果的财务报表，它反映了企业收入、成本、费用、税收情况，揭示了企业利润的构成和实现过程，是企业内外部相关利益者了解企业经营业绩的主要窗口，为企业分配利润和评价企业经营管理业绩提供重要依据，也是用来预测企业未来利润情况的基础。

➢ 1. 利润表的审查目的

审查利润表有如下四个目的。

（1）证实企业利润表中各种收入、费用交易在一定时期内确已发生，即对报表存在性进行检查。

（2）证实企业利润表中已包含企业一定期间所有的收入、费用交易而无遗漏，即对报表完整性进行检查。

（3）证实企业收入和费用等要素均已按适当的方法进行计价，列入利润表的利润总额、净利润等金额是正确的，即对报表的估价与分摊进行检查。

（4）证实企业是否按法定程序分配利润。

➢ 2. 利润表具体项目的审查内容和方法

在审查过程中，由于利润表的编制遵循权责发生制和配比原则，因此在审查有关收入时应有与其相配比的成本、费用，如营业收入与营业成本、营业税金及附加在审查过程中发现有不配比的异常情况，应加以注意。

（1）营业收入的审查

对营业收入的检查，主要采用抽查法、核对法、复核法。

• 审阅产品销售和营业收入的内部控制制度是否健全、有效。

• 审查销售确认的时间是否正确。

• 运用分析性复核方法，作比较分析。

• 获取产品价格目录，抽查售价是否符合价格政策，并注意销售给关联方或关系密切的重要客户的产品价格是否合理，有无低价或高价结算，以转移收入的现象。

• 抽取一定数量销售发票，审查开票、记账数量单价金额是否与发货单、销售合同一致。

• 审阅账簿记录并核对凭证，查明企业已发生的销货退回、销售折扣和销售折让，有关手续和账务处理是否正确，是否按规定作为主营业务收入的抵减项目处理。

• 检查年终年初有无将某些营业收入有意推迟或提前至本期，以达调节利润的目的。

• 审查有无出售多余材料或外购商品不入账，隐瞒收入，私存小金库，用于非法开支等情况。

• 与上期营业收入比较，了解重大波动的原因，分析其合理性，追查异常的项目。

（2）营业成本的审查

对营业成本的审查，应通过审阅营业收入明细、产成品明细账等记录并核对有关的原始凭证和记账凭证进行。

• 分析比较本年度与上年度营业成本以及各月份营业成本金额，如有重大波动和异常，应查明原因。

●结合生产成本审查、抽查销售成本结转数额的正确性，并检查其是否与销售收入配比。

（3）营业税金及附加审查

由于营业税金及附加是销售环节中针对营业收入这一流转额而征纳的税，所以对该项目审查要注意：

●结合营业收入的审查，进一步复核计算相应税金的正确与否。

●注意个别税如城建税和教育附加费是"税上税"，计税基数是增值税、消费税、营业税合计，有无用营业额直接乘以税率的错误算法。

（4）期间费用的审查

营务利润＝营业收入－营业成本－营业税金及附加－销售费用－管理费用

－销售费用－资产减值损失＋公允价值变动净收益＋投资净收益

所以审查期间费用的正确与否也直接影响到企业营业利润的正确性。

例如，销售费用的检查可以从以下四个方面入手：

①检查销售费用的项目设置和开支是否符合有关规定，查明其项目设置是否划清它与其他费用的界限；

②将本期销售费用与上期销售费用进行比较，并将本期各月营业费用进行比较，如有重大波动和异常情况应查明原因；

③选择重要或异常的销售费用，检查其原始凭证是否合法、会计处理是否正确，检查有无跨期入账的现象，进行人为调节利润；

④管理费用和财务费用的审查

（5）投资收益的审查

①查阅"投资收益"账户记录及有关账户记录，并核对凭证，确定投资收益核算内容及会计账务处理的正确性。

②计算投资收益占利润总额的比例，分析被查单位在多大程度上依赖投资收益，判断被查单位盈利能力稳定性。

③将重大投资项目与以前年度进行比较，分析是否存在异常变动。

14.4 现金流量表检查方法与技巧

➢ 1. 现金流量表的审查目的

现金流量表的主要目的是提供企业某一时期有关现金收入和现金付出的信息；其次是在现金基础上提供企业某一时期有关经营活动、投资活动和筹资活动的信息。现金流量表把经济业务分为：经营活动、投资活动和筹资活动。每项活动又分为现金流入和现金流出。

经营活动包括除投资活动和筹资活动以外所有交易的事项。

投资活动包括以下两个方面：

（1）对外贷款和收回贷款；

（2）取得和出售投资及生产性耐用资产。

筹资活动涉及负债和股东权益项目，包括以下两项：

（1）向债权人借入现金及偿还借入的现金；

（2）向股东筹集资本以及向其提供投资报酬或返还其投资。

这里，有必要明确"现金"的含义：现金流量表中的"现金"指现金和现金等同物。所谓现金，指纸币和硬币、支票、可转让汇票和银行存款；所谓现金等同物，指初始到期日在三个月内（包括三个月）的短期投资。

➢ 2. 现金流量表的审查内容及方法

现金流量表的复核审查主要包括如下三项内容。

（1）复核来自经营活动的净现金流量

来自经营活动的净现金流量＝现金流入－现金流出

①检查现金流入内容是否完整，计算是否正确。经营活动现金流入包括来自销售商品或提供劳务实际收到的现金。从顾客处收到的现金，既有本期现销部分得到的现金，又有以前年度赊销本期收回的现金，而本期销货净额中又有赊销部分，因此应对本期销货净额及期初、期末应收票据、应收账款的变动加以调整而求得。公式如下：

自顾客处收到的现金＝本期销货净额＋

应收票据（或应收账款）减少额（或减其增加额）

②检查现金流出的正确性。现金流出的内容主要有购买存货和各种费用支出。

用于本期购货支出的现金，既有本期现购支出的现金，又有以前年度赊购、本期支出的现金；同时本期购货成本中还应包含赊购部分，因此购货支出的现金要对本期的购货成本根据期初、期末应付票据、应付账款的变动加以调整求得，公式为：

购货支出的现金＝销售成本＋存货增加额（或减其减少额）＋

应付票据减少额（或减其增加额）＋应付账款减少额（或减其增加额）

收益表中列示的费用表明了本期的销货成本和其他支出，但与费用的现金支出有很大的差异，因为收益表中列示的某些费用并不需动用现金，如折旧费，但在应计基础上，确实增加了计量的费用总额。这种不需现金流出的费用还有无形资产和债券折价的摊销。

另外，费用的确认和实际的现金支出也可能由于短期时间差造成差异。当消耗商品或者劳务时，费用已经确认入账，然而这些费用现金的支出则可能在以前期间、当期或以后期间。预先支付的为预付账款，本期支出会超出确认的费用额；以后支付现金，本期支出就低于确认的费用额，因此费用的现金支出须由应计基础转为现金基础，公式如下：

发生费用的现金支出＝费用－折旧和其他非现金费用＋

预付费用增加额（或减其减少额）＋应计负债减少额（或减其增加额）

所得税费用的现金支出，转化为现金基础的公式为：

所得税费用的现金支出＝所得税费用＋应付所得税减少额（或减其增加额）

来自经营活动的净现金流量也可用另外一种方法计算，称之为"间接法"。以间接法计算来自经营活动的净现金流量，是从净收益出发，调节成净现金流量。

净收益和来自经营活动的净现金流量之间的差额由三方面原因导致：

- 折旧费使净收益减少，但不影响现金流量；
- 销货净额、销货成本及其他费用均按应计基础确认，与现金支出存在时间差；
- 非营业活动的收益和损失会影响净收益，但不影响来自经营活动的净现金流量。

因此，若以净收益为起点计算来自经营活动的净现金流量，要对以上三方面差异进行调整，计算公式如下：

来自经营活动的净现金流量＝净收益＋折旧费用＋无形资产和递延费用摊销＋债券折价摊销＋递延所得税负债＋权益法下普通股投资的损失＋销售固定资产损失＋应收账款减少额＋存货减少额＋应付账款增加额＋应计负债增加额－债券溢价的摊销－递延所得税负债－销售固定资产利润－应收账款增加额－存货增加额－预付账款增加额－应付账款减少额－应计负债减少额

（2）复核来自投资活动的现金流量

可以用下列五项业务活动检查这一现金流量计算是否正确。

- 购买和销售证券。购买证券为现金流出，销售证券则为现金流入；通过分析"有价证券"账户的借贷方记录，可判断净现金流量。
- 提供和收回贷款。提供贷款为现金流出，收回贷款为现金流入。可从"长期股权投资"账户的借贷方发生额进行分析。
- 购买固定资产支付的现金。
- 销售固定资产收回的现金。
- 受灾设备赔偿款为现金流入。

（3）复核来自筹资活动的现金流量

来自筹资活动的现金流量，可通过分析本年度有关负债和股东权益账户借贷方的变化来确定。如长期投资、长期负债和缴入资本账户贷方的变化通常为现金流入，而借方变化则表示为现金流出。

14.5 财务报表附注的检查方法与技巧

➤ 1. 财务报表附注检查的基本内容

财务报表附注是为便于财务报表使用者理解财务报表的内容，而对财务报表的编制基础、编制依据、编制原则和编制方法及主要项目等所作的解释。

随着企业经济业务的复杂化，企业财务信息的载体——财务报表也日益复杂化，为了更好地理解财务报表的有关内容，财务报表附注已不再是财务报表的不起眼的附属物，而将以其重要性和补充性的作用明显突出，所以对财务报表附注的审查也不容忽视。

财务报表附注主要包括以下九项内容：

（1）不符合基本会计假设的说明；

（2）重要会计政策和会计估计及其变更情况、变更原因及其对财务状况和经营成果的影响；

（3）或有事项和资产负债表日后事项的说明；

（4）关联方关系及其交易的说明；

（5）重要资产转让及其出售情况；

（6）企业合并、分立；

（7）重大投资、融资活动；

（8）财务报表中重要项目的明细资料；

（9）有助于理解和分析财务报表需要说明的其他事项。

➤ 2. 财务报表附注具体检查内容

下面仅就以下四个主要方面进行具体审查。

（1）会计政策、会计估计变更和会计差错更正的审查

• 获取被查单位提供的会计政策、会计估计说明，与前期采用的会计政策和会计估计进行比较，以识别会计政策、会计估计的变更。

• 查阅被查单位董事会、股东大会、管理部门有关会议记录及会计准则法规，判断会计政策变更的合法性和合规性。

• 获取并审查与会计估计变更和会计差错更正相关的资料，判断会计估计变更和会计差错更正的合理性。

• 审查与会计政策、会计估计变更和会计差错更正相关的会计记录，确定其会计处理是否正确。

会计政策变更一般采用追溯调查法，若会计政策变更的累计影响数不能合理确定，则应采用未来适用法；对会计估计变更采用未来适用法，不调整以前年度财务报表；对会计差错更正，应当区分不同的发生时间（以前年度、本年度还是本年度的资产负债表日后）予以不同的会计处理等。

会计政策变更时，应当在财务报表附注中披露会计政策变更的内容和理由，会计政策变更的累计影响数或累积影响数不能合理确定的理由；会计估计变更时，应当在财务报表附注中披露会计估计变更的内容和理由，会计估计变更的影响数或会计估计变更的影响数不能确定的理由；发生会计差错更正时，应当在财务报表附注中披露重大差错的内容及更正金额。

（2）或有事项的审查

或有事项是依据会计谨慎性原则对由企业某一特定经济业务造成将来可能会发生某种意外情况，而由被查单位所承担的潜在债务和损失，这些可能发生的债务和损失，到被查单位资产负债表日仍不能确定。当

或有损失、或有负债很有可能发生时，且数额可以合理估计时，则该或有损失或或有负债应作为资产负债表的应计项目予以反映；当可能发生的损失或负债无法合理估计，或者如果损失或负债仅仅是有些可能，则只在财务报表附注中反映，而不在财务报表中列示。企业发生的或有资产和或有收益依据谨慎原则应不予列示或说明，但当其很可能会给企业带来经济利益时，则应在报表附注中说明。

或有事项主要有：已贴现商业承兑汇票形成的或有负债；未决诉讼、仲裁所形成的或有负债；或为其他单位提供债务担保形成的或有负债等对或有事项的审查要点。

或有事项的审查主要包括以下三项：

• 可以向被查单位管理部门询问其确定、评价与控制或有事项的方针政策；

• 向被查单位的法律顾问或律师函证有关未决诉讼或未决税款估价方面的资料；

• 索取被查单位与银行间的往来函件，以查找有关应收账款抵借和对其他债务的担保。

（3）资产负债表日后事项审查

资产负债表日后事项是指资产负债表日至财务报表批准报出日之间发生的对财务报表产生影响的事项，它包括调整事项和非调整事项。调整事项是指资产负债表日前已存在，报表日后出现补充证据的事项，该事项发生需调整财务报表。非调整事项是指资产负债日前不存在，而报表日后发生的需在报表上披露而非调整的事项：如被查单位合并；所持用于短期投资和转卖的证券市价严重下跌；偶然性的大笔损失；发行股票或债券等。

资产负债表日后事项的审查主要包括以下三项：

• 向被查管理部门询问有关信息；

• 审阅被查单位资产负债表日后编制的内部报表及其他相关管理

报告；

●审阅被查单位资产负债表日后编制的会计记录和有关会计记录。

（4）关联方关系及其交易的审查

根据我国会计准则判断关联方关系的标准为："在企业财务和经营决策中，如一方有能力直接或间接控制、共同控制另一方或对另一方施加重大影响，则视为关联方，如果两方或多方同受一方控制，则也视为关联方。关联方关系往往存在于控制或被控制、共同控制或被共同控制，或施加重大影响的各方，即建立控制、共同控制和施加重大影响是关联方关系存在的主要特征。"但是在具体运用关联方关系判断标准时，应当遵循实质重要于形式的原则。

关联方交易是指在关联方之间发生转移资源或义务的事项，而不论是否收取价款。

一些企业从自身利益出发，为了提高企业形象或体现领导的经营业绩等目的，往往利用非公平交易基础上的关联方交易，在财务报告中提供虚假信息，粉饰财务状况和经营成果，因此，企业必须在财务报表中披露关联方及其交易信息，以使社会公众能够对该企业的经营业绩做出合理评价。从中可以看出对关联方及其交易的审查的重要性。

审查关联方及其交易的要点包括以下三个方面。

①关联方关系的审查。获取、复核被查单位提供的关联方清单，并实施有关程序，以识别关联方，确定关联方关系的性质。

②关联方交易的审查包括：

●查阅有关会计记录，询问有关重大交易的授权情况；

●了解被查单位与其主要客户、供应商和债权人、债务人的交易性质与范围；

●了解是否存在已发生但未进行会计处理的交易；

●查阅会计记录中数额较大、异常的及不经常发生的交易或金额，尤其是资产负债表日前后确认的交易；

● 审阅有关存款、借款的询证函和贷款函，检查是否存在名为存款或借款，实为关联方购销交易的事项。

③检查关联方及其交易的披露是否恰当。

● 在存在控制关系情况下，关联方如为企业时，不论它们之间有无交易，都应披露关联方情况，如企业经济性质、名称、法人、注册资本、主营业务、所持股份或权益及其变化；

● 在企业发生关联方交易时，应说明关联方性质、交易类型及其交易要素。

交易要素包括交易的金额或相应比例；未结算项目金额或相应比例；定价政策（包括没有金额或只有象征性金额的交易）。

14.6 财务报表检查的局限性

如前所述，财务报表是提供企业生产经营管理信息的主要渠道，在企业诸多报表中具有极为重要的地位，它对于企业加强经营管理、促进技术进步、开拓市场、提高经济效益均具有不可忽视的作用。同时，分析、检查财务报表也是查账人员用以发现会计错弊的重要途径。

但是财务报表（本处仅阐述财务报表的局限性，其他报表与此相类似，因此不再介绍）与其他报表一样，其自身不能够全面、详尽地反映企业全部的经济业务活动的所有方面，不可能满足查账人员的各种复杂需要。

因此，查账人员必须注意到财务报表存在不足，在检查中尽量避免或减少其带来的不利影响，即既要保证报表的正确性、合法性、合规性，保证报表的内在质量；同时又要设法弥补报表的局限性，最大限度地满足社会各界对企业经济核算信息的各种需求，使报表检查不仅具有查错防弊的防护功能，而且还具有提高报表使用价值的建设性功能。

一般而言，财务报表的局限性主要表现为以下六个方面。

（1）财务报表是以货币为单位综合反映企业生产经营管理活动的，"货币计量"是会计核算的前提之一，它清楚地说明了企业在会计核算过程中采用货币作为计量单位，记录和反映企业的经营状况。

以货币单位计量固然有许多优点，它能够比较准确和有效地将企业经营活动统一地表现为资金运动，能够比较全面地反映企业的财务状况和经营成果，且具有可比性、可累计性和可综合性，这是其他计量单位（如实物单位、劳动单位等）所不能比拟的。在我国人民币是国家的法定货币，在我国境内具有广泛的流通性，所以会计制度规定，我国的会计核算以人民币为记账本位币，企业的生产经营活动通过人民币进行核算反映，对此人们已习以为常。

财务报表是会计核算的结果，它所提供的数据资料均以货币单位计量和反映，无一例外，但是对于企业无法以货币单位反映的经济活动方面，如企业管理人员素质、能力，企业职工的业务水平，企业的经营思想、经营方针和经营策略，其创新意识和能力，企业在市场中的地位及其在消费者中的影响力，企业机器设备的性能、生产能力、产品品种、质量和用户的反映，企业拥有的资源、占有的市场份额等等，这些对于企业生产经营活动，对于企业的财务状况和经营成果的形成和变动，对于企业的生存和发展都具有十分重要的意义，对于企业经济信息的使用者也具有特殊的功用，而财务报表由于自身的性质和特点，决定了其无法给予必要的披露和反映。

也许是报表之间的分工，财务报表主要从货币计量的角度反映企业的生产经营，而统计报表是从实物单位与价值单位的结合上反映企业生产经营，业务核算报表则主要从实物单位的角度反映，因此财务报表的局限性可以通过统计报表和业务核算报表加以部分弥补。

查账人员在对财务报表进行检查的同时，应注意将三种报表有机结合，在财务报表唱主角的同时，不应忘记"配角"的作用；有时根据经济信息使用者的需要，还要将主次颠倒，强化统计报表和业务核算报表的作用；在对报表进行检查时，如果发现财务报表中存在问题，从财务报表不能查出产生原因及其过程时，查账人员应运用其他报表的检查结果作为对照，也可以对照有关会计账簿检查的结果，这样才能够达到报表检查的目标，并取得事半功倍之效。

（2）财务报表是会计核算的最终产品，并不能显示企业经济活动的全部，更不能完全依靠其查证所有的会计错弊。

会计核算的基本程序如图 14-1 所示。

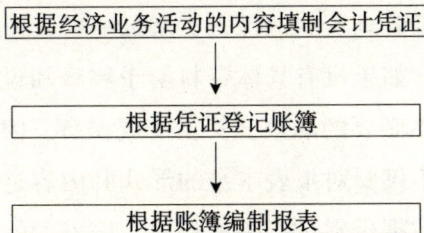

图 14-1 会计核算的基本程序

也就是说财务报表是根据已经发生的业务活动，即既存的客观事实，而不能对未发生的经济活动进行记录和反映，即财务报表是对经济活动的事后反映，而不能进行事中和事前的预测和控制反映。

但会计信息的使用者，不仅要了解过去发生的和现在的经济活动及其结果，有时也需要对企业经济活动的未来状况做出把握，对未来的生产经营、投资管理等做出判断和决策，而财务报表提供的历史资料只能作为一种前车之鉴的参考。

针对上述情况，报表查账人员应注意，既要对报表主体内容进行检查，保证报表的正确无误；同时也要注意运用报表的附注内容或其他报表的项目，延伸反映企业经济活动可能的发展趋势和可能出现的诸多结果，如运用业务核算的素材、财务指标和经济技术指标的分析结论、统计调查的结果等，将企业目前的财务状况和经营成果，与未来的经济活动的发展联系起来，以展示企业经济活动发展的全貌，从更深刻的内涵上揭示企业经济活动的性质和规律，发现其存在的问题及其成因；又如从财务报表的检查中发现了错误和舞弊，查账人员必须深入到有关账簿和凭证中去，并从深入查账的结果中说明报表错弊的特征和影响。

（3）财务报表提供的经济信息是经过加工和浓缩的资料，是经过一定的摘要和简化程序后的结果，这种加工和浓缩是报表编制的基本规律的要求，反映了报表使用者对经济信息的一般要求，体现了财务报表与会计账簿之间的分工。但是正是这种分工使财务报表不能够提供有关企业生产经营的详细核算资料，不能满足报表使用者对经济信息的具体要求和对企业生产经营管理资料的深入了解的需要，而财务报表所提供的总括性的信息资料，如果没有具体资料给予解释和说明，有时会给经济信息的使用者带来不必要的麻烦，甚至造成误解。因此，查账人员在对报表进行检查时，不仅要对报表本身的形式和内容进行检查核对，还需对支撑报表的有关数据资料进行检查核对，一方面保证报表的质量、满足报表检查的需要，另一方面还应当适时收集和整理更为详细的经济核算资料，为不同层次、不同角度的信息使用者提供服务。

（4）财务报表所列示的数据遵循了历史原则。这样做有其合理、方便的优点，但也带来了其不可避免的局限。

遵循历史原则，即对一切经济业务都以业务交易价格作为核算依据，一般不对此做出调整。这种记账原则符合会计的规定，也是国际上通行的做法。其优点是成本比较客观，而且易于取得，可借以对此进行检查校对。

但是，它是一种以不变对万变的方法，在市场经济的条件下，市场的价格处于持续变动之中，有时变动是十分剧烈的，而历史成本法对此不予反映和处理，仍以不能反映现行价格的旧价值进行核算，使由此计算出来的成本、利润与现有的市场供求和企业经营成果发生背离或部分背离。如物价大幅上扬后，资产的价值将被低列，其原始成本可能出现大幅度低于其重置成本，其转入成本费用部分将较实际价值小；而物价大幅下降时，资产价值将与上述情况呈反向运动，这时的财务报表显然不能真实反映客观事实。

对此，查账人员应注意，既要检查报表数据，视其是否正确，同时要将报表使用者应当了解的其他方面的信息（指报表使用者正确运用报表所提供的经济信息所必须掌握的市场信息、有关被查单位的信息、有关报表检查的信息和其他与之有关的信息、有关单位账务造假和违法乱纪的特点及其新的发展等）附注于查账报告之中，对一些特别重要的信息应以醒目方式表示；对一些较为复杂的事项应给予必要的揭示和说明。

（5）财务报表所提供的经济信息具有相对合理性和准确性，不能希望财务报表所有数据都是非常精确的，因为在会计核算过程中，有许多会计处理采用了估计或判断、简化或快捷的方法，如对折旧的提取、有关费用的摊销、损失的处理、收入与费用的配比等。

一般同一事项都有两种以上的公允处理方法。这类处理方法及其估计判断的结果是否正确，并无绝对正确的"标准答案"，常常因时、因地、因人而异，因此其中存在一定偏差是不可避免的，由此编制的财务报表只能提供近似的、具有相对准确性的财务资料，而无法提供绝对准确的资料数据。查账人员应有充分的注意，这种近似不能成为被查单位的过失和舞弊，而是财务报表本身的局限，但也要注意被查单位以此作理由并将其夸大，进行违法乱纪活动。应适时提醒报表使用者对财务报表数据保留一定的、合理的怀疑，在使用报表的数据资料时做出相对的、灵活的解释，以避免对此产生曲解而造成决策失误和损失。

（6）财务报表不能准确反映报表使用日企业的情况。企业的财务报表从编制到正式公布之间一般有一段间隔时间，而报表的公布与报表使用者使用报表之间又存在一个间隔时间，而在这两个时间间隔中，企业的生产经营活动可能又有新的进展，其财务状况和经营成果可能发生某些变化；某些或有事项可能已转化为可知的现实。这些变化有时会影响财务报表使用者的决策，因此经济信息使用者要注意上述两个时间段中企业可能发生的事项，这些事项被称为期后事项。

期后事项发生于会计期间之外，显然不可能在财务报表中完全反映，只有那些可预计的期后事项在财务报表附注中给予披露。

期后事项可分为两类：一类是对前期财务报表有直接影响并需要调整的事项，另一类是对前期财务报表没有直接影响，但对后期财务报表有直接影响，需在财务报表附注中给予揭示的事项。以上两类事项均为可预计的期后事项，前者如被查单位出表后，接到某债务人破产的通知，或被查单位涉及诉讼案败诉并准备赔偿，或被查单位用未使用固定资产对外投资，经评估该固定资产价值高于账面价值，或被查单位将材料以低于成本价出售等；后者如被查单位对某项重大事件做出承诺或担保，企业经营环境或经营方针有重大变化，企业发生了重大的采购或投资行为、发生重大筹资行为，被查单位遇到重大灾害等。

对于期后事项，查账人员的检查工作除了对报表主体内容进行审核之外，还要对报表的附注进行分析，同时还要根据企业账簿、报表等资料所反映的情况，对企业财务报表及其附注中未涉及的期后事项和或有事项进行分析和预测，并以适当的形式反映于财务报表检查报告之中，以提示报告使用人正确分析企业财务状况和经营成果，对企业生产经营可能发生的变异保持应有警觉。

参考文献

1. 宋娟编著．财务报表分析从入门到精通．北京：机械工业出版社，2010

2. 张珈豪编著．一看就懂的财务报表全图解．北京：北京理工大学出版社，2011

3. 任立森著．公司财务报表的解读与分析．北京：经济科学出版社，2013

4. 上海国家会计学院主编．财务报表分析．北京：经济科学出版社，2012

5. 闫静著．管理者 14 天看懂财务报表．北京：机械工业出版社，2013

6. 鲁爱民主编．轻松编制财务报表：实务实账操作．北京：机械工业出版社，2011

7. 宋军主编．财务报表分析．上海：复旦大学出版社，2012

8. 何其智主编．企业财务报表审查实务问答．北京：机械工业出版社，2011

《轻松编制、分析、审查财务报表全流程演练》
编读互动信息卡

亲爱的读者：

感谢您购买本书。只要您以以下三种方式之一成为普华公司的会员，即可免费获得普华每月新书信息快递，在线订购图书或向我们邮购图书时可获得免收图书邮寄费的优惠：①详细填写本卡并**以传真（复印有效）或邮寄**返回给我们；②**登录普华公司官网注册成普华会员**；③关注微博：@普华文化（新浪微博）。会员单笔定购金额满 300 元，可免费获赠普华当月新书一本。

哪些因素促使您购买本书（可多选）

○本书摆放在书店显著位置　　　○封面推荐　　　　　　○书名
○作者及出版社　　　　　　　　○封面设计及版式　　　○媒体书评
○前言　　　　　　　　　　　　○内容　　　　　　　　○价格
○其他（　　　　　　　　　　　　　　　　　　　　　）

您最近三个月购买的其他经济管理类图书有

1.《　　　　　　　　　》　　　　2.《　　　　　　　　　》
3.《　　　　　　　　　》　　　　4.《　　　　　　　　　》

您还希望我们提供的服务有

1. 作者讲座或培训　　　　　　　2. 附赠光盘
3. 新书信息　　　　　　　　　　4. 其他（　　　　　　　　）

请附阁下资料，便于我们向您提供图书信息

姓　　名　　　　　　联系电话　　　　　　职　　务
电子邮箱　　　　　　工作单位
地　　址

地　　址：北京市丰台区成寿寺路 11 号邮电出版大厦 1108 室　北京普华文化发展有限公司（100164）

传　　真：010 – 81055644

读者热线：010 – 81055656

编辑邮箱：libaolin@ puhuabook. com

投稿邮箱：tougao@ puhuabook. com，或请登录普华官网"作者投稿专区"。

购书电话：010 – 81055656　　　　　淘宝店网址：http://shop60686916. taobao. com

媒体及活动联系电话：010 – 81055656　　邮件地址：hanjuan@ puhuabook. com

普华官网：http://www. puhuabook. com. cn

博　　客：http://blog. sina. com. cn/u/1812635437

新浪微博：@普华文化（关注微博，免费订阅普华每月新书信息速递）